U0630065

BLUE BOOK

智 库 成 果 出 版 与 传 播 平 台

中国社会科学院创新工程学术出版资助项目

青少年蓝皮书
BLUE BOOK OF TEENAGERS

中国未成年人互联网运用报告（2023）

ANNUAL REPORT ON THE INTERNET USE OF CHINESE MINORS (2023)

主　编／方　勇　季为民　沈　杰
执行主编／杨斌艳
副 主 编／季　琳　叶　俊

社会科学文献出版社
SOCIAL SCIENCES ACADEMIC PRESS（CHINA）

图书在版编目（CIP）数据

中国未成年人互联网运用报告. 2023 / 方勇，季为
民，沈杰主编. --北京：社会科学文献出版社，2023.7
（青少年蓝皮书）
ISBN 978-7-5228-1796-5

Ⅰ.①中… Ⅱ.①方… ②季… ③沈… Ⅲ.①互联网
络-影响-青少年-研究报告-中国-2023 Ⅳ.
①D669.5②TP393.4

中国国家版本馆 CIP 数据核字（2023）第 085939 号

青少年蓝皮书
中国未成年人互联网运用报告（2023）

主　　编／方　勇　季为民　沈　杰
执行主编／杨斌艳
副 主 编／季　琳　叶　俊

出 版 人／王利民
组稿编辑／邓泳红
责任编辑／桂　芳
责任印制／王京美

出　　版／社会科学文献出版社·皮书出版分社（010）59367127
　　　　　地址：北京市北三环中路甲 29 号院华龙大厦　邮编：100029
　　　　　网址：www.ssap.com.cn
发　　行／社会科学文献出版社（010）59367028
印　　装／天津千鹤文化传播有限公司

规　　格／开本：787mm×1092mm　1/16
　　　　　印张：25.25　字数：378 千字
版　　次／2023 年 7 月第 1 版　2023 年 7 月第 1 次印刷
书　　号／ISBN 978-7-5228-1796-5
定　　价／168.00 元

读者服务电话：4008918866

编 委 会

主要编撰者简介

方 勇 中国社会科学院新闻与传播研究所党委书记、副所长、教授，兼任中国民族学人类学研究会丝绸之路文化产业专委会主任。1994年被北京市评为"北京市青年学科带头人"，1999年被国务院授予享受政府特殊津贴"突出贡献专家"称号，2000年获团中央第四届"中国优秀青年科技创新奖"。组织编写专著5部，在相关刊物发表论文20余篇，获省部级科技进步奖7项。主编《"一带一路"建设中的宁夏发展战略研究》《中国民族地区经济社会调查报告·文化卷》等。论文有《加强文化建设，推动民族文化产业快速发展》《在和谐中体现文化活力，在富裕中彰显文化魅力》《多措并举，努力打造"基础教育引领区"》《海外华人在"一带一路"中的作用》《关于固原六盘山薯业有限公司的调查报告》《把兴庆区打造成独具特色的城市品牌》等。

季为民 中国社会科学院大学新闻传播学院教授、博士生导师，中国社会科学院新闻与传播研究所媒介传播与青少年发展研究中心主任，中国社会科学院工业经济研究所副所长、研究员。马克思主义理论研究和建设工程重点教材编修组首席专家，中国社会科学院习近平新时代中国特色社会主义思想研究中心特聘研究员，中国记协新闻道德委员会委员、中国新闻史学会中国特色新闻学研究委员会副会长，北京青年研究会常务理事，中国社会学会青年社会学专委会理事，中国青少年新媒体协会会员。主要研究领域和方向：马克思主义新闻学、传播伦理、青少年研究。主持国家社科基金重大项目等数十项课题，编著出版研究报告集、访谈文集、专著（合著）30 本，发表论文数十篇，共计 1000 余万字，如《艰难的新闻自律》（合著）、《学问有道——学部委员访谈录》、《共筑基层教育中国梦：青年学者五省区调研报告》、《青少年蓝皮书——中国未成年人互联网运用报告》、《青年学者看中国》、《国情调研》系列丛书等。获第二届政府出版奖提名奖、中宣部好信息奖、中国社会科学院优秀科研成果奖、中国社会科学院优秀对策信息特等奖、全国党建研究会科研院所专委会调研课题优秀成果奖等。

沈 杰 中国社会科学院大学社会与民族学院教授、博士生导师。发表独著论文 69 篇，独立和合作著译 12 部，主编和合作研究报告 23 部。发表的著述成果中，13 项获国家级学会或省部级奖，被《新华文摘》《中国社会科学文摘》《高等学校文科学术文摘》《中国人民大学复印报刊资料》转载的文章 58 篇。近年主要著述有：《青年对社会变迁的反应：现代化进程中青年社会心理的变迁》（独著），《中国改革开放以来青年发展状况研究》（主编），《青年世界的社会学洞见》（独著）。

杨斌艳 中国社会科学院新闻与传播研究所副研究员、硕士生导师，中国社会科学院新闻与传播研究所传媒调查中心主任，中国社会科学院舆情调查实验室秘书长，中国社会科学院"国家治理研究智库"副秘书长，中国社会科学院青年人文社会科学研究中心副秘书长，中国社会科学院团委委员。主要研究领域：网络传播、舆情与社会治理、青少年的网络行为。2010 年起参与"中国未成年人互联网运用状况调查"项目，该项目已出版《中国未成年人互联网运用报告》8 部，完成多项对策研究。2016 年获《全民科学素质行动计划纲要》"十二五"实施工作先进个人称号，多次获中国社会科学院优秀对策信息奖。

季 琳 中国少年儿童发展服务中心媒介与教育中心主任。长期致力于青少年成长实践与互联网相关问题研究和工作。曾在团中央所属国家重点网站中青网担任技术负责人，其间参与中国共青团网、中青网建设运维；2005

年至今，先后在中国青少年社会服务中心，中国少先队事业发展中心及下辖辅导员杂志社、少先队小干部杂志社，中国青少年宫协会，中国少年儿童发展服务中心等单位负责新媒体与少年儿童实践教育活动相关工作。

叶　俊　新闻学博士，硕士生导师。中国社会科学院新闻与传播研究所副研究员，新闻学研究室副主任，媒介传播与青少年发展研究中心执行主任，中国社会科学院大学新闻传播学院副教授。中国社会科学院思想理论写作组成员，中信改革发展研究基金会研究员。从事马克思主义新闻理论、媒介与社会发展研究。发表学术论文 60 余篇，主持和参与国家社科基金项目、中央交办项目等 20 余项。多次获中国社会科学院优秀对策信息奖、全国新闻学青年学者优秀学术成果奖。

摘　要

　　未成年人的互联网运用是关系网络强国和未成年人成长发展的重大战略问题，也是全社会关心、关注的基本问题。本书是"中国未成年人网脉工程"子项目"中国未成年人互联网运用状况调查"的重要成果。调查自2006年启动，截至2022年3月共完成11次全国抽样调查。本书是青少年蓝皮书的第九部，基于第11次调查数据和本领域专家学者的专项研究，对中国未成年人互联网运用的最新情况进行了报告，对未成年人互联网运用的保护规制和政策治理现状进行了总结，对未成年人的网络素养和网络参与情况进行了梳理。

　　当前，互联网全方位渗透进人们的生活，深刻改变着社会运行的机理，也影响着人们价值体系形成。社会生活的各个方面越来越依赖于互联网，面对层出不穷的网络产品和复杂多变的网络环境，深入发掘如何建设未成年人用网友好社会、培养高素质的"数字公民"具有重大理论意义和现实意义。本书结合最新专项研究，重点对中国未成年人网络行为、网络素养、网络交往、网络文化等最新情况进行了报告。结合历年调查数据进行纵向比较，关注疫情前后未成年人互联网运用状况的变化，从教师和家长两个维度分析其对未成年人互联网运用的认知及态度变化。同时，对张家港市未成年人的网络素养现状做了深入研究。

　　本书研究发现：①未成年人互联网普及率几乎饱和，触网低龄化趋势明显，城市未成年人触网年龄整体早于乡村，手机是上网的主要设备；②未成年人用网目的集中在娱乐和学习上，短视频类应用、网站最受未成年人欢

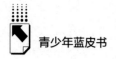

迎；③未成年人"数字触角"极大延展，普遍具备基本的科学素养；④未成年网民的职业理想取向集中，职业选择存在性别差异和认知固化；⑤未成年人网络素养呈现城乡差异，职业规划折射出区域信息鸿沟；⑥未成年人使用的社交媒体平台逐渐从QQ转移至微信，自我呈现意愿下降，网络参与尚不深入；⑦未成年人运用互联网保持同辈和代际联系，呈现数字"互哺"特征；⑧网络流行语被未成年人广泛使用，网络模仿现象突出，流行文化消费呈现社交化、圈层化特点；⑨未成年人更加融入数字生活，疫情加速未成年人向网络世界位移，使得未成年人触网、用网频率大幅上升；⑩未成年人云端沟通加强，更加关注社会热点，社会参与度提高。

未成年人互联网运用存在的主要问题：①未成年人互联网运用仍存在城乡差距，区域间信息差异明显；②未成年人用网的风险意识普遍不足，网络素养教育滞后于未成年人用网的现实需求；③部分未成年人网络沉迷问题持续，影响其身心健康和正确价值观形成；④家长和教师对未成年人上网的态度趋向开放，但保护和引导工作尚需更多配合；⑤未成年人用网相关政策存在一定的错位、滞后，已有规制手段效果尚不理想。

本书的主要建议包括：①重视区域信息差异，促进教育资源流通，弥合城乡数字鸿沟；②尊重未成年网民作为社会成员的主体性，助力未成年人在触网用网中自我保护；③以制度完善和文化发展促进全民网络素养提升，建设未成年人用网友好社会；④加强技术保护，用技术手段为未成年人用网保驾护航；⑤敏感于时代变化，进一步创新和完善未成年人互联网运用的政策规制。

关键词： 未成年人　互联网运用　网络参与　网络素养　网络保护　网络文化

目 录 ↰

Ⅰ 总报告

Ⅱ 分报告

Ⅲ 热点报告

皮书数据库阅读**使用指南**

总 报 告
General Report

B.1
努力建设有益于未成年人健康
成长的友好互联网世界

季为民　王惠容*

摘　要： 基于2022年中国未成年人互联网运用状况调查数据，本报告分析
了我国未成年人互联网运用的基本状况，指出未成年人互联网运
用存在城乡差异、网络素养不足、网络沉迷持续、监管缺乏合力、
规制效果不理想等问题，建设未成年人友好型网络任重道远。本
报告建议促进区域教育资源流通，尊重未成年网民的主体地位，
同时提升全民网络素养、加强技术保护、进一步创新完善政策规
制，多方共建有益于未成年人健康成长的友好互联网世界。

关键词： 未成年人　互联网运用　网络素养　网络保护　未成年人友好型网络

* 季为民，中国社会科学院大学教授、博士生导师，中国社会科学院新闻与传播研究所媒介传
播与青少年发展研究中心主任，中国社会科学院工业发展研究所副所长、研究员，主要研究
方向为马克思主义新闻学、新闻伦理、青少年；王惠容，中国社会科学院大学新闻传播学院
2022级硕士研究生。

在网络强国战略指引下，近年来我国网信事业持续发展，互联网基础设施建设稳步推进。当前，互联网全方位渗透进人们的生活，深刻改变着社会运行的机理，也影响着人们的价值体系形成。网络资源建构起人们的认知空间、体验空间和秩序空间，源源不断的信息供给为每个个体提供了更多可能。在万物互联时代，了解并融入互联网世界是青少年成长必然要面对的一个课题。

青少年是祖国的未来和希望，是实现中华民族伟大复兴的先锋力量。未成年人的互联网运用是关系网络强国和未成年人成长发展的重大战略问题，也是全社会关心、关注的基本问题。纵向上看，社会各界对于未成年人互联网运用的态度处于动态发展之中，老师和家长等与未成年人紧密相关的群体对于未成年人用网的态度随时代发展有了新变化。同时，受疫情因素影响，社会信息传递和社会交往的方式被极大改变，网络空间承载起更多的沟通功能，社会生活的各个方面都更加依赖于互联网。在此背景下，面对层出不穷的网络产品和复杂多变的网络环境，如何保证未成年人健康安全上网、得到互联网之惠，成为与每个家庭息息相关的时代考题。

自2006年起至2022年，中国未成年人互联网运用状况调查项目已完成11次全国大调查，通过持续搜集一手数据，从网络认知与态度、网络运用行为以及家庭社会背景环境等维度积累了中国未成年人互联网运用的基础资料。基于中国未成年人互联网运用状况调查历年数据，结合其他相关研究，本报告对我国未成年人互联网运用的最新特点进行概述，全面总结当前我国未成年人互联网运用状况和发展趋势。

一　未成年人互联网运用的基本状况

（一）未成年人互联网运用的总体特征

1. 上网普及率几乎饱和，触网低龄化趋势明显

中国互联网络信息中心（CNNIC）发布的第51次《中国互联网络发展状况统计报告》显示，截至2022年12月，我国网民为10.67亿人，其中10

岁以下网民和 10~19 岁网民占比分别为 4.4% 和 14.3%，青少年网民数量近
2 亿。① 根据 2022 年中国未成年人互联网运用状况调查，受调查的未成年人
全部在近半年内有过上网行为，未成年人互联网普及率几乎饱和，显著高于
全国互联网普及率（75.6%）。

未成年人触网低龄化趋势明显，据调查，在 10 岁以前首次"触网"的
未成年人占比达 52%，较上年提高 7.4 个百分点，其中有 6.9% 的未成年人
在 4 岁及以前首次上网；10 岁以后开始触网的未成年人比例为 30.9%，较
上年降低 7.4 个百分点②。未成年人触网时间的城乡差异较为显著，城市未
成年人触网年龄整体早于乡村，乡村未成年人有 39.2% 在 10 岁以后首次上
网，而这一数值在城市未成年人中为 26.6%。总体上看，未成年人首次触
网的年龄越来越小了。

2. 上网设备多样化，手机是未成年人上网的主要设备

未成年人上网的设备多种多样，移动终端极大地为未成年人上网提供了
便利，手机、电脑、iPad/平板电脑、小度音箱/天猫精灵/Alpha 蛋等机器人
和智能手表都是未成年人的选择。其中，手机是未成年人上网的最主要设
备，九成未成年人会使用手机进行网络活动。从区域对比来看，城市未成年
人使用手机上网的比例为 89.1%，略低于乡镇（93.2%）和农村
（96.6%），说明城市未成年人上网的设备更为多样。据《2021 年全国未成
年人互联网使用情况研究报告》，农村未成年网民拥有属于自己的手机的比
例为 69.2%，比城镇未成年网民（58.3%）高 10.9 个百分点，拥有其他上
网设备的比例均明显低于城镇。③ 另外，未成年人对机器人和智能手表的使
用热情有所下降，不论是生活在城市还是生活在乡镇的未成年人占比均低于

---

① 中国互联网络信息中心（CNNIC）：第 51 次《中国互联网络发展状况统计报告》，https://
www. cnnic. cn/NMediaFile/2023/0322/MAIN16794576367190GBA2HA1KQ. pdf。

② 方勇、季为民、沈杰主编《中国未成年人互联网运用报告（2022）》，社会科学文献出版
社，2022，第 4 页。

③ 共青团中央维护青少年权益部、中国互联网络信息中心（CNNIC）：《2021 年全国未成年人
互联网使用情况研究报告》，https://www.cnnic.cn/NMediaFile/2022/1201/MAIN1669871
621762HOSKOXCEP1. pdf。

往年，然而城市未成年人的机器人（6.2%）和智能手表（6.7%）使用比例依然明显高于乡镇（4.8%，4.9%）。

3. 未成年人上网目的以娱乐为主，短视频类平台最受欢迎

未成年人用网形式多样，对于互联网的使用集中在娱乐和学习上。在关于上网目的的调查中，选择"看视频"和"听音乐"的未成年人占比最大，分别达到47.5%和40.1%，其次为"写作业/查资料"（36.4%），"聊天"（31.3%）也是未成年人上网的主要目的之一。在具体的应用程序中，短视频类App和其他视频网站最受未成年人欢迎。调查数据显示，在各类图文视频App中，未成年人更倾向于视频垂类，其后依次为文学类、论坛类、直播类。在视频垂类中，36.11%的未成年人经常浏览短视频类图文视频App，23.11%的未成年人倾向于浏览长视频网站，17.25%的未成年人倾向于浏览具有特定属性（二次元）的视频网站。未成年人使用App的倾向也在不同年龄阶段表现不同，相比小学生，在上网时选择网络论坛类平台和二次元类App的初中生和高中生比例明显更高。

（二）未成年人的网络认知、网络素养和网络时代择业取向

1. 未成年人"数字触角"极大延展，普遍具备基本的科学素养

互联网是未成年人了解和体验外部世界的主要途径，随着越来越多的未成年人投入网络世界的怀抱，网络作为"数字触角"给未成年人带来了更多维度的输入。在对网络带来的好处的主观评价中，全国未成年人将以下几项排在前列："获得知识变得容易了"（52.2%）；"随时知道社会上正在发生的事情"（39.6%）；"与人交往变得方便了"（36.8%）；"学习方便了，很多课程/作业可以在网上进行"（34.3%）；"有了很多新的游戏和娱乐方式"（31.9%）。

据2021年青少年互联网使用与科学素养调查数据，未成年人科学素养水平为44.5%，即有超过四成的被调查者的科学素养达到合格水平，未成年人普遍具备基本的科学素养。其中，小学、初中、高中学生的科学素养水

平分别为33.5%、37.4%和55.8%。值得注意的是，随着年龄增长，网络游戏对未成年人科学素养水平的负面影响渐弱。调查显示，小学至初中阶段，玩游戏的频次越高，未成年人的科学素养越低，而在初中至高中阶段，经常玩网络游戏的未成年人反而科学素养水平较高。未成年人的科学素养水平也受互联网偏好内容的影响，与浏览科普内容的频次呈正相关。数据显示，平时总是看科普内容的未成年人科学素养最高（71%），远超于从不看科普内容的未成年人（18.5%），这说明应重视互联网内容对未成年人认知水平和思维素养的影响。

2. 未成年网民的职业理想取向集中，职业选择存在性别差异和认知固化

互联网构建起未成年人对外部世界的认知，影响着未成年人自身的成长规划，从未成年网民的职业取向可以洞见其成长。调查显示，教师是未成年人最为偏好的职业，有31%的未成年人选择其为理想职业，其次为医生（19.8%）、企业家（19.5%）和艺术家（19.3%）。游戏玩家、网红、AI高手等互联网职业早已进入未成年人的选择视野，但这三种新兴职业受追捧程度均有所下降，降低幅度分别为6个、3.9个和2个百分点。可见未成年人的职业理想选择较为集中，拥有稳定收入的传统行业仍旧最受未成年人青睐。同时，农民职业选项是未成年人的末选，只有不到1.6%的未成年人选择，远远低于其他职业选项所选人数比例，这体现出了未成年人的认知受限和社会普遍的职业认知固化现象。以性别因素为变量来看，未成年女性职业理想选择排行前三的是教师、艺术家和医生，而未成年男性倾向选择军人、科学家和企业家。未成年女性选择文职类工作的比例要远高于未成年男性，未成年男性选择技术类职业的比例高于女性。

3. 未成年人网络素养呈现城乡差异，职业规划折射出区域信息鸿沟

未成年人互联网运用的城乡差异体现在网络素养方面。以江苏省张家港市为例，市属学校学生在网络意识与认知素养、网络安全与隐私素养、网络自主学习素养、网络自我管理素养、网络互动素养、网络知识与技能素养等各个维度均明显高于非市属学校。在职业规划层面，城市未成年人

在职业选择上更为多元，而乡村未成年人则较为集中。根据调查结果，选择教师作为理想职业的乡村未成年人占比约为12%，而城市未成年人占比不到10%。城市未成年人选择新兴行业的倾向更加明显，选择明星、艺术家、科学家、作家和电脑高手的比例超过农村，而农村未成年人更加倾向选择军人、技术工人和医生作为职业理想。受信息不对称影响，青少年的就业选择会受到很大限制。城乡未成年人的职业选择偏好与区域经济发展水平、未成年人用网环境和网络认知水平息息相关，其背后折射出的信息鸿沟值得关注。

（三）未成年人的网络交往和网络参与

1. 未成年人网络社交的"主场"从QQ转向微信，熟人社交模式持续

数据显示，未成年人使用的社交媒体平台从QQ逐渐转移至微信。主要通过QQ平台进行社会交往的未成年人在2018年有近六成，2020年这一数据下降到33.2%，两年后再次下降到30.3%。而微信平台在未成年人社会交往平台中所占份额呈现明显上升趋势，从2018年的30.4%持续上升到2022年的65.6%，微信已成为未成年人网络交往的主场。未成年人在网络中交流的好友以现实生活中认识的人占绝对多数（82.3%），通过网络结交新朋友的情况有限。未成年人的网络交往依旧是熟人社交模式，基于个人现实社会关系。网络时代，社交媒体平台成为主要信息获取渠道，在学习知识、提高素养等方面提供助力，未成年网民在社交媒体平台的使用上表现出很强的自主选择性。同时，各类网络平台功能多样、信息广杂，互联网运用考验着未成年人使用数据、驾驭数据的能力，反映着未成年网民的"数商"。

2. 未成年人的网络自我呈现意愿下降，网络参与以浅参与方式为主

根据调查结果，未成年人在网络交往中的自我呈现意愿逐渐下降。选择"每天都发布很多状态"的未成年人从2014年的7.4%下降到了2018年的4.4%，到2022年只占3.8%。而选择"只关注别人，不发自己的状态"的未成年人从2014年的31%，持续上升到2018年的34.3%

和 2022 年的 51.6%，未成年人越来越不愿意在网络社交平台分享自己的状态。对于网络热点事件，选择"对事件的报道进行转发分享"和"进行跟帖讨论"的未成年人分别从 2014 年的 33.0% 和 15.1%，下降到 2022 年的 12.5% 和 8.6%，更多的未成年人倾向于"浏览大家的评论"或"只是随便看看相关消息"。这表明未成年人的网络参与以浅参与方式为主，多是兴趣导向，随性而看，对于社会公共议题缺乏参与热情。未成年人在网络交往过程中，相比在网络上呈现自我，更愿意通过网络去了解别人，同时对于网络热点话题的了解往往并不深入，这提示我们未成年人对更广泛的社会面向的感性活动认知不足，影响青少年向主流价值观靠拢。

3. 未成年人运用互联网保持同辈和代际联系，数字"互哺"特征明显

网络交往助力现实沟通，相当一部分的未成年人通过网络交往加强现实生活中的社会关系。根据调查结果，有 36.8% 的未成年人赞同是网络让"与人交往变得方便了"，30.4% 的未成年人将"能与好友保持联系"视为网络交往最大的好处。在代际关系层面，相比往年，未成年人与家长的双向沟通有了明显增强，出现两代人数字互哺的现象。越来越多的家长放下"架子"，遇到不会操作的上网问题时会主动与孩子沟通，"经常请教"和"有时请教"孩子的家长比例从往年的 75.8% 提高到 88.3%，"从不请教"的家长占比显著降低，从 20% 降为 8.5%。另外，也有越来越多的孩子信任家长，当未成年人在网上被人威胁或收到不良图片/视频时，从来不会跟父母说的比例显著下降，从 8.9% 降低至 6.5%。网络亲子社交是亲子关系中重要的一部分，数字"互哺"现象表明代际关系在网络空间的向好发展。

（四）未成年人的网络表达和网络消费等网络文化现象

1. 网络流行文化盛行，网络模仿现象突出，网络流行语被广泛使用

未成年时期是人的高速成长期，未成年人的行为模式和思维方式极大地受所处环境影响。如今的未成年人出生在 2004 年以后，其成长路径受互联网文化影响，对网络文化的跟风模仿现象突出。调查发现，未成年人主要模仿领域依次为"学唱网上的流行歌曲"（44.7%）、"模仿网络说话的方式"（28.8%）、"网上流行的东西，会去买"（16.4%）、"模仿穿衣打扮"（15.1%）。未成年人认同建构的需求强盛，通过在网络平台上的表达与模仿，未成年人主动将线上与线下的场景勾连。另外，未成年人在生活中使用网络流行语的人数大约占到七成（经常使用、较多使用、有时使用共占比67.7%）。从不同年龄段看，有77.1%的高中生会使用网络流行语，这一数据在初中和小学分别为67.1%和55.3%，整体上高中生对网络流行语的使用多于初中生和小学生。从模仿到创造，近年来网络流行语丰富度提升，展现出未成年人网络表达的热情不减。

2. 未成年人流行文化消费依托平台发展，呈现社交化、圈层化特点

当代未成年人的文化消费是青年亚文化的一个重要面向。社交平台是未成年人网络消费的重要阵地，各类平台全方位整合了购物、展示、交流、借贷等功能，创造出以即时满足为目标的消费新场景。未成年人网络消费最常用的社交媒体平台是微信（31.5%）和QQ（52.9%），部分未成年人也使用小红书、B站、豆瓣、微博等。在消费方面，最受欢迎的是视频网站和短视频类消费，占比60%。其中最常消费的是二次元类（A站、B站、腾讯动漫）和短视频类（抖音、快手、西瓜视频）。紧随其后的是直播平台，如企鹅直播与斗鱼直播。依托各类社交平台，未成年人通过网络在兴趣圈层中找到自己的细分定位，基于趣缘的垂直圈层成为未成年人显著的消费文化特色。未成年人流行文化消费的模式正在逐步由原先的精英生产、用户消费转变成自我生产、自我消费，推动了圈层分化和不同圈层之间的审美裂变，冲击主流话语体系，影响未成年人价值观的形成。

（五）未成年人互联网运用状况的疫情前后比较

1. 未成年人更加融入数字生活，小学生长时间上网比例激增

2020年新冠疫情突发后，全国各地中小学落实"停课不停学"精神，开始推进线上教学工作，使得未成年人触网、用网频率大幅上升。对比疫情前后的调查数据，城市未成年人手机使用率从80.1%提高到89.1%，乡镇未成年人这一数值提高了10个百分点，从83.2%变为93.2%，以手机作为上网设备的未成年人比例显著提升。在上网目的方面，疫情前，超过四成的未成年人上网最经常做的事是"听音乐"（45.7%）和"打游戏"（41.8%）。疫情期间，网络视频变成孩子们最热衷使用的功能，上网看视频的未成年人比例从26.2%上升到47.5%。在上网时长方面，各年龄层的未成年人在疫情期间的上网时长整体增加，小学生长时间上网比例增幅最大。疫情发生后，高中生中每日上网三个小时或三小时以上的比例明显提升（3.1%、7.7%），从不上网的比例从58.3%下降为27.9%。小学生群体在疫情期间长时间上网（超过三个小时）的比例激增，从1%上升到5.8%，增幅显著高于初中生和高中生。

2. 云端沟通加强，推动以未成年人为中心的良性社会关系建构

疫情之后，未成年人借助社交网络在"云端漂浮"、保持链接的机会增多了，从亲子关系到网络交友都有了新的进展。疫情发生后大多数未成年人能处理好与父母的关系，86.2%的孩子认为自己与父母的感情"很好"或"较好"，近五成（48.3%）的未成年人"没有"或"极少"因为上网的问题与父母发生争执，仅有8.7%的未成年人"经常"和父母吵架。在朋辈关系中，疫情期间青少年云端沟通更加开放，未成年人在网络中吐露自我的热情远比新冠疫情前高涨。据调查，许多未成年人发现自己在疫情期间网络交往过程中逐渐放下了心理防备，愿意披露更多的个人信息，比如真实姓名（31.2%）、性别（66.9%）、年龄（40.5%）、学校（12.6%）、照片（15%）、手机号（11.4%）、QQ/微信号（32.9%）等。网络空间成为未成年人展现自我、获取反馈的重要场所，助力未成年人主动建构社会关系，同时也在一定程度上凸显了未成年人的个人信息保护问题。

3. 未成年人更加关注社会热点，社会参与度提高

对比疫情前后的调查数据，未成年人对于社会事件的关注度上升，并且以不同的方式参与到对网络热点话题的探索中，社会参与度有所提高。

据调查，对于网络热点话题，有 39.3% 的未成年人会"在现实生活中与人讨论"，12.5% 的会"对事件的报道进行转发分享"，8.6% 的会"进行跟帖讨论"，未成年人更加积极地在网络舆论场中发表个人看法。另外，新冠疫情后，新增超两成（20.2%）的未成年人开始认真"浏览大家的评论"，而对外界重大事件"从不关心"的未成年人大幅减少，从 27% 降低至 9.5%。由此可见，疫情期间，互联网成为青少年深度参与、体验和介入社会的平台，未成年人对于公共讨论的整体关注度有所上升，更加重视个人网络话语权。

二　未成年人互联网运用存在的主要问题

（一）未成年人互联网运用仍存在城乡差距，信息差异明显

近年来，我国未成年人互联网运用的城乡差距不断缩小，城乡网络接入差距极大缩小，城乡未成年人互联网运用差异更大程度上表现为信息差异，体现在不同区域间未成年人正确使用数据、获取有效信息的能力和素养上。据调查，乡村未成年人在打游戏、看网络视频或直播等休闲娱乐方面用网明显更多，这也从侧面表明乡村未成年人普遍缺乏科学用网的指导，进一步导致了区域之间未成年人获取科学知识和社会信息的差异。由互联网使用"知识沟"带来的信息差异不仅影响未成年人输入科学知识，还影响未成年人对更广阔的外部世界的认知，影响未成年人的人生规划和择业取向。当前，我们处于全民上网的时代，移动终端成为每个人的"新器官"。因此，帮助乡镇未成年人使用好信息、受益于网络的问题不容忽视。

（二）未成年人用网的风险意识普遍不足，网络素养需要进一步提升

网络素养不仅是应对网络问题、保护未成年人的知识，更是引导未成年

人在数字化时代成长和发展的知识，是积极从网络世界中收获信息和价值的知识。[①] 调查显示，仅有 24.2% 的未成年人总是设置较高安全性的密码，29.3% 的小学生从没想过或是偶尔才会想到保护个人隐私，说明小学生的隐私保护意识较为薄弱。同时，尽管未成年人使用短视频频繁，但在使用过程中风险意识淡薄，有 21.2% 的未成年人因炫耀财富、家庭背景等导致个人信息暴露。在网民全民化和触网低龄化的趋势下，我国未成年人的网络素养仍需要进一步提升，而网络素养教育往往滞后于未成年人用网的现实需求，普遍存在脱节、滞后情况。网络素养教育是提升未成年人媒介素养的关键，但在未成年人基础教育中仍然存在"低洼带"甚至空白区。数据显示，观看影像内容已成为未成年人上网的最主要目的，有 47.5% 的未成年人表示自己上网主要做的事情是"看视频"。然而，视听时代未成年人影像素养提升渠道尚未打通，相关培养和评估机制需要完善。

（三）部分未成年人网络沉迷问题持续存在，影响其身心健康和价值观形成

随着时代发展，触网低龄化趋势明显，越来越多的教师将网络沉迷列为最受关注的学生用网问题。青少年阶段是大脑的神经发育和认知发育的关键期，如果沉迷于网络虚拟空间，会造成未成年人对现实世界的认知偏差，从而不利于未成年人健康成长。调查结果显示，大多数未成年人愈发沉浸在智能化移动设备使用中，超三成表示自己"更爱玩手机、玩游戏了，难以自己控制"（32.3%），每天用网时长超过三小时的小学生、初中生和高中生比例较往年显著增长，而且有 10.6% 的孩子察觉到自己"更孤独了，与人面对面接触减少了"。青少年时期也是人体身体发育的"黄金期"，然而，超五成未成年人清楚地认识到是上网让自己"比以前更爱待在家里了，运动减少了"（52.2%），近四成认识到"用电脑和手机太多导致视力下降很快"（36.7%）。网络沉迷极大影响未成年人心理健康，可能导致焦虑、抑

---

① 左灿：《未成年人网络素养提升路径》，《中国社会科学报》2023 年 3 月 23 日。

郁、孤独等不良情绪滋长，此外，长时间坐着使用电子产品不利于未成年人开展户外活动，据调查，有 61.3% 的未成年人表示自己眼睛近视。综合来看，在全社会互联网普及率持续走高和疫情中现实社会活动减少的背景下，未成年人网络沉迷风险只增不减，其对未成年人身心造成的不良冲击必须引起各方重视。

（四）家长和教师对未成年人上网的态度趋向开放，但保护和引导工作尚需更多配合

家庭和学校是未成年人上网的主要场所，家长和教师是未成年人互联网运用的两类重要监管者。第 10、11 次中国未成年人互联网运用状况调查数据显示，近年来家长对未成年人用网的监管尺度呈现"宽松"趋势，"时间和内容都没规定"的家长比例提高了 12 个百分点。教师对未成年人互联网运用的态度同样体现出松动态势，2007 年认为高中阶段上网合适的教师占比最大（31.4%），到 2014 年，近半数的教师认为小学、初中、高中阶段上网都合适（40.4%）。另外，越来越多的教师可以接受低年龄段的孩子上网，认为未成年人适合在小学阶段上网的教师比重从 24.2% 提升到了53.5%。总体来看，家长和教师对于未成年人上网的态度越来越开放了。然而，家长和教师作为未成年人成长的"把关人"，在态度开放的同时缺乏管制措施的升级改良，任由孩子"我行我素"地"畅游网络"，长期下来不利于未成年人健康安全用网。

调查发现，多数教师对于自身在管理和指导未成年人上网方面有着非常明确的定位，有 77.6% 的教师认为应当以家长指导管理为主、老师指导为辅。多数教师都认为，在管理和指导未成年人上网的问题上，家长是第一责任人，教师则主要辅助家长对未成年人上网进行指导教育。在未成年人互联网运用这一话题上，家庭教育通常更加注重孩子的个性发展和兴趣培养，而学校更注重学科知识的传授和考试成绩的评估，体现在用网教育方面，则是家庭往往更注重孩子的自主学习和发展，而学校更注重教师的指导。在对未成年人互联网运用渐趋开放的社会环境下，如何整合家庭和

学校教育生态、在保护和引导未成年人用网中取得新成效将是下一阶段的关键。

（五）未成年人用网相关政策存在一定的错位、滞后，已有规制手段效果尚不理想

新修订的未成年人保护法已经施行近两年，其中进一步明确了未成年人享有的权利、保护未成年人的责任主体和原则，为保障未成年人身心健康发展提供了坚实的、全面的法律依据。然而，在极速更迭的网络环境生态下，相关政策的制定与推行往往滞后于未成年人互联网运用的现实情况。

为应对未成年人网络沉迷问题、筑牢未成年人健康用网防线，国家网信办等相关部门已牵头推出一系列规制举措。针对未成年人用网的青少年模式自上线以来，在引导未成年人信息获取和降低未成年人网络依赖程度上发挥了一定的效用，但也存在一些亟待解决的突出问题。例如，未成年人使用其家庭成员的身份信息可以轻易绕过青少年模式的限制，根据调查结果，经常或总是使用儿童模式、青少年模式的未成年人只占 20.1%，约八成的青少年并没有在"青少年模式"的保护下上网，"青少年模式"的社会认可度较低。另外，现有青少年模式的使用体验感欠佳，大大影响了平台的服务功能和应用体验，也会使未成年人将青少年模式拒之门外，导致规制手段在实际应用中效果不理想。

三　建设有益于未成年人身心健康的友好互联网世界

（一）重视区域信息差异，促进教育资源流通，弥合城乡数字鸿沟

城乡数字鸿沟始终是未成年人互联网运用的热议话题，当前，区域未成年人用网的差异转向更为深层的信息获取与运用维度，需要我们继续关注城乡差距，促进科普资源和教育资源均等化。根据本次调查，以张家港市未成年人为例，就读于非市属学校且开展过班级网络文明活动的未成年人的网络素养水平已经略微超过就读于市属学校但未开展过班级网络文明活动的未成年人，说明班级网络文明活动能有效缩小张家港市青少年网络素养的城乡差异。应全方位、多层次开展网络素养教育课程，进一步弥合城乡数字鸿沟。在培训内容上，将贴合未成年人现实网络活动的知识和场景带入网络素养课堂，避免老生常谈或泛泛而谈，切实为未成年人传授用网知识和基本技能；在教育方式上，除去传统的课堂宣讲外，还可以策划同辈教育、体验式学习等教学活动，从效果导向出发创新教育理念；在人员分配上，传统教育体系下基层教师普遍压力较大，学生素质教育常见人手不足的情况，对此可以鼓励志愿组织在学校间流动宣讲，增进区域间交流互通，也有助于创新课堂体验、延展课堂空间。

（二）尊重未成年网民作为社会成员的主体性，助力未成年人在触网用网中自我保护

互联网已经成为当今社会实践的重要工具，未成年人作为互联网的原住民，无法被屏蔽在互联网环境之外。做好未成年人用网的保护和引导工作，要尊重未成年人作为网民的主体性，重视人文关怀，走进青少年生活，深入了解他们的想法和兴趣。对于未成年人用网的引导，需明确其目的不是防止未成年人接触互联网，而是帮助他们学会科学地使用互联网。

未成年人的互联网运用本质上是个体性活动，自我保护是未成年人用网保护中的重要一环。随着互联网的普及，未成年人触网时间越来越早，超过50%的未成年人在10岁以前就开始上网。这警示我们要重视提高未成年人的隐私保护意识、提升未成年人对于网络不良信息的敏感度，从个体层面增强其在网络空间中预防风险的能力，在每位未成年人手中放好"保护盾"。我们常用"未成年人"来指代18岁以下的群体，然而，在实际工作中需要重视未成年人内部分层，避免因统一指代而将问题简单化。根据调查数据，高中生在网络知识与技能素养、网络自主学习素养、网络互动素养、网络安全与隐私素养上领先于小学生和初中生，而小学生、初中生的网络自我管理素养高于高中生。因此，在未成年人网络素养教育和

网络内容治理中，要重视年龄差异，区分目标重点，避免"一刀切"式管理。

（三）以制度完善和文化发展促进全民网络素养提升，建设未成年人用网友好社会

未成年人处于身体和心理逐步走向成熟的发展期，其成长路径极易受周边环境影响。培养未成年人良好的上网习惯、提升未成年人的综合用网能力，还需要关照更大范围的上网群体，从整体上提高社会成员的网络素养。调查显示，有13.4%的未成年人表示"几乎没有"通过网络与父母互动过，同时仍有5.5%的家长不会上网，这可能导致其在子女上网管理与引导方面简单粗暴或有心无力。因此，应将网络素养教育拓展至家庭层面，可以通过社区培训、家长学校等形式，纠正家长对未成年人使用互联网的错误认知，让家长具备科学管理和引导子女正确上网的能力。网络中的代际联结是亲子关系中重要的一部分，特别是对于留守儿童、住校学生等与父母分开的未成年人而言，借助互联网保持良好的亲子关系，对未成年人的健康成长至关重要，既可以满足孩子基本心理需要，也是父母管理未成年人上网的重要途径。应继续倡导民主的家庭教育观念，构建和谐开放的代际关系，避免家庭教育缺位。同时，也应将网络素养要求拓宽至泛年龄层的网民群体中，引导各界共建和谐友好的网络空间，营造风清气正的网络环境，建设未成年人用网友好社会。

（四）加强技术保护，用好技术手段，为未成年人用网保驾护航

前沿技术的迅速发展给互联网产品带来更多可能，对未成年人用网监管提出更多挑战，也为未成年人互联网运用的保护与引导提供了更多路径。从"青少年模式"等举措的细化、落地，到《网络安全法》《未成年人网络保护条例》等法律法规的具体实行，背后都离不开强大的技术支持。推动未成年人互联网运用的技术治理，既需要互联网企业和平台加强自律、担当社会责任、推动技术向善，也可以引入第三方平台，研发未成年人用网插件或

程序，构成多方共建的运行模式。具体可以采取以下措施：①健全青少年模式的身份识别机制，探索人脸识别验证等新型验证模式，弥补青少年模式现存的应用疏漏，使相关规制推行更有实效；②优化内容推送机制，善用算法机制进行网络内容治理，分级分类丰富内容供给，满足未成年人的信息需求；③推动内容监测和治理平台建设，完善不良信息识别和预警系统，打造属于未成年人的互联网生态环境；④研发未成年人版智能手机终端产品，推动监管前置，通过未成年人自己的上网设备从源头分担未成年人上网的监管压力。

（五）敏感于时代变化，进一步创新和完善未成年人互联网运用的政策规制

针对未成年人互联网运用这一议题，相关政府管理部门始终高度重视、积极发声，提出一系列重要举措。接下来，要继续发挥政策规制的指导作用，加强顶层设计，统筹多方力量，优化未成年人网络保护工作的具体措施。具体来看，一方面，可以推进部署网络产品通用的行为规范准则，深化细化国家智能终端和网络运营商的共同技术标准，探索能够指导未成年人互联网运用的普适化标准。另一方面，应加强对已有举措或产品的质量评估，通过青少年及其家长了解一线使用者的真实想法，完善研发、应用、测试、反馈等环节的评价指标体系，彻底摸清现阶段我国未成年人用网需求和相关规制手段的不平衡点，确保未成年人的网络使用规范化干预落到实处、产生实效。

习近平总书记指出："网络文明是新形势下社会文明的重要内容，是建设网络强国的重要领域。近年来，我国积极推进互联网内容建设，弘扬新风正气，深化网络生态治理，网络文明建设取得明显成效。要坚持发展和治理相统一、网上和网下相融合，广泛汇聚向上向善力量。"[①] 无论是互联网的

---

① 《习近平致信祝贺首届中国网络文明大会召开 强调广泛汇聚向上向善力量 共建网上美好精神家园》，http：//www.xinhuanet.com/politics/20211015/C99D36C048700001F77953301360DC20/c.html。

发展、数字时代的国际传播拓展和国家软实力提升，还是网络时代的治理现代化以及人类命运共同体的打造，网民的力量、人民的力量将是真正决定性的力量。[①] 织就未成年人用网的保护网，政府、社会、学校、家庭、平台各方缺一不可。在数字化时代，加强网络教育、培养高素质的"数字公民"尤为重要。这要求我们深入了解未成年人互联网运用的现状、需求和困境，线上和线下结合、课上与课下共治，真正做到以网育人、以网化人。

参考文献

方勇、季为民、沈杰主编《中国未成年人互联网运用报告（2022）》，社会科学文献出版社，2022。

中国互联网络信息中心：第 51 次《中国互联网络发展状况统计报告》，2023。

共青团中央维护青少年权益部、中国互联网络信息中心：《2021 年全国未成年人互联网使用情况研究报告》，2022。

---

① 方兴东、王奔：《中国互联网 30 年：一种网民群体画像的视角——基于创新扩散理论重新发现中国互联网的力量与变革之源》，《传媒观察》2023 年第 1 期。

分 报 告
Sub Reports

B.2
未成年人对互联网运用的态度变化趋势

刘佩莹*

摘　要： 本文通过分析 2006~2022 年中国未成年人互联网运用状况调查的 11 次全国数据，发现当前未成年人互联网运用的广度和深度进一步拓展，未成年人对互联网运用的态度变得更加多元和理性，同时未成年人互联网运用的社会态度更加包容。然而面对复杂严峻的互联网风险，未成年人的数字素养尚且不足。对此需要完善政策法规建设，增强未成年人互联网运用格局意识和数字素养培养工作，多方共举，为未成年人有效运用互联网保驾护航。

关键词： 未成年人　互联网运用态度　数字素养

* 刘佩莹，中国社会科学院大学社会与民族学院社会工作专业研究生，主要研究方向为社会工作、青年发展。

2023 年 2 月，中共中央、国务院印发了《数字中国建设整体布局规划》（以下简称《规划》），《规划》指出，建设数字中国是数字时代推进中国式现代化的重要引擎，是构筑国家竞争新优势的有力支撑。加快数字中国建设，对全面建设社会主义现代化国家、全面推进中华民族伟大复兴具有重要意义和深远影响。[①] 当前以互联网、大数据、人工智能为代表的第四次科技革命对人类社会全局进行着整体性的重构，人类社会政治、经济、文化方方面面深受这股数字化浪潮的影响。作为国家发展的后备军，未成年人对互联网运用的态度以及他们的互联网运用能力关系着数字中国的未来发展。

2006 年，第 18 次《中国互联网络发展状况统计报告》显示，中国互联网已进入快速发展期，网民特征结构、上网途径、上网行为等各方面出现了较为明显的变化。2006 年 6 月，中国网民总人数为 1.23 亿，其中未成年网民有 1832.7 万，占网民总人数的 14.9%。[②] 16 年来，在互联网技术的飞速发展下，截至 2022 年 12 月，中国网民规模已达到 10.67 亿，较 2006 年增长了 9.44 亿，互联网普及率达 75.6%，其中未成年网民占比 18.7%，未成年网民的网络普及率远高于整体水平，他们已成为数字时代的见证者与建设者。[③] 互联网对现代生活的高度渗透性在给未成年人成长发展带来新机遇的同时，也增加了未成年人面对各种形式互联网风险的概率。面对数字时代复杂的社会变革现状，正确规范与引导未成年人对互联网技术的运用具有重要现实意义。因此，本报告基于中国社会科学院新闻与传播研究所"中国未成年人互联网运用状况调查"自 2006 年来的 11 次全国调查数据，分析 16 年来我国未成年人对互联网运用的态度变化趋势，进而为数字时代发挥未成年人"数字建设"能力提供建议。

[①] 中华人民共和国中央人民政府：《数字中国建设整体布局规划》，2023 年 2 月。

[②] 中国互联网络信息中心（CNNIC）：第 18 次《中国互联网络发展状况统计报告》，https://www.cnnic.net.cn/NMediaFile/2022/0830/MAIN166185002170134D0S6ZCSS.pdf。

[③] 中国互联网络信息中心（CNNIC）：第 51 次《中国互联网络发展状况统计报告》，https://www.cnnic.net.cn/NMediaFile/2023/0322/MAIN16794576367190GBA2HA1KQ.pdf。

一　基本情况与主要特征

数字化时代，互联网的高连通性和触网的低成本使得互联网运用更加简单化，在此背景下，未成年人对互联网运用的价值观念和行为模式也发生了改变。

（一）未成年人互联网运用的广度和深度进一步拓展

1. 当今社会独特的时空规定性为互联网功能的扩展带来了机遇

任何一个世代都是特定时空的产物，换言之，任何一个世代都有其时空规定性。所谓时空规定性，是指对一个世代具有重大形塑作用的时代氛围和社会特征，即使一个世代成为特定世代的历史进程以及政治、经济、社会、文化等背景因素。这两个方面的相互作用或者说时空交织形成的规定性便赋予了了一个世代具体的内涵和外延。[①] 本报告将未成年人的年龄界定为 6 ~ 18岁，16 年来，"中国未成年人互联网运用状况调查"的调查对象涉及 "90 后""00 后""10 后"。按照美国社会学家马克·麦克林登（Mark McCrindle）等人的划分，他们中的大多数为 Z 世代（Generation Z），少部分为 Y 世代（Generation Millennials）以及逐渐走入社会视野的 α 世代（Generation Alpha）。

现代移动通信技术的进步对互联网功能的扩展起着决定性的作用。2009年 1 月 7 日，工业和信息化部正式为中国移动、中国联通、中国电信发放第三代移动通信牌照，中国通信行业 3G 时代开始。2013 年 12 月 4 日，工业和信息化部正式发放 4G 牌照，宣告我国通信行业进入 4G 时代。2019 年 6月 6 日，我国正式进入 5G 时代。从传统 PC 上网到移动终端上网，我国未成年人互联网运用的广度和深度得到了明显拓展。

据调查，2006 年我国网民上网设备仍以台式计算机为主，比例达到

---

① 沈杰：《Z 世代：时代与社会多重规定性的建构》，《中国青年研究》2022 年第 8 期。

96.9%。① 16 年间，随着移动通信技术的转型升级，2022 年我国网民使用台式计算机的比例降至 33.3%，使用手机上网的比例高达 99.6%。在对未成年人的调查中，2022 年我国未成年人手机上网比例达到了 91.1%。② 除此之外，近年来随着人工智能的发展，平板电脑、机器人、智能手表也成为未成年人上网的工具。有 28.3% 的被调查者表示平时使用 iPad/平板电脑上网，5.5% 的被调查者选择使用小度音箱、天猫精灵等机器人上网，6.2% 的被调查者选择使用智能手表上网（见图 1）。

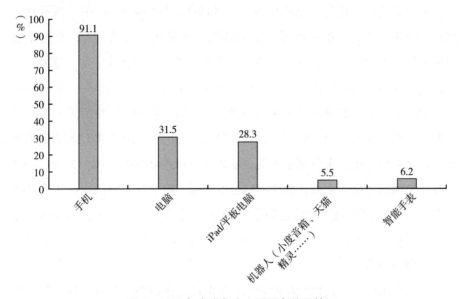

图 1　2022 年未成年人上网设备使用情况

资料来源：第 11 次中国未成年人互联网运用状况调查数据。

从未成年人使用互联网的功能来看，在我国进入 3G 时代前，未成年人上网主要是浏览新闻、查阅资料、收发邮件、网上聊天、网络游戏、收听音

① 中国互联网络信息中心（CNNIC）：第 18 次《中国互联网络发展状况统计报告》，https://www.cnnic.net.cn/NMediaFile/2022/0830/MAIN166185002170134D0S6ZCSS.pdf。
② 中国互联网络信息中心（CNNIC）：第 50 次《中国互联网发展状况统计报告》，https://www.cnnic.net.cn/NMediaFile/2022/0926/MAIN1664183425619U2MS433V3V.pdf。

乐、在线影视收看等。进入3G时代后，我国未成年人使用的互联网功能更加丰富和细化，新浪博客、腾讯QQ、淘宝、爱奇艺等受到了未成年人的欢迎。进入4G时代后，在微信上发朋友圈、网络购物、参与网络直播、刷短视频等网络活动在未成年人中流行。近年来，随着我国进入5G时代，加上新冠疫情的影响，网络课堂、网络会议、线上医疗等互联网新功能进入未成年人的生活。

2. 未成年人的"数字生活"成为常态

美国学者尼古拉斯·尼葛洛庞帝（Nicholas Negroponte）在《数字化生存》一书中提出，人类生存于一个虚拟的、数字化的活动空间，在这个空间里人们应用数字技术从事信息传播、交流、学习、工作等活动，这便是数字化生存。[①] 仅从未成年人互联网运用场所和每日上网情况来看，16年来，我国未成年人的互联网使用更加自主普遍。2006年50.3%的未成年人只能借助于学校、网吧等公共场所上网（见图2），而到了2022年，大部分未成年人都能利用电脑、手机居家上网，实现了互联网使用的自由。另外，2006年每日上网的未成年人仅占比11.0%，而2020年每日上网的未成年人达到了57.7%，2022年这一数值达到了70.8%（见图3）。每日上网成为未成年人的生活常态，网络支付、网络学习、网络社交等都是未成年人"数字生活"的重要体现。

从当代未成年人的世代特性来看，Z世代又被称为互联网世代，他们的成长时期几乎和互联网的形成与高速发展时期高度一致。在中国，Z世代赶上了中国经济的腾飞，同时也深受我国生育政策的影响，种种社会因素形塑了他们独特的世代人格。数据显示，我国的Z世代活跃用户规模已达到2.62亿，他们的价值取向、行事风格、兴趣特长、消费习性吸引着各界人士的关注。若说Z世代是互联网时代的原住民，那么出生于2010年后的α世代则是人工智能时代的产物。作为"智能原住民"，α世代的学习、生活、成长与人工智能密切相关。相比于Z世代，他们具有更强的数字化生

---

① 〔美〕尼古拉斯·尼葛洛庞帝：《数字化生存》，胡泳、范海燕译，海南出版社，1997。

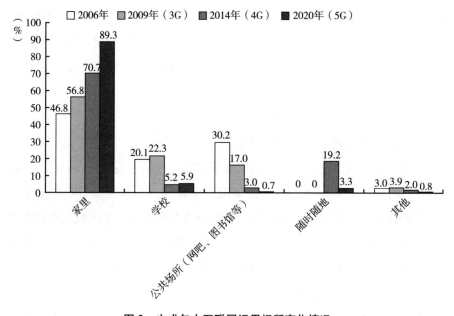

图 2　未成年人互联网运用场所变化情况

资料来源：第 1、3、8、10 次中国未成年人互联网运用状况调查数据。

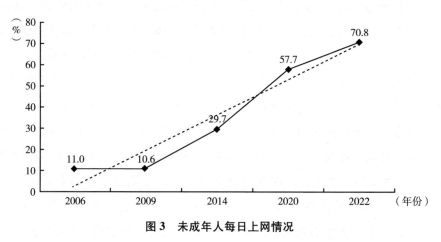

图 3　未成年人每日上网情况

资料来源：第 1、3、8、10、11 次中国未成年人互联网运用状况调查数据。

存优势，与 Z 世代和互联网的相伴相生不同，α 世代更像是已将互联网特性内化，他们更关注人机共生、绿色环保等新兴议题，他们更具创造性与互联

网视野。近年来引起大众广泛讨论的 5G 技术、元宇宙、云计算、物联网、区块链、人工智能，以及 2023 年社会热议的 Chat GPT，这些数字化产品渗透到未成年人生活的方方面面，塑造着未成年人虚拟与现实交融的数字生活。

3. 互联网成为未成年人自我呈现的平台

关于自我呈现的论述，用莎士比亚（Shakespeare）的话来说：世界是一个大舞台，人人皆是演员。美国社会学家欧文·戈夫曼（Erving Goffman）也曾在其著作《日常生活中的自我呈现》中借用舞台和剧院分析日常生活中人类的行为。他引用前台的概念，指出个体利用布景和个人门面在社会生活中向他人展现自我并进行印象整饰。所谓自我呈现，究其根本是个体借助交往工具与社会产生的互动。自 2005 年中国进入博客元年，一种更为主动的互联网表达方式在中国盛行。

据调查，2006 年表示上网主要写博客/更新个人主页的未成年人仅占 10.6%，随着互联网媒介系统的升级以及当代未成年人生活方式的转变，以图文视频 App 为主导的互联网自我呈现方式搭建起了未成年人社会互动的新型框架。从自我呈现的方式来说，2022 年有 16.4% 的未成年人使用微博、贴吧等话语方式进行网络活动，而表示使用短视频类、其他视频网站、二次元类 App 的未成年人分别占到了 65.3%、41.8% 和 31.2%。这类即时性、碎片化的非话语方式成为未成年人自我呈现的主要选择（见图 4）。除此之外，从近三年的数据中可以发现，未成年人采用图文视频 App 进行自我呈现的主动性明显提高，表示会使用音频、视频等进行网上创作或发布消息（如发布朋友圈、微博，制作微信公众号、抖音短视频等）的未成年人由 2020 年的 30.9% 增长到了 42.9%（见图 5）。这类软件以其集点赞、评论、转发、收藏于一体的功能优势，为未成年人进行自我呈现提供了良好的互动机制，容易激发未成年人的获得感、成就感和自我满足感，当然这也是容易导致未成年人沉迷网络的原因。

另外，对于 Z 世代和 α 世代来说，除了现实身份外，在虚拟世界和元宇宙中的虚拟形象也是他们进行自我呈现的主体。近年娱乐行业中"初音

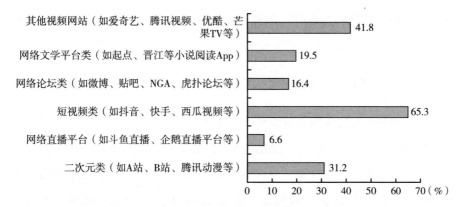

图 4　2022 年未成年人使用图文视频 App 情况

资料来源：第 11 次中国未成年人互联网运用状况调查数据。

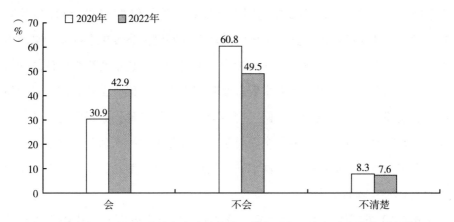

图 5　2020 年、2022 年未成年人使用音频、视频进行网上创作或发布消息情况

资料来源：第 10、11 次中国未成年人互联网运用状况调查数据。

未来""洛天依"等虚拟歌手形象已屡见不鲜，以 VR 为主导的移动互联新设备扩大了未成年人的虚拟世界范围。在元宇宙世界里，未成年人通过虚拟形象在网络游戏、网络社交、网络创作中进行自我表达和自我呈现，他们愿意在游戏货币、装备等虚拟商品上花钱，通过交流、合作、竞争，营造着自己的虚拟关系网络。这种虚拟世界中的自我呈现方式不受时间、空间的制约，未成年人的社会互动由现实世界中双向的二元体系向立体多元的建构体

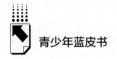

系发展。同时"现实与虚拟"的复合形象成为当代未成年人在数字时代的新型身份。

（二）未成年人对互联网运用的态度更加多元和理性

1. 未成年人对互联网运用的本质认识进一步"去晕轮化"

"晕轮效应"又被称为"光圈效应"，是指在人际知觉中所形成的以点概面或以偏概全的主观印象。在人际互动之外，个人对于某些社会现象、社会事物也存在"晕轮化"的情况。我国 1994 年接入国际互联网，不到 30 年的时间，互联网给中国带来了翻天覆地的变化。但是由于我国经济社会发展的滞后以及存在各地区经济发展不平衡等问题，在 21 世纪的前十年我国互联网普及率并不高，2006 年我国上网计算机数量仅为 5450 万台。① 受互联网设备和功能的局限，此时未成年人对于互联网的态度更多的是面对新事物的好奇和谨慎。在此阶段，暴力游戏、沉溺聊天、色情泛滥是公认的网络世界三大危害，此时未成年人主要将互联网作为一个娱乐工具看待，对于他们中的大部分人而言去网吧上网、网络交友并不符合他们心目中的好学生标准。与此同时，还存在的另一个误解是，大部分未成年人认为经常上网会使自己思想更成熟。此时的互联网如同童话里的潘多拉魔盒，未成年人心生向往的同时却又望而却步。

随着 21 世纪进入第二个十年，及 4G、5G 技术的普及，我国进入移动互联网时代。当代未成年人在学习、生活中使用互联网已经成为常态，互联网不再仅是一个娱乐工具，它的学习、社交功能凸显。互联网使用情境的普及以及功能的延伸使得未成年人消除了心中的互联网光环，未成年人对互联网运用的认识更加具体全面。

2. 未成年人对互联网运用利弊的分析更理性

前文提到在 21 世纪前十年的"网吧时代"，未成年人对于互联网既好

---

① 中国互联网络信息中心（CNNIC）：第 18 次《中国互联网络发展状况统计报告》，https：//www.cnnic.net.cn/NMediaFile/2022/0830/MAIN166185002170134D0S6ZCSS.pdf。

奇又谨慎，2006~2010年五年时间里，有近19%的未成年人表示对于互联网运用的利弊他们并不清楚，同时也有约1/3的未成年人表示未成年人运用互联网的利弊程度相当。在这五年的时间里，认为互联网运用利大于弊的人数始终多于认为弊大于利的人数，并且这一趋势在这段时间并没有太大变化（见图6）。可以说在"网吧时代"未成年人对于互联网运用的利弊分析还处于懵懂状态。但是在2018~2022年，相比于前十年，此时未成年人对于互联网运用利弊的分析发生了明显转变。在对"上网带来好的变化"的调查中，选择"获得知识变得容易了""与人交往变得方便了""学习方便了，很多课程/作业可以在网上进行""随时知道社会上正在发生的事情"的未成年人始终居多。在对"上网带来不好的变化"调查中，"分走了不少学习时间""比以前更爱待在家里了，运动减少了""用电脑和手机太多，视力下降很快"等问题是未成年人担忧的重点（见图7、图8）。可见未成年人对于互联网运用利弊的态度由十余年前的简单化变得更加具体理性。他们将互联网作为娱乐放松工具的同时，也能明白当前互联网对于学习成长的重要性，对于互联网运用带来的网络依赖、网络痴迷、户外运动减少以及视力下降等负面问题，他们也能有明确的认识。

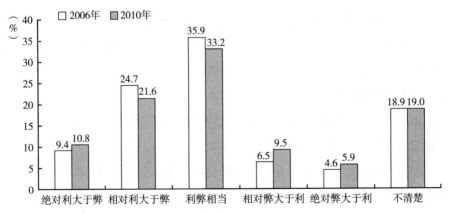

图6　2006年、2010年未成年人对于互联网运用利弊的认知情况

资料来源：第1、4次中国未成年人互联网运用状况调查数据。

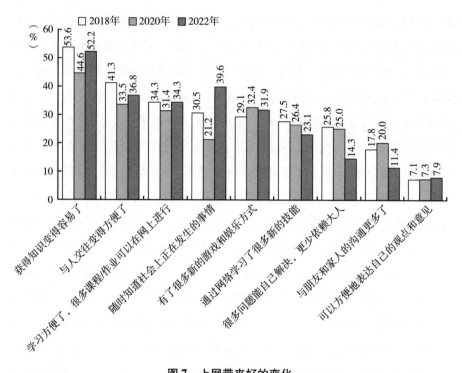

图7 上网带来好的变化

资料来源：第9、10、11次中国未成年人互联网运用状况调查数据。

3.未成年人对互联网运用的态度具有群体差异性

对于未成年人互联网运用态度的群体差异，就人口统计特征而言，在性别、城乡维度，未成年人的互联网运用态度有明显变化。调查显示，农村未成年人的网络安全意识更弱，网络依赖程度更深，城乡未成年人之间的数字鸿沟逐渐拉大。在性别维度，存在男生触网年龄早于女生、男生对游戏情有独钟、女生更多扮演"消费者"角色的现象。[①]

群体作为社会学概念，是指在共同目标的基础上，由两个以上的人组成的相互依存、相互作用的有机组合体。随着网络社交的变化，霍华德·莱茵戈德（Howard Rheingold）首先提出网络社群概念，他认为"当拥有足够的

---

① 方勇、季为民、沈杰主编《中国未成年人互联网运用报告（2022）》，社会科学文献出版社，2022。

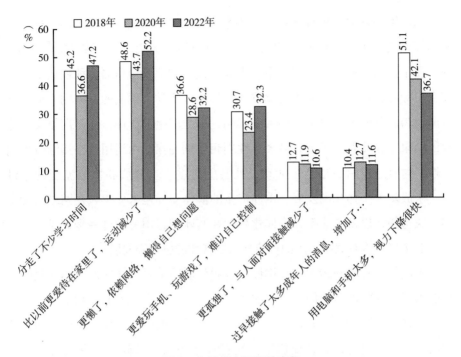

图 8　上网带来不好的变化

资料来源：第 9、10、11 次中国未成年人互联网运用状况调查数据。

人长时间共同参与一个公共讨论，投入够多的情感，并在网络空间中构成一个由个人关系组成的网，就会产生网络社群这种网络上产生的社会群聚现象"。① 社会学奠基人埃米尔·涂尔干（Emile Durkheim）在《社会分工论》中提出机械团结和有机团结的概念，他将不发达社会中个人个性湮没在集体意识中的现象称为机械团结，将发达社会中个人以单独个体自居，按照社会分工产生相互依赖感和团结感的现象称为有机团结。② 涂尔干的有机团结概念为解释未成年人互联网运用中的群体差异提供了理论预设。随着 Web 3.0 的推进，互联网功能逐步细化，垂直类社区 App 加速发展，以个性、爱好

① 邓胜利、胡吉明：《Web 2.0 环境下网络社群理论研究综述》，《中国图书馆学报》2010 年第 5 期。

② 〔法〕埃米尔·涂尔干：《社会分工论》，渠敬东译，三联书店，2017。

为驱动的网络社群规模日渐扩大，各类网络社群在发展中形成了不一样的互联网文化圈，例如"Keep 健身文化""微博粉丝文化""B 站二次元文化"等。在不同的互联网文化圈层中，未成年人以虚拟身份自居，他们放下了现实身份标签，仅仅作为网络文化群体中的个体活动，他们的互联网态度、互联网行为深受所处网络文化圈层的影响，由此产生的群体差异是网络文化差异的结果。在此背景下，以城乡、性别相区别的互联网运用正在逐渐打破同一性，这背后反映的是经济活动、社会生活进一步开放和快速流变的条件下，未成年人个体化的发展，由此产生的群体差异是未成年人在网络活动中的自我选择，以及未成年人个体化程度在互联网运用上的进一步彰显。

4. 未成年人互联网运用的自律性与自我效能感得到发展

未成年人互联网运用的自律性与自我效能感主要体现在他们的互联网掌控能力以及互联网运用信心上。在历年的调查中，表示不上网和不会上网的情况在减少。同时大部分未成年人表示，父母对他们的互联网使用时间和使用内容都有所规定，并且他们不会超过规定的用网时间，仅有 11.6% 的未成年人表示他们会经常超过规定的用网时间（见图 9）。

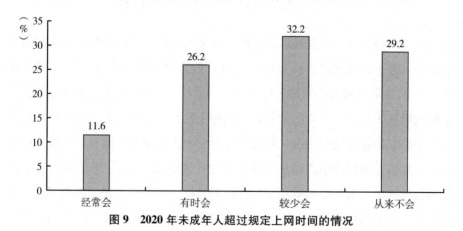

图 9　2020 年未成年人超过规定上网时间的情况

资料来源：第 10 次中国未成年人互联网运用状况调查数据。

从上网的目的来看，除完成作业、了解时事、交友沟通、娱乐消遣外，表示为了网上课堂、自我表达、购物、搜索地图的未成年人数量在增加。自

2020 年我国开展大范围的"线上学习"以来，互联网作为学习、工作工具的作用显著增强，在线教育课程、在线教育产品朝着多元化方向发展。除辅助完成学校的学科作业外，互联网成为未成年人追求全面发展的资源渠道，各类学习 up 主、知识博主、资源包为未成年人培养兴趣、拓宽成长维度提供了便利。从网络交往、网络安全问题上看，未成年人对复杂的网络环境已有一定认识，对个人信息也有一定保护能力。他们在涉及个人的隐私数据、可识别信息时能够保持警惕，在网络交往中他们会公布性别等个人识别性不强的信息，而对于姓名、学校、照片、地址等强识别性的个人信息选择保密。① 总体而言，未成年人能以主人翁意识面对互联网，成为网络的主人是他们互联网运用自律性与自我效能感发展的重要表现。

（三）未成年人互联网运用的社会态度更加包容

1. 社会舆论对未成年人互联网运用的负面标签在减少

社会舆论是社会意识形态的特殊表现形式，反映了相当数量的社会个体对某一问题的共同倾向性态度。本调查 16 年来，对未成年人互联网运用状况调查的问卷设计反映了社会舆论对未成年人互联网运用状况的具体关切。从研究内容来看，可以将本调查历年来的问卷调查分为三个阶段。2006~2009 年为第一阶段，此阶段本调查重点关注未成年人网络游戏、网恋、进出网吧、网络沉迷等负面情况，从调查的整体倾向来说，社会大众依然对于未成年人使用互联网持消极、担忧的态度。第二阶段为 2010~2018 年，此时本调查开始研究探讨未成年人的新媒体运用状况、城乡未成年人互联网运用之间的差异、未成年人的网络模仿行为、网络阅读、网络中的自我表达和社会参与等情况，调查内容逐渐变得客观中性。2019~2022 年为本调查的第三阶段，除了继续过往的调查内容，本调查增加了对未成年人网络安全、网络素养的分析以及对未成年人互联网运用保护规

---

① 方勇、季为民、沈杰主编《中国未成年人互联网运用报告（2022）》，社会科学文献出版社，2022。

制和政策法规的探讨。

在社会报道上，过去人们往往用"网瘾少年"来批判未成年人的网络痴迷现象，现在随着电子竞技发展成为全球赛事，人们并不再视正常的网络竞技、智能游戏为洪水猛兽，报道中"网瘾少年"等形容词减少，"电竞少年"等词语增多。总体而言，社会舆论中对未成年人互联网运用的负面标签在减少，此时大家探讨的并不是未成年人能不能使用互联网的问题，而是未成年人怎样才能将互联网运用得当的问题。

2. 对未成年人互联网运用的治理措施更加具体完善

另外，从互联网发展历年的大事记中，我们可以看出未成年人互联网运用治理呈现的积极变化趋势。2006 年 5 月，由共青团中央、中央文明办、国务院新闻办、教育部、信息产业部、中国社会科学院等共同指导，人民网、新浪网等 20 家网站共同发起，中国青少年社会服务中心承办的"中国未成年人网脉工程"正式启动，并开通了面向未成年人的专属上网导航平台——"网脉网"。同年 12 月，全国人大常委会新修订的未成年人保护法规定，"国家采取措施，预防未成年人沉迷网络"。2009 年 5 月，国家工信部下发《关于计算机预装绿色上网过滤软件的通知》，要求所有个人电脑出厂时预装绿色上网过滤软件——"绿坝—花季护航"，此软件具备拦截色情内容、过滤不良网站、控制上网时间、查看上网记录等功能。

进入 2010 年，对未成年人互联网运用的治理措施开始发生明显变化。首先 2010 年 6 月，国务院新闻办公室首次发表《中国互联网状况》白皮书，说明了中国政府关于互联网的基本政策："积极利用、科学发展、依法管理、确保安全。"其后近十年的时间里，我国在出台《关于加强网络信息保护的决定》和"净网 2014"等规范互联网运用政策的同时，大力推动全国的互联网建设，出台《国务院关于大力推进信息化发展和切实保障信息安全的若干意见》《关于积极推进"互联网+"行动的指导意见》《网络安全法》等法律政策。随着国内互联网市场的发展，近五年来面对未成年人互联网运用出现的新问题，国家联合互联网平台，先后发起了"护苗"计划、"青少年模式"等，并出台《儿童个人信息网络保护规定》《未成年人保护法》《未成年人学校保护规定》等政策，我国对未成年人网络运用、网络保护的重视程度逐年提高，对未成年人互联网运用的治理措施朝着更加具体完善的方向发展。

3. 未成年人互联网运用的能力逐渐成为判断其整体素质的指标之一

当前，下一代的教育问题是全社会关心的重点。为了应对社会竞争，除学好基本的学科课程外，琴棋书画、形态礼仪、现代艺术均是下一代素质教育的重点。数字化时代，计算机的重要性不言而喻。20 世纪八九十年代，我国中小学纷纷建设计算机机房，培训计算机教师。但此时的学校计算机教育总体发展水平不高、地区发展不平衡，学校对学生的素质教育培养观念尚未形成，对于学生的互联网使用能力并不重视。而在 2010 年的调查中，有 89.6% 的未成年人表示已经上过学校的互联网课程，其中表示学校的互联网课程对自己"有些帮助""帮助较多""帮助很多"的未成年人分别占 28.7%、22.1% 和 15.0%（见图 10）。近年来，家长、学校和其他各界，对于培养未成年人的互联网使用能力越来越重视，青少年编程教育成为当下青少年网络使用和在线教育的重要发展领域，潜在目标受众超过 2 亿人次。在职业选择上，拥有良好的互联网运用能力、未来进入 IT 行业成为未成年人的理想目标之一。

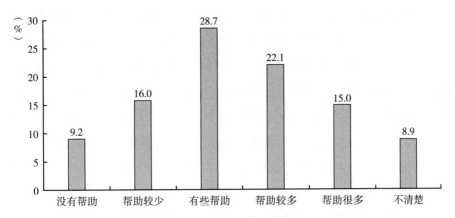

图 10　2010 年未成年人对于学校互联网课程的认可情况

资料来源：第 4 次中国未成年人互联网运用状况调查数据。

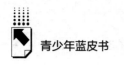

二 存在的问题

时代的发展特性影响着未成年人的互联网运用状况，数字化时代中复杂多变且难以避免的各类风险为未成年人的互联网运用带来了诸多挑战。

（一）未成年人的不良互联网运用易引发自我认同危机

20 世纪 70 年代，为形容那些成天拿着遥控器，什么事都不干，只会蜷缩在沙发上看电视的人，美国人发明了"沙发土豆"一词，批判这种不健康的生活方式。时至今日，数字生活的便利创造出了更多互联网时代的新型"沙发土豆"，他们不仅在身体上依赖于互联网生活，在精神上也选择趋同避异。未成年人作为网络世界中的活跃分子，整日沉浸于手机、电脑中，不仅出现了肥胖、近视等健康问题，还容易在碎片零散的思维环境中丧失自我身份感和自我价值感，甚至在成长过程中产生自我认同危机。这种认同危机的出现存在主观和客观两方面的原因。

从客观原因来说，互联网算法的发展以及网络资本平台的运作，为未成年网民造就了一间间网络回音室。美国学者凯斯·桑斯坦（Cass R. Sunstein）将回音室描述为"每一天，具有相似想法的人都能并且的确把自己归入他们设计的回音室，制造偏激的错误、过度的自信和没有道理的极端主义"。[①]从群体心理学的角度来理解，在回音室中的群体极容易出现感情、思想上的同化，他们缺乏推理、思维上的理性思考能力。从技术的角度来说，这是互联网算法机制中"过滤气泡"造成的负面后果，越是追求个性化越是导致了思维上的封闭。从信息的传播角度来说，尚未完成社会化的未成年人，他们的认知极易受到各种 KOL 意见领袖的影响。特别是近几年，社会经济下行以及新冠疫情突发、大环境的低迷使得整个社会处于一种保守的状态，人们追求思想上的同质，努力成为社会中的大多数以免遭受伤害。尚未建立自

[①] 张文彦、张藤兮：《信息茧房及其相关概念辨析研究》，《图书馆界》2022 年第 6 期。

身价值体系的未成年人极易受到这种社会氛围的影响，他们并不能很好地辨别网络世界和现实社会之间的不同，当听从网络世界中的声音却在现实生活中碰壁时，他们容易出现迷茫、焦虑的情绪，更有甚者会出现自我认同危机。

从主观原因来说，未成年人网络素养的不足，使得长期处于虚拟世界中的他们极容易出现断网后的精神空虚。全球化带来了文化的多元化，以旁观者身份身处热闹的网络环境中时，未成年人内心是快乐和充实的，当从热闹的网络世界中抽离，回到具体的现实生活，面临的文化落差、心理落差会使他们产生精神上的虚脱。这对未成年人顺利完成社会化是极不利的，长时间沉迷于网络狂欢肤浅的快乐中，使他们丧失了深度思考和专注自我的能力。长此以往未成年人对自我价值、社会价值都将产生怀疑。

（二）未成年人互联网运用面临的风险更加复杂严峻

除了暴力游戏、沉溺聊天、色情泛滥这三大公认的网络世界危害外，随着网络信息技术的发展，网络不良信息传播速度加快、传播范围变广，以及网络的低门槛和匿名性，未成年人触网年龄下降等问题，使得网络欺凌、网络沉迷、网络诈骗、数字依赖、隐私泄露和不良信息泛滥成为数字时代未成年人面临的新型互联网风险。作为尚未完成社会化的群体，未成年人对整个世界还未形成完善的理性认知，他们的自我意识、独立思考能力、辩证思维能力和心理承受能力都尚未成熟，不足以应对复杂的网络环境。另外，一些消极网络亚文化的传播，容易使未成年人形成亚文化小群体，在彼此交往过程中，这些网络亚文化不断塑造着未成年人的价值观，容易使他们产生价值观偏差，甚至出现违法犯罪的情况。

（三）未成年人易陷入互联网新经济业态的负面漩涡

十几年来，依托于互联网的新业态加速发展，网络购物、直播带货、新媒体、数字娱乐等日益盛行。对未成年人网络模仿行为的调查显示，未成年人容易受到互联网新经济业态的影响。2011年表示"网上流行的东西会去

买"的未成年人仅占比 3.3%，而到了 2022 年这一比例已上升到了 16.4%
（见图 11）。以物联网、新媒体为基础的数字经济迎合了未成年人的生活方
式，他们是数字经济的重要参与者。然而不少以明星直播带货、选秀打投、
游戏充值等方式通过明星效应引发的粉丝经济，使得未成年人不断进行盲目
消费。另外一些自媒体通过短视频、Vlog 打造出的精奢生活同样吸引着心
智尚不成熟未成年人的关注，未成年人出于攀比心理不顾实际情况进行的盲
目模仿也容易使他们掉入消费主义的陷阱。除此之外，网络欺诈、网络支付
安全问题等也让未成年人难以招架。互联网新经济为当今生活带来便利的同
时，更容易使未成年人陷入其负面漩涡中。

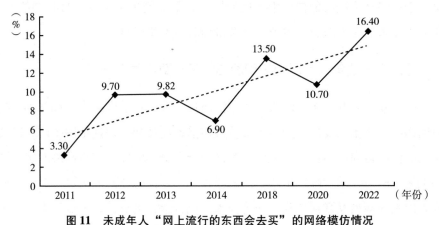

图 11 未成年人"网上流行的东西会去买"的网络模仿情况

资料来源：历年中国未成年人互联网运用状况调查数据。

（四）未成年人数字素养培养工作比较滞后

在对 2022 年未成年人网络素养课程的调查中，有 34.8% 的未成年人表
示没听说过也没上过网络素养课程，表示听说过但没上过的未成年人占比
33.8%，表示不清楚什么是网络素养课程的达到了 16.9%，仅有 14.4% 的未
成年人表示上过或正在上网络素养课程（见图 12）。我国未成年人数字素养
培养工作现状可见一斑。另外还有调查显示，目前我国存在未成年人科学素
养水平总体不高、发展不平衡、通识教育与网络媒介素养教育缺位、互联网

"浅阅读"与"快餐文化"、网络"信息迷航"等问题。① 因此，开展我国未成年人数字素养培养工作已刻不容缓。

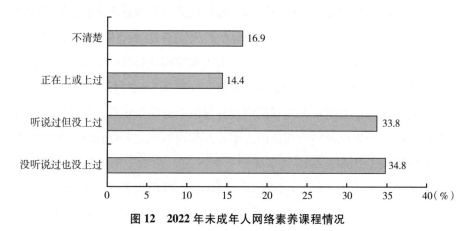

图 12　2022 年未成年人网络素养课程情况

资料来源：第 11 次中国未成年人互联网运用状况调查数据。

数字素养包括三个部分：一是使用互联网的能力和技能，二是对互联网信息进行理解、分析和评价的辩证思维能力，三是在网络沟通交往中的法理与伦理道德修养。目前互联网使用场景几乎实现了全覆盖，未成年人运用互联网已是生活常态，但是相对应的数字素养培养工作比较滞后。由于目前并没有形成规范的数字素养培养机制，数字素养培养教材、培养方案、教师队伍并不完善，各地各学校更是难以落实相应的培养工作，因此未成年人的数字素养难以提高，这为他们应对互联网风险、提升互联网竞争新优势带来了挑战。

三　对策及建议

（一）完善政策法规建设，落实未成年人互联网内容分级机制

关于建立未成年人互联网内容分级机制的社会呼声已久，但是目前我国

---

① 季为民、沈杰主编《中国未成年人互联网运用报告（2021）》，社会科学文献出版社，2021。

相应的政策法规并不完善。2009 年，工业和信息化部发出了《关于计算机预装绿色上网过滤软件的通知》，然而由于国内的过滤软件技术落后，使用国外先进的过滤技术又存在落地困难、容易造成隐私泄露等问题，这项制度最终未能实现。目前，互联网不良信息的传播渠道复杂，传播速度加快，若采用一刀切的治理手段又容易侵犯成年人正常使用互联网的权益，因此落实未成年人互联网内容分级机制已刻不容缓。

首先，要加强未成年人互联网内容分级机制的法律建设，从法律层面确立互联网内容分级机制的管理部门，明确互联网内容的分级标准，加大力度完善互联网安全机制。我国《未成年人保护法》第六十七条规定，网信部门会同公安、文化和旅游、新闻出版、电影、广播电视等部门根据保护不同年龄阶段未成年人的需要，确定可能影响未成年人身心健康网络信息的种类、范围和判断标准。未来未成年人互联网内容分级机制将围绕"种类、范围和判断标准"展开，"网络保护"已成为未成年人保护的又一重点。2023 年 2 月《未成年人互联网不健康内容分类与代码》国家标准由国家市场监督管理总局批准正式实施，该标准的制定填补了国内未成年人互联网内容分类领域的空白。

其次，国家要大力扶持互联网科技建设，提升互联网内容过滤技术，开发专业高效的互联网内容过滤软件，为互联网内容分级机制的落地提供有力支撑。目前我国在网络游戏上已开始施行分级机制，依据年龄标准管理未成年人的游戏使用，这为广泛推行互联网内容分级机制提供了借鉴。

最后，要提升互联网内容分级运用的全民意识，各社会主体要主动贯彻落实国家的规章政策，学校、家庭要承担起监督未成年人互联网内容分级运用的责任，通过宣传教育提升未成年人的科学意识，帮助未成年人绿色上网。

（二）强化各方主体社会责任，将互联网运用的社会效益放在首位

互联网平台作为数字时代的重要建设主体，为未成年人的数字参与提供了媒介和渠道，对未成年人的互联网运用产生了显著影响。一些互联网平台

为了经济利益，通过智能算法引诱未成年人打赏、充值，传播互联网不良信息，对未成年人的健康成长造成了严重危害。因此，各平台主体要主动承担社会责任，加强规范和自律，将社会效益放在首位，遵守国家法律制度，积极落实国家关于未成年人网络保护的有关制度安排，努力打造绿色网络生态，为未成年人创造良好的互联网运用环境。另外，各互联网平台要着力提高自身的科技能力，包括完善网络防护墙、加强未成年人身份识别能力、大力过滤不良信息、对涉嫌引诱未成年人产生离轨行为的平台用户予以惩治等。

除了互联网平台外，家庭和学校也是未成年人互联网运用的重要环境。《未成年人保护法》第七十一条第一款规定，家长既要以身作则，正确合理使用网络，提高自身的网络素养，也要引导和监督未成年人的网络使用行为。社会上一些家长利用未成年人拍短视频吸引流量牟利的事时有发生，还有一些家长无法正确规范自己的用网行为，其网络痴迷、盲目消费情况给未成年人带来了负面示范效应。家长作为未成年人的第一任老师肩负着教养未成年人的责任，在互联网运用中家长若是不能以身作则，未成年人也将依葫芦画瓢，将不合理的用网行为继承下去。随着线上、线下教育的进一步融合，互联网作为学习工具的作用进一步凸显，学校有责任在培养未成年人的用网习惯、用网能力方面发挥自己的作用。为应对城乡未成年人互联网运用中存在的"数字鸿沟"，各地政府、教育部门，以及相关慈善组织、志愿团体可以采取多种措施，帮助农村及偏远地区学校优化基础设施，提升教学资源，使农村未成年人跟上互联网运用的步伐、提升自身的综合能力。

（三）加强数字素养培养工作，提升未成年人抵御互联网风险的能力

目前，我国的数字素养培养工作还比较滞后，不仅没有形成规范的数字素养培养机制，数字素养培养教材、培养方案、教师队伍还并不完善，而且社会上并没有形成培养未成年人数字素养的氛围，许多未成年人甚至没有意

识到提升数字素养的重要性。针对此现状，首先，需要加强提升数字素养的宣传教育工作，增强未成年人的隐私保护意识和信息安全知识，培养未成年人良好的用网心态和用网习惯，增强未成年人作为数字公民的社会责任感。《中华人民共和国国民经济和社会发展第十四个五年规划和2035年远景目标纲要》强调，加强全民数字技能教育与培训，提升公民数字素养。2022年2月，中央网信办等四部门联合印发《2022年提升全民数字素养与技能工作要点》，明确到2022年底，提升全民数字素养与技能工作取得积极进展，系统推进工作格局基本建立。因此，各单位、各机构要严格落实国家关于培养未成年人数字素养的有关要求，因地制宜制定具体措施，担起未成年人数字素养的培养责任。

其次，面对复杂的网络环境，要加强未成年人的价值观教育，提升未成年人的信息分辨能力。目前社会大众对于未成年人的学科培养、综合能力培养都已有明确认识，但是对于未成年人的生命教育培养还十分欠缺。部分未成年人出现网络依赖、游戏沉迷等问题是因为他们在现实生活中无法获得足够的重视，学校和家长仅仅表达对他们人生目标的成就期望，而忽视了他们在成长过程中所需要的家庭关怀、平常心关怀和生命关怀。当未成年人无法在现实生活中获得精神安慰，他们就会寄希望于虚拟世界寻求成就感和自我价值感。由于缺少生命教育，一些未成年人在受到网络欺凌、网络诈骗时，他们没有足够强大的心态来应对这些负面事件，同时一些未成年人又不会及时向家长和学校寻求帮助，长期处于这样的高压应激状态，会严重损害未成年人的心理健康，一些性格偏激的未成年人在受到网络伤害时甚至会选择结束自己的生命。因此，社会需要在加强未成年人数字素养培养工作的同时，加强对未成年人的生命教育，提升未成年人的抗逆力，增强未成年人抵御互联网风险的能力。

（四）增强未成年人互联网运用格局意识，提升未成年人社会竞争新优势

继农业经济、工业经济之后，数字经济已成为当今社会的主要经济形

态。良好的数字素养和数字能力是当代未成年人应对社会竞争的有力武器。因此未成年人应明确现今互联网运用的重要性，提升互联网运用的格局意识。在互联网运用目的上，不仅要将互联网作为自己休闲娱乐的工具，更要将其作为获取资源、开阔视野、有效提升自己的窗口。当前"互联网+教育"已广泛运用，突破时空局限，通过互联网未成年人可以随时随地学习到国内外各类知识。另外一些学习类 App 可以帮助未成年人培养良好的学习习惯，增强他们的综合学习能力。除此之外，未成年人还需要培养自己的互联网思维、提升自己的电子信息技能、增强数字处理能力等。全球化在带来更多发展机遇的同时，也为未成年人的成长发展带来了诸多挑战。当前中国的阶层固化以及社会流动变缓现象日趋严峻，新冠疫情带来的经济下行、就业难等问题引起了全社会的关注，社会焦虑现状需要时间来改变。未成年人需要对当前社会现状有一定的理性认识，培养自己的危机应对能力，养成良好的心态，直面挑战，增强自己各方面的硬实力，提升自己在数字时代的社会竞争新优势。

（五）推进对未成年人互联网运用状况的跨学科研究，协力解决主要问题

当前未成年人面对的互联网风险日渐复杂，面对"硬骨头"，仅仅依靠一方力量难以解决，因此需要推动对未成年人互联网运用状况的跨学科研究，各学科协力解决主要问题。例如在未成年人互联网运用内容分级机制研究上，经济管理学科、法律学科研究此现象的较多。但是互联网运用内容分级机制的推行还涉及新闻传播学、社会学、心理学、电子信息工程、软件开发运用等许多学科门类，要更好地推动落实互联网内容分级机制需要各学科共同出谋划策、协力完成。另外，针对网络欺凌、网络诈骗、网络犯罪等问题，不仅需要国家出台各项措施予以预防，还需要教育学、社会学、心理学等专业对未成年人开展网络安全教育和心理辅导。因此，面对复杂的网络环境，考虑到未成年人的成长特征，需要推进对未成年人互联网运用状况的跨学科研究，各界各方协力解决主要问题，为未成年人有效运用互联网保驾护航。

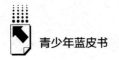

参考文献

〔法〕埃米尔·涂尔干：《社会分工论》，渠敬东译，三联书店，2017。

邓胜利、胡吉明：《Web 2.0 环境下网络社群理论研究综述》，《中国图书馆学报》2010 年第 5 期。

季为民、沈杰主编《中国未成年人互联网运用报告（2021）》，社会科学文献出版社，2021。

方勇、季为民、沈杰主编《中国未成年人互联网运用报告（2022）》，社会科学文献出版社，2022。

〔美〕尼古拉斯·尼葛洛庞帝：《数字化生存》，胡泳、范海燕译，海南出版社，1997。

〔美〕欧文·戈夫曼：《日常生活中的自我呈现》，冯钢译，北京大学出版社，2022。

沈杰：《Z 世代：时代与社会多重规定性的建构》，《中国青年研究》2022 年第 8 期。

张文彦、张艨兮：《信息茧房及其相关概念辨析研究》，《图书馆界》2022 年第 6 期。

B.3
未成年人社交媒体平台运用状况

刘朝霞　刘美琳*

摘　要： 本文梳理未成年人社交媒体平台运用现状后发现：未成年人通过社交媒体平台构建积极的数字身份，善用多种方式进行数字交流，呈现平台摇摆、主体性凸显、趣缘圈群内部层级化等特征。针对未成年人社交媒体使用过程出现的"数商（DQ）"亟待提高、娱乐需求挤占其他需求、父母媒介干预措施"倒挂"等问题，从政府、家庭、学校、个人层面提出对策与建议，以期多方主体协同助力未成年人健康、安全使用社交媒体平台，提升未成年人数商。

关键词： 未成年人　社交媒体平台运用　媒介素养　数商

青少年是祖国的未来和希望，是实现全面建成社会主义现代化强国目标、实现中华民族伟大复兴事业的生力军。未成年阶段是青少年形成正确积极价值观的关键时期，因此国家极度重视未成年人身心健康发展和保护工作。截至2022年8月，我国手机网民中年龄在19岁以下的网民占比17.7%[①]，未成年人日渐成为互联网中活跃的重要群体；移动社交类App为未成年人开辟了新的社交形式、社交渠道，逐渐成为他们最常使用的互联网应用类型之一。

近年来，"数商"作为新概念进入学术领域，即"使用数据、驾驭数据的能

---

* 刘朝霞，中国社会科学院大学新闻传播学院副教授，主要研究方向为青少年与网络传播；刘美琳，中国社会科学院大学新闻传播学院2022级硕士研究生。

① 中国互联网络信息中心（CNNIC）：第50次《中国互联网络发展状况统计报告》，2022年，第31页。

力"①, 其重要性日益与智商、情商等测量指标相匹敌。王佑镁等人构建出"数字智商能力"八大领域图谱②, 用数字身份、数字使用、数字安全、数字保障、数字情商、数字交流、数字素养、数字权利八大指标评估未成年人的数商。出生、成长于社交媒体形塑的社会环境中的未成年人对互联网具有高度的认知依赖, 社交媒体平台愈发紧密地嵌入未成年人的生活场景以及成长的各阶段, 尤其新冠疫情期间以电子设备为媒介的居家学习场景的变更与功能运用的侧重又加重了未成年人的互联网依赖, 催生未成年人使用社交媒体平台的新观念、新特征、新生态; 媒介技术的高速发展提供了前所未有的海量信息, 在提高未成年人认知能力③的同时, 如何培养未成年人的数商也成为信息时代的新兴课题。

本文根据 2018~2022 年"中国未成年人互联网运用状况调查"的相关数据,④ 结合 2023 年 1 月至 3 月在全国多地抽取未成年人、家长、教师共计 18 名⑤进行的深度访谈, 试图了解未成年人社交媒体平台运用方面的现实图景, 考察未成年人的数商如何被社交媒体平台影响, 并探索背后家庭、学校的制约和影响因素, 为政府、学校、家庭、个人多方主体协调, 促进未成年人健康使用社交媒体提供具有参考价值的建议。

一 未成年人社交媒体平台运用基本状况

(一) 未成年人社交媒体平台运用现状

1. 即时通信类社交媒体平台受到青睐

调查显示, 2022 年微信和 QQ 是未成年人青睐的社交媒体平台, 其中微

---

① 中科院格致论道讲坛,《可能比情商更重要, 什么是数商?》, https://baijiahao.baidu.com/s?id=1702869705534391889&wfr=spider&for=pc。

② 王佑镁、赵文竹、宛平、朴善晴、柳晨晨:《数字智商及其能力图谱: 国际进展与未来教育框架》,《中国电化教育》2020 年第 1 期。

③ 刘瑶:《智能时代人的主体性发展研究》, 南京信息工程大学硕士学位论文, 2022。

④ 正文中数据凡引自 2018~2022 年"中国未成年人互联网运用状况调查"均简述为"调查显示"。

⑤ 其中男性与女性各占比 50%, 包括未成年人 13 名 (年龄在 9~17 岁), 家长 3 名, 教师 2 名, 所在地区为山东、山西、河北、河南、湖南、天津六个省 (直辖市)。

信使用比例最高，达 65.6%；30.3% 的未成年人最常使用 QQ 与好友交流；最常使用微博、论坛/贴吧分别占比 2.5% 和 1.6%。相较微博、论坛/贴吧等内容社交媒体平台，未成年人更倾向于使用即时通信类社交媒体平台（见图 1）。

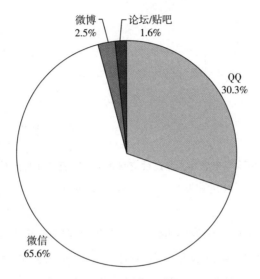

图 1　2022 年未成年人最常使用的社交媒体平台

资料来源：第 11 次中国未成年人互联网运用状况调查。

2. 尝试利用社交媒体平台巩固线下社交、拓展线上社交

调查显示，2022 年利用社交媒体平台来维护实际生活中的社会关系的未成年人最多，占 82.3%；部分未成年人在通过社交媒体平台巩固现实社交关系的同时拓展线上社交（12.2%）；只有少数未成年人（5.5%）注重通过社交媒体平台拓展线上社交（见图 2）。在信息时代成长的未成年人尝试突破线下社交的局限，通过线上渠道拓展社交圈、满足社交需求。网络社交的匿名性可能会给部分心智尚未成熟、识别能力弱的未成年人带来社交中的安全隐患，因此线上社交以"熟人社交"为主更能给未成年人提供网络社交的安全感。

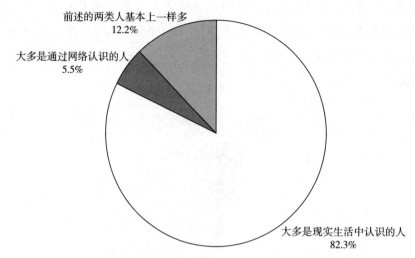

图2 2022年未成年人通过社交媒体平台交流的好友类型比例

资料来源：第11次中国未成年人互联网运用状况调查。

3. 信息供给超越社交成为未成年人使用社交媒体的主要功能

数据显示，2022年未成年人认为社交媒体平台对自己的好处体现在"获得知识变得容易了""与人交往变得方便了""学习方便了，很多课程/作业可以在网上进行""有了很多新的游戏和娱乐方式"等方面（见图4）。对比2020年和2022年"中国未成年人互联网运用状况调查"数据（见图3和图4），未成年人对社交媒体平台所提供的好处的排序在近年来保持一致。社交媒体平台成为未成年人获取知识的重要渠道，在未成年人的认知中，其信息供给意义已经超过社交意义。

4. 利用社交媒体平台构建积极正向的数字身份

"数字身份"指"能够建立健康的离线和在线身份"。社交媒体平台具有一定匿名性，因而网民在法律允许的范围内可以自由使用文字、图片、视频等多种形式展现自我或构建身份，实现自我印象管理。

调查显示，未成年人在社交媒体平台上发布内容的种类较为丰富，涵盖个人信息、生活学习状况等类别，其中"自己的兴趣爱好"占比27.1%、位居首位，是未成年人愿意主动向外展示的自身特质。在展示内容的性质

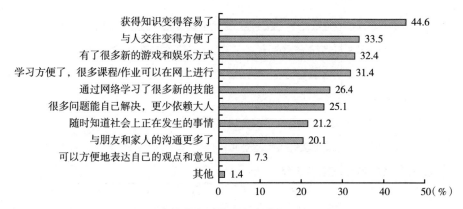

图3 网络社交对未成年人的好处（2020）

资料来源：第10次中国未成年人互联网运用状况调查。

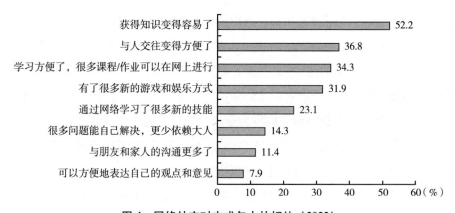

图4 网络社交对未成年人的好处（2022）

资料来源：第11次中国未成年人互联网运用状况调查。

上，未成年人更多地在不暴露过多个人信息的前提下展示自己积极、向上的一面；而"自己遇到的感情麻烦"因其中包含的消极元素成为选项中未成年人最不常发布的内容（见图5）。

整体来看，未成年人倾向于围绕自身发布内容，通过在网络社交圈中发布与自身相关的信息、分享个人学习生活，展现自我人格魅力，构建积极正向的数字身份。

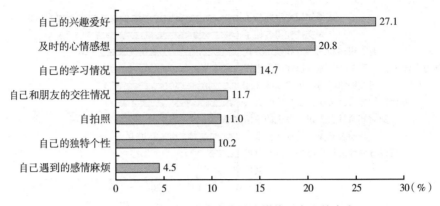

图5　2022年未成年人发布在社交媒体平台上的内容

资料来源：第11次中国未成年人互联网运用状况调查。

5. 对数字友人情绪感知敏锐，善用多种数字化方式进行交流

"数字情商"指"数字生活中个体能够在与自我或他人的交流过程中识别、连通和表达情绪的能力"，"数字交流"指"使用技术与他人沟通和协作的能力"。数字情商是数字交流的基础，注重交流中的情绪变化与情绪表达；数字交流是展现数字情商的行为途径。访谈发现，未成年人具有一定数字情商，可以通过好友在社交媒体平台上的表现，敏锐感知到对方情绪的变化，并能够灵活选择渠道进行疏导和安慰。

本研究在访谈时将受访者置于"自己的朋友情绪波动时在社交媒体平台上发布了动态"的情境假设之下，考察受访者是否能够通过对方发布的文本、图像等感受到对方的情绪变化。访谈结果显示，多数受访者表示能够通过对方头像、动态内容、分享的内容等多种自我呈现渠道产生的变化察觉到对方处于某种情绪的影响之中，期望主动为对方提供建议或情绪价值。

对于是否会主动与其沟通，以及通过怎样的途径实现交流的调查，仅有极少受访者本身不喜欢社交活动，或不关注他人的情绪，使得其不会对他人的情绪变化产生干预的想法；大部分未成年人意识到好友正在通过社交媒体平台抒发负面情绪的时候，表示"会直接与对方沟通"；部分受访者甚至会

考虑对方的性格和喜好，灵活选择自己介入的方式。如一名 9 岁受访者表示，"如果平常两人习惯语言交流，会直接打电话或打视频"。可见未成年人可以在多种渠道中灵活选择，鼓励对方表达自己的情绪，达成与他人交流的目的。

（二）未成年人社交媒体平台运用特点

1. 未成年人依功能区分做平台摇摆

由于商业化需要和主动迎合用户使用习惯，各垂直型社交媒体平台（VNS）在保持自身垂直类别内容输出、共享体系的前提下，从功能上日益向综合型社交媒体平台靠拢，因而各垂直型的头部平台具有极高的功能相似性。2019 年，埃德森（Edson）等人提出的"平台摇摆"（platform swinging）理论，概括了用户按照使用动机的不同在多个社交媒体平台之间自由切换的行为。调查发现，未成年人倾向于在认知层面区分各个平台的功能属性以对应自己的特定需求，由此形成"平台摇摆"的运用特征。

由调查可知，2022 年在未成年人经常浏览的图文视频 App 中，未成年人更倾向于视频垂类：在视频垂类中，36.1% 的未成年人经常浏览短视频类图文视频 App；23.1% 的未成年人倾向于浏览长视频网站，17.3% 的未成年人倾向于浏览具有特定属性（二次元类）的视频网站（见图 6）。面对特定类别下同质化高、功能复合性强的社交媒体平台，未成年人在比较各个社交媒体平台特性的基础上，将性质相似的平台做功能区分，分别满足自身多样化的需求。

例如面对抖音和 B 站两个视频 App，S1（17 岁）选择抖音提供日常娱乐，选择 B 站作为辅助课堂学习的平台：

> B 站上学习过数学、化学，因为 B 站会把它们（学习内容）变成一集一集的，直接整到一块了。抖音很分散，B 站很集中。抖音用来刷刷搞笑的短视频。（S1，17 岁）

综上所述，未成年人从认知上接受社交媒体平台功能的复合性，并从行动上有综合探索各项功能的趋势，积极利用各平台提供的价值，体现出一定的创造性和媒介素养①。

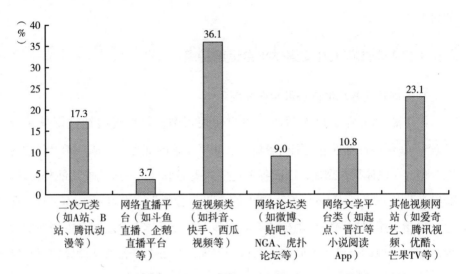

图6　2022年未成年人经常使用的图文视频App类型

资料来源：第11次中国未成年人互联网运用状况调查。

2.善用社交媒体平台资源凸显主体性

社会教育目前对于未成年人的要求从传统的应试教育向素质教育、美育教育发展，"互联网+教育"的日渐普及，也给未成年人提供了广阔的自我提升资源与自主学习空间。未成年人在社交媒体平台接触的除了被推送的内容外，还会充分发挥自身的主体性，在社交媒体平台提供的丰富信息资源中自由选择适合自身的内容进行自主学习。

在使用社交媒体平台完成学校在线课程之余，未成年人会利用社交媒体平台的课程资源，巩固课堂知识；根据自己的兴趣爱好搜索、获取各类技能教程，扩展知识面，补充在学校教育中较为匮乏的艺术、科学、体育教育。

---

① 李媛媛：《数字游牧民：复媒体环境中的社交媒体平台摇摆研究》，《当代青年研究》2022年第3期。

有受访者在课余时间自学技能，如编程：

> 有从 B 站上学过一些电脑编程知识，会搜一些电脑软件的教程，就是有一些关于 C 语言之类的教程。主要是我已经差不多确定了大学想学计算机方面的内容。（S5，16 岁）

有受访者对艺术感兴趣，主动搜索教程进行自我提升：

> 我会搜一些自我提升类的教程，比如魔方还原教程、平板绘画教程、视频剪辑教程之类的。（S11，17 岁）

由此可见，社交媒体平台在全面推行素质教育的进程中发挥了重要的辅助作用，为未成年人的技能学习提供海量信息与资源：一方面与学校教育形成互补态势，给未成年人以课堂学习之外个性化的学习辅导；另一方面，为未成年人提升自己能力的多样化需求提供了多种学习路径、学习资源。

3. 趣缘圈群层级化分工助推未成年人社会化进程

不同于现实社交，未成年人在社交媒体平台上会优先考虑以自身爱好、价值观念、思维模式为筛选要素构建社会关系网络；社交媒体平台为以趣缘关系为主导的小众文化圈子提供了自由交流的渠道，是未成年人接触网络文化的主要渠道和重要阵地。访谈发现，未成年人形成的"圈子"内部并非完全平行，在成员不同的社会角色分工①下形成纵向的层级关系以保障该趣缘群体以更加稳固的关系网络持续下去。

对于未成年人是否在所处圈层担任角色、担任何种角色的问题，部分未成年人在自己的兴趣圈担任"意见领袖"角色，如群主、管理员等。S1（17 岁）为当地某篮球兴趣微信群的管理员，除了日常邀请人员入群之外，

---

① 张铨洲：《"入世与出世"：青年群体网络"圈层化"的困与策》，《中国青年研究》2022 年第 3 期。

还会辅助组织开展线下篮球活动；S8（16 岁）是某游戏的重度爱好者，他建立了与该游戏相关的 QQ 群，会分享一些该游戏、电竞相关的资讯以保持社群活跃度，维持圈子内部的关系。

> 我参加了 CSGO 圈子，一般就是在 QQ 群里聊天，我是群主，会分享一些电竞内容。（S8，16 岁）

大部分未成年人作为参与者加入圈子，旨在增加与自己感兴趣内容接触的时间，同时发挥自身特长以促进圈子发展，维护圈子稳定：

> 最近比较忙，也赶不上顾着追星，会去看一些和他们有关的视频。没有担任特殊角色，以前会在他们的微博上面关注他们的超话，每天签到、打榜、反黑什么的。（S3，15 岁）

未成年人形成"共同体"并以"圈子"的集体形式活跃在互联网已成为信息社会高速发展之下的一个趋势[①]，目前这一趋势也逐渐在社交媒体平台上扩散。参与趣缘圈群的层级分工也为未成年人社会化提供了提前体验和了解的路径与窗口，在扩大社交网络、构建社交关系中缩短社会化周期，加速未成年人社会化步伐。

二 未成年人社交媒体平台运用现存问题

（一）未成年人"数商"亟待提高

调查结果显示，我国未成年人在使用社交媒体平台的过程中暴露出数商

---

① 张铨洲：《"入世与出世"：青年群体网络"圈层化"的困与策》，《中国青年研究》2022 年第 3 期。

亟待提高的问题。

1. 对社会事件高度关注但仅浅表性参与

未成年人有积极参与社会事件的意向，但多停留在浏览、讨论的层面，参与程度低。调查显示，2022年未成年人对网络热点事件保持高度关注，仅6.1%的未成年人表示从不关心社会热点；高达93.9%的未成年人则以浏览、观看、转发、评论等方式不同程度地参与到热点事件中来（见图7）。

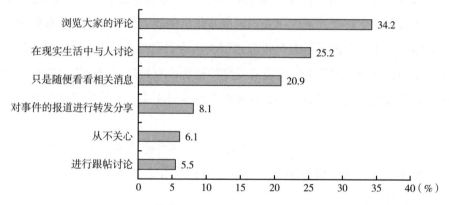

图7　2022年未成年人对网络社会热点事件参与度

资料来源：第11次中国未成年人互联网运用状况调查。

未成年人在社交媒体平台上参与社会热点事件时，更多集中在接收信息层面上的"浏览大家的评论""只是随便看看相关信息"，分别占比34.2%和20.9%。在输出信息的转发、讨论层面，25.2%的未成年人"在现实生活中与人讨论"；在网络空间"对事件的报道进行转发分享""进行跟帖讨论"的未成年人分别占比8.1%和5.5%（见图7）。由此可见，未成年人对于社会热点事件的参与更倾向于浏览、获取多方观点的自我内容输入层面，而较少主动参与到线上讨论、分享等观点、信息输出层面。

从访谈中了解到，线上空间的匿名性和不确定性因素过多，导致未成年人在网上发表意见时有所顾忌；担心自己的观点与舆论不一致，进而遭到网络暴力或人身攻击；没有形成对社会事件的正确认知，缺乏思辨能力和批判思维，是未成年人较少参与社会热点讨论的重要原因。

2. 未成年人保障自身数字安全能力有待提高

"数字保障"指"能够检测、避免和管理不同级别的网络威胁，以保护数据、设备和系统"，强调对于设备本身的保护；"数字安全"指"通过安全、负责任且道德地使用技术来理解、管理和规避各种网络风险"，侧重于使用者本人的自我保护。从定义来看，"数字保障"和"数字安全"两个维度一体两面，都以分辨不良信息、诈骗信息为前提，以计算机网络安全基本知识为基础。

未成年人"网络原住民"身份，要求其具有辨识信息真伪的能力和素养。通过访谈了解到，未成年人识别虚假信息的能力普遍不高。只有极少数未成年人对于自身的辨别能力非常自信，认为自己可以快速识别诈骗信息，免受侵害；部分未成年人以前有过受骗的经历，对自己的识别能力抱有怀疑态度；其余受访者因年龄太小，接触的信息总量不多，不具备识别能力。

（自我评分）应该是七八分左右吧？一般情况下不是所有的虚假消息都能辨认出来的，会有一些虚假的消息自己不会辨别它，会直接去买。（S3，15 岁）

我感觉我可能认不出来。（S10，9 岁）

他基本还不太能分辨得出这些哪个是真的，哪个是假信息，也没有接触过。（S10 的家长补充说明）

对于未成年人验证信息真伪的情况，逾五成受访者表示"会主动验证信息的真实性"，且主要将官方媒体作为真实信息的来源。

我一般都关注那些官方的微博。来源的话我也会注意。（S5，16 岁）

对于非官方渠道发布的信息，未成年人倾向于通过社交媒体平台验证其真实性，如搜索相关信息的官方报道视频以获取权威数据。

（验证信息真实的方式是）上网搜索。一般都是看一些央视的（报道），但不是自己搜，是在 B 站这些视频网站里面，有一些 up 主，一般都会有比较（权威）的数据，如果没有的话，那基本上都谣言了。(S9，14 岁)

可见尽管未成年人有核实信息来源和真实性的意识，但检验渠道相对单一，辨识能力有所欠缺。

3. 未成年人维护数字权利的意识和渠道欠缺

"数字权利"指"在使用技术时，理解和维护人权和法律权利的能力"。访谈发现，未成年人维护数字权利意识不强。

（你知道维权吗？）不太清楚，不知道。（权力遭到侵犯时会怎么做？）我觉得如果是淘宝店的话，就先找那个客服；但是如果钱不太多就算了，感觉很麻烦。(S10，9 岁)

如果实在感觉不爽的话，就请请水军，增加增加关注啥的。(S9，14 岁)

就抖音上发发文字，配图片嘛。其实也没多大用处，就发泄一下。（那这事解决了吗？）没有解决，（我们学生曝光）肯定没啥用的。(S1，17 岁)

部分未成年人倾向于以生活中常见的"报警"方式来维护数字权利。

那我首先还是报个警吧，一般不会靠社交媒介，也解决不了问题。(S11，17 岁)

由于未成年人对于外在世界、物质社会、人际关系的认知尚处于发展阶段，相较其他年龄层的网民更缺乏有效获取、分析、运用数据信息的能力，由此成为并非因技术或设备匮乏导致的"隐性数字弱势群体"[1]。数字权利受到侵害时，使用社交媒体平台提供的举报等渠道或其他互联网手段维护自身权利，是未成年人保障自身数字权利的前提。

---

[1]　宋保振：《"数字弱势群体"权利及其法治化保障》，《法律科学（西北政法大学学报）》2020 年第 6 期。

（二）娱乐需求挤压其他需求，影响未成年人身心健康

未成年人上网的主要活动调查（见图8）显示，未成年人使用互联网看视频、听音乐、聊天、打游戏等娱乐活动的比例较高。并且在接触电子设备时间不足的情况下，多数未成年人会在心中给自己的需求排序，优先满足自己认为最重要的需求，其中娱乐需求居首位。但部分未成年人让娱乐需求占据主导地位的后果是出现"娱乐需求"挤压其他需求的情形，因此未成年人存在利用社交媒体平台进行放松和娱乐的路径依赖现象。娱乐需求与其他需求的不平衡，不仅挤压未成年人的学习、休息时间，还对未成年人身心健康产生不良影响。

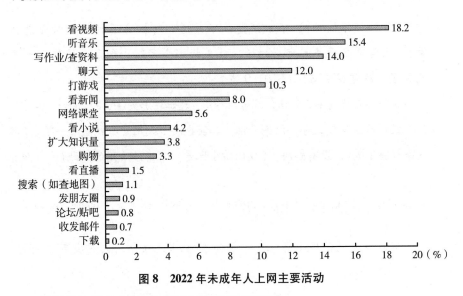

图8 2022年未成年人上网主要活动

资料来源：第11次中国未成年人互联网运用状况调查。

2022年，国家开始高度重视全民视觉健康并将其上升为国家战略。2022年调查数据显示，57%的未成年人户外运动时长在一小时以下（见图9），证明近半数未成年人处于缺乏运动的状态；有61.3%的未成年人处于近视状态中（见图10）。《2022年中国儿童青少年视觉健康白皮书》[1] 对于

---

[1] 艾瑞咨询：《2022年中国儿童青少年视觉健康白皮书》，https：//www.djyanbao.com/report/detail？id＝3085275&from＝search_list。

中国儿童近视的成因做出了分析，认为导致我国未成年人近视率在全球居于高位的成因复杂多样，但由疫情导致的触网低龄化、缺乏户外运动和睡眠是主要影响因素。可见互联网的运用的确影响到未成年人的身体健康。

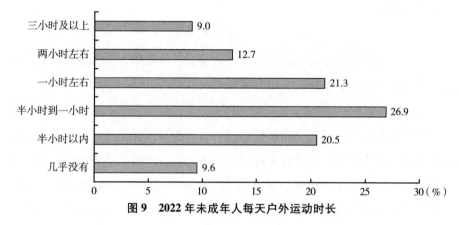

图9 2022年未成年人每天户外运动时长

资料来源：第11次中国未成年人互联网运用状况调查。

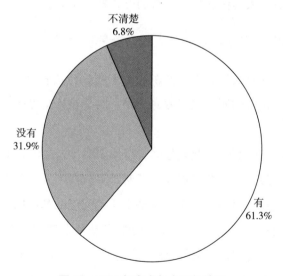

图10 2022年未成年人近视情况

资料来源：第11次中国未成年人互联网运用状况调查。

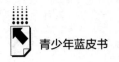

关于社交媒体平台能否真正使未成年人的身心得到放松，从压力中释放出来，多数受访者表示虽然社交媒体平台能给自己带来一定程度的放松，但最主要的娱乐途径依然是打游戏、看视频、听音乐。还有受访者认为真正能够使自己放松的只有睡觉（S1，17岁）；个别受访者甚至认为聊天并不会让自己得到放松：

> 我觉得聊天是最不放松的，因为和别人聊天很累，还要关注别人的表情之类的。除了聊天其他的事情都挺放松的。（S11，17岁）

未成年人试图通过社交媒体平台进行娱乐放松的做法反映出当前未成年人排解压力的路径单一，且使用社交媒体平台也并非高效、普适的缓解心理压力的方式；未成年人出现的缺乏运动、近视等身体问题与接触电子设备、使用社交媒体平台有密切关联。家长、老师需要对未成年人成长过程中的身体健康和心理健康多加关注，并引导其体验多种线下活动，丰富其感官体验，从而给未成年人提供多样、高效的方式释放压力。

（三）学校和家庭对未成年人媒介素养教育不足

互联网为未成年人接触更广阔的世界、更广泛的社会信息提供了窗口，但未成年人由于接受的网络素养教育不足，对于在社交媒体上保障自身安全的意识还很薄弱。

根据2020年和2022年调查数据，总体来看，未成年人了解网络安全知识的趋势基本一致；约七成未成年人了解计算机网络安全基本知识，符合社会对于未成年人计算机网络安全基本知识了解程度的基本期待（见图11）。

但是纵向比较发现，未成年人对网络安全基本知识的了解程度有所下降。"比较了解"的比例下降了18个百分点；"非常了解"的比例也下降10.4个百分点；虽然"了解一些"的比例上升20个百分点，但是整体了解水平呈现下降趋势。

家庭和学校是开展未成年人网络素养教育的重要渠道。但统计数据显

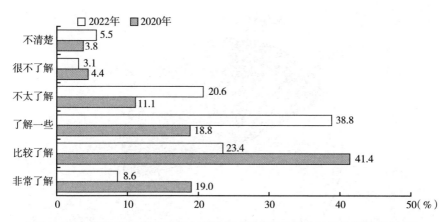

图 11 2020 年与 2022 年未成年人对计算机网络安全基本知识的了解程度对比

资料来源：第 10、11 次中国未成年人互联网运用状况调查。

示，较 2018 年，未成年人接受过网络素养课程的比例大幅降低，降低 52.8 个百分点，可见学校的未成年人网络素养教育极度缺失，仍有较大提升空间（见图 12）。

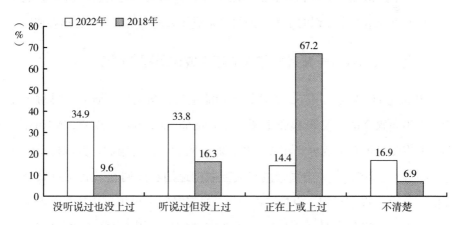

图 12 2018 年、2022 年未成年人接受网络素养课程情况

资料来源：第 9、11 次中国未成年人互联网运用状况调查。

关于家庭是否对未成年人进行网络素养教育，65.4% 的未成年人表示接受过来自家庭的网络素养教育，但教育频率普遍不高（见图 13）。

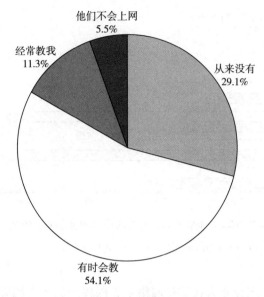

图 13 2022 年未成年人接受家庭网络素养教育情况

基于上述情况，学校和家庭的网络素养教育双双不足的情况极大影响了未成年人对网络安全知识的了解，加强对未成年人的网络素养教育迫在眉睫。

（四）父母媒介干预措施与未成年人成长历程"倒挂"

20 世纪 80 年代，国外学者从结构功能主义视角出发，研究父母对于儿童使用不同媒介的"父母媒介干预"（parental mediation）现象，Nikken 和 Jansz[①] 将父母干预形式分为积极干预、时间限制、内容限制、共同使用、父母监控五种。2022 年"中国未成年人互联网运用状况调查"将父母媒介干预措施分为"规定时间，没规定内容""规定时间，也规定内容""规定内容，没规定时间"三种。本研究根据调查数据，采用卡方分割检验法，检测"未成年人年级"和"家长干预措施"之间是否相关以及相关程度，得出以下结论：在"规定时间"或者"规定内容"的选择上，不具备统计学

① Nikken P., Jansz J., Developing Scales to Measure Parental Mediation of Young Children's Internet Use. *Learning Media and Technology*, 2014, 39（2）：250-266.

意义上的相关性（p=0.06>0.05），说明父母规定时间或规定内容的选择与孩子所处年级无关，对两种属性进行单一限制的措施比例在小学、初中、高中家庭里基本一致；限制时间与年级呈弱相关关系（p=0.00<0.05，关联性系数为0.217），由图14可知，家庭更倾向于规定低年级未成年人（小学生）接触电子设备的具体时间；限制内容与年级呈弱相关关系（p=0.00<0.05，关联性系数为0.172）。进一步由图14可知，对于初中生，家庭倾向于"规定时间"，而对于高中生，则更倾向于"规定时间，也规定内容"。

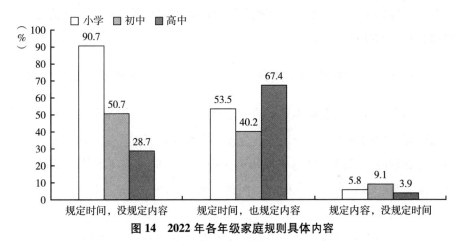

图14　2022年各年级家庭规则具体内容

资料来源：第11次中国未成年人互联网运用状况调查。

显然，上述家庭在不同阶段制定的媒介干预措施与未成年人身心成长、心态变化并不契合，甚至存在前后倒置的"倒挂"现象。结合未成年人的成长历程发现，在小学、初中、高中三个阶段，未成年人辨别能力逐渐增强，学习在生活中所占的比重也越来越大，理应在小学阶段引导内容，初中阶段规定时间，在高中阶段父母与未成年人沟通以达成规则上的共识，进行动态调控。而图14反映出的规则制定路线却恰恰相反，呈现先规定时间、再规定内容、再强制禁止或要求少接触，显然是违背未成年人身心发展规律的一种"倒挂"式、"一刀切"的规则制定路线。不合理的规则和引导可能会导致未成年人产生逆反心理，在使用电子设备和社交媒体平台方面向与家长期望的方向背道而驰，从而导致事与愿违。

三 未成年人社交媒体平台运用的优化建议

政府、学校、家庭的互动为未成年人免受来自网络的侵害建立了一定的屏障保障。为了未成年人更安全健康地使用社交媒体平台，政府、学校、家庭应形成保护未成年人的合力，凝聚各方力量协同合作，为未成年人拓宽视野、满足需求、健康安全使用社交媒体平台保驾护航；未成年人也应厘清自身与社交媒体平台的关系，切实提升自身的数商以迎接大数据时代信息爆炸带来的机会与挑战。

（一）政府法规保障与规则制定并行，建立青少年模式审查机制

未成年人使用社交媒体平台的功能导向、自主性、圈层化的新时代特征日益凸显，解决未成年人在运用社交媒体平台满足多种需求的过程中出现的问题迫在眉睫，政府应尊重未成年人主体性，适应未成年群体发展的新情况、新特点，维护未成年人的数字权利，从法律法规、使用准则、审查机制三个层面具体实施政策引导。

第一，在法律保护层面，根据各垂类社交媒体平台的特性制定保护未成年人的法律法规，推动互联网行业自律，并构建未成年人社交媒体平台运用的法律保护体系。发布于 2022 年 5 月 7 日的《关于规范网络直播打赏 加强未成年人保护的意见》是国内规定直播类社交媒体平台与未成年人关系的具体意见，但除此之外，针对特定类别社交媒体平台的未成年人保护措施和意见还有待完善。另外，由访谈可以了解到，尽管我国已经出台《儿童个人信息网络保护规定》等保障未成年人数字权利的法规，近九成未成年人却表示"并未听说过该规定"；对于自身数字权利、数字维权途径的认知缺失也在一定程度上反映出开展普法工作的迫切性。

因此，一方面，应根据社交媒体平台的不同类型，制定针对性的未成年人使用保护措施，用完善的制度、健全的法律法规，为未成年人免遭来自社

交媒体平台的负面影响提供保障；另一方面，全力推进现有的未成年人相关保护法律法规的全国性普及工作，确保未成年人对于自身权利有更清晰的认知，并能通过法律渠道保护自己的权利免受侵害。

第二，在使用准则层面，依据未成年人使用社交媒体平台的现状，编制未成年人社交媒体使用准则。神经科学领域专家米歇尔·德米尔热（Michel Desmurget）在他的著作《制造白痴：电子产品如何威胁下一代》[①] 中提出了七项儿童使用电子设备的原则。尽管教育部办公厅已于 2021 年 1 月 15 日印发《关于加强中小学生手机管理工作的通知》[②]，其中包含限制手机进入中小学校园等规定，但范围并未覆盖所有未成年人，且措施空泛，导致推行落实受到阻碍，需要政府进一步细化推行的标准和原则，编制未成年人社交媒体使用手册，内容应包括未成年人使用原则、使用注意事项，以及对学校、家庭的媒介干预措施的建议等具体全面的针对性指导意见，为学校、家长提供干预未成年人社交媒体使用的具体措施，引导未成年人合理使用社交媒体。

第三，建立健全社交媒体平台的"青少年模式"审查机制，对于平台是否开发青少年模式、功能是否完善，以及是否将青少年模式落于实处加强监管，定期追踪各平台"青少年模式"开发、推行情况，并采取适当惩罚措施鞭策未按规定执行的平台推行"青少年模式"，对积极推行、完善、落实"青少年模式"的平台予以一定鼓励，以促进政府与平台之间的良性循环。由此推动行业内部切实关注未成年人的互联网运用状况，坚决避免青少年模式空有其壳的形式主义；也要坚决防止青少年模式对未成年群体不完全覆盖的情形，为未成年人提供绿色、健康的网络社交环境。

---

① 〔法〕米歇尔·德米尔热：《制造白痴：电子产品如何威胁下一代》，杜若琳译，广东旅游出版社，2022。
② 教育部办公厅：《关于加强中小学生手机管理工作的通知》，http://www.moe.gov.cn/srcsite/A06/s7053/202101/t20210126_ 511120. html。

（二）学校应开展分层式、针对性"数商"培养教育

"数商"培养还未得到应有重视。针对未成年人缺乏使用社交媒体平台的数商、网络素养教育缺失的现状，学校应在教学计划中根据"数字智商能力"八大指标和各年龄段学生特点纳入数商培养方案，保证未成年人定期、适时接受为该年龄段"量身定制"的数商培育课程。

从培养方案来讲，应先就本校未成年人的社交媒体平台使用情况进行调查，摸清喜好、探明困境、发现问题，奠定数商培育课程大纲设计基础。从展开形式来讲，学校数商教育应根据年龄分层进行。例如在小学中，对三年级以下的学生可以网络上科普数字安全知识的动画片为素材召开班会，或者以班级为单位组织数字交流主题的情景剧表演，提高其参与感，从而培养其数商；对三年级以上的学生可以邀请当地派出所的民警到学校开展数字素养教育讲座，普及规范网络使用的条例或法律，明确个体拥有何种数字权利；或举行数字安全知识问答竞赛，培养学生的数字安全意识。

学校从功能、地位、性质、资源各方面来讲，都是最适合开展未成年人数商教育的主体。因此要充分发挥学校作为未成年人教育主要阵地的优势，针对学生的特性和喜好对学生开展分层次、针对性、全方位、多角度的数商培育教育，肩负起传播网络安全知识、教授网络操作技能、提升未成年人网络道德素养的重担和责任。

（三）父母应发挥带头示范作用，避免"倒挂"式干预措施

家庭教育是未成年人身心成长的重要场所，是青少年从家庭走上社会前的重要教育环节。因此作为未成年人监护人、家庭教育主体的家长，在未成年人家庭网络素养教育和监督未成年人社交媒体平台使用中承担了举足轻重的责任。

首先，父母应以身作则，在自身使用社交媒体平台的过程中为孩子建立正确、健康的社交媒体平台使用行为规范，为未成年人树立运用社交媒体平

台的榜样。有研究已证实家长高频使用电子设备的行为会降低亲子关系质量，甚至进一步引起冲突①；父母手机成瘾作为非主动控制的行为与青少年手机成瘾密切相关②，从多侧面说明父母作为环境因素之一，深刻影响未成年人。且中国传统文化强调家庭中父母"言传身教"的教育作用，因此父母应把好家庭教育的重要关卡，亲身示范如何正确运用社交媒体，为孩子提供学习、模仿的榜样。

其次，家长需要全面、综合地评估互联网对未成年人身心发展的影响，从未成年人成长各阶段特性出发，适时调整未成年人使用规则。访谈发现，未成年人社交媒体平台的干预措施以家长为主导，强制孩子从行动层面实施；且部分家长持有对电子设备、互联网、社交媒体平台的偏见，认为接触电子设备、使用社交媒体平台对孩子的成长百害而无一利，因此在规则上进行严格限制。仅限制或阻止，缺乏引导和教育，是目前家庭制定未成年人社交媒体平台使用规范的错误逻辑。

小学是人生的重要奠基阶段，是人生观、价值观与世界观培养的起点，对于社交媒体的认知与合理使用影响着未成年人未来对社交媒体的运用。因此小学阶段不仅要规定小学生的社交媒体平台使用时间，更要规定接触的内容，培养他们对社交媒体平台积极、正向功能的开发与使用。要充分利用数字资源，培养孩子学习兴趣，鼓励孩子广泛接触科学、文学、美学等多方面知识，从小培养孩子对世界、社会、美的感知，潜移默化树立正确道德价值观念的标准；初中是未成年人三观形成的最重要的时期，在小学做好内容引导的基础上能够继续巩固、深化其认知和态度，给孩子一定自由接触互联网内容的空间，预防"网瘾"问题出现；高中是未成年阶段学习任务最为繁重的时期，尤其对于寄宿的孩子来说，缓解学习压力的渠道十分有限，因此家长应在尊重高中生的需求与心理特点基础上充分了解此阶段孩子排解压力

---

① 姚倩、方圆、陈祉妍：《手机限制干预与亲子冲突的关系：父母自主支持的中介作用和父母低头行为的调节作用》，《中国健康心理学杂志》2023 年第 3 期。

② 丁倩、孔令龙、张永欣、周宗奎、胡伟：《父母"低头族"与初中生手机成瘾的交叉滞后分析》，《中国临床心理学杂志》2018 年第 5 期。

的需求，同时根据高中生自主意识、独立能力增强及人格主体逐渐形成的特点，与高中生共同协商制定合理的使用规则；并加强陪伴，多沟通为宜。

综上所述，家长应发挥使用社交媒体平台的带头示范作用，加强对孩子正确使用社交媒体平台的引导和教育，为未成年人规范、健康使用互联网提供可供模仿的案例和标准，增进与孩子的日常交流，从根源破除未成年人的社交媒体平台依赖；在陪伴孩子学习和成长的过程中鼓励孩子表达使用社交媒体平台的感想、偏好、需求，从孩子的角度出发理解其态度和行为，携手制定社交媒体使用规则，帮助未成年人平衡好满足使用需求和学习生活的关系，以保障互联网从积极、正向的角度推动未成年人成长，促进其身心健康发展。

（四）促进未成年人加大对社会发展的关注和参与力度，拓宽其放松身心渠道

第50次《中国互联网络发展状况统计报告》显示，未成年网民占比17.7%，首次触网年龄均值的减小也意味着未成年人的成长与互联网的关系越发紧密，在互联网环境和思维中成长起来的未成年人逐渐成为网络环境中的重要群体。当今的互联网时代与传统媒体时代比，信息承载量、信息形式、信息渠道等都发生了质和量的飞跃。因此在未成年人课余时间甚少的现状之下，通过社交媒体平台短时间内迅速获取社会信息是非常高效且可行的；并且应鼓励未成年人在符合网络道德的前提下参与网络热点事件的讨论，正向的思维碰撞、观点互鉴一定程度上能够锻炼未成年人的思辨能力，为未成年人在社会环境下培养网络素养提供便捷的平台。

在社交媒体平台的使用过程中，因不当使用电子设备造成的网络沉迷、网络依赖，"沉浸式"的网络体验将未成年人与现实世界隔离开来，对未成年人建立正常人际交往关系、身心健康成长造成了一定的负面影响。应该注意到，未成年人出现的身心健康问题并非仅由接触电子设备、使用社交媒体平台所导致，通过杜绝未成年人使用电子设备解决该问题是不可行的。

因此未成年人不可仅仅依靠社交媒体平台这一单一渠道带来"快餐式"

娱乐来缓解学习和生活压力，应该拓宽眼界，扩展兴趣边界，体验多种形式的课余活动，如外出散步、养宠物、运动等不局限于社交媒体平台和网络的活动，在实际生活中"沉浸式"发现对生活、对美的感知，培养审美情趣，从中真正找到乐趣放松身心、陶冶情操。

综上所述，社交媒体平台一方面为未成年人提供了巩固社交圈、拓展社交关系的渠道，使其增加与外界和社会的交流，开阔眼界，提升其综合素质；另一方面，社交媒体平台的匿名性也给未成年人带来了平衡学习、生活的挑战，以及潜在的个人信息泄露、遭遇网络骗局、不良信息侵害的威胁。因此，社交媒体平台对于未成年人来讲利弊兼具，须以理性的视角看待未成年人使用社交媒体平台的行为，并且从政府、学校、家庭多方主体入手，培养新时代未成年人的数商，共同协助未成年群体合理、健康、安全使用社交媒体平台。

参考文献

Nikken P., Jansz J., Developing Scales to Measure Parental Mediation of Young Children's Internet Use. *Learning Media and Technology*, 2014, 39（2）：250-266.

方勇、季为民、沈杰主编《中国未成年人互联网运用报告（2022）》，社会科学文献出版社，2022。

〔法〕米歇尔·德米尔热：《制造白痴：电子产品如何威胁下一代》，杜若琳译，广东旅游出版社，2022。

王美倩、郑旭东：《在场：工具中介支持的具身学习环境现象学》，《开放教育研究》2016年第1期。

刘瑶：《智能时代人的主体性发展研究》，南京信息工程大学硕士学位论文，2022。

王佑镁、赵文竹、宛平、朴善疇、柳晨晨：《数字智商及其能力图谱：国际进展与未来教育框架》，《中国电化教育》2020年第1期。

张铨洲：《"入世与出世"：青年群体网络"圈层化"的困与策》，《中国青年研究》2022年第3期。

宋保振：《"数字弱势群体"权利及其法治化保障》，《法律科学（西北政法大学学报）》2020年第6期。

李媛媛：《数字游牧民：复媒体环境中的社交媒体平台摇摆研究》，《当代青年研究》2022 年第 3 期。

姚倩、方圆、陈祉妍：《手机限制干预与亲子冲突的关系：父母自主支持的中介作用和父母低头行为的调节作用》，《中国健康心理学杂志》2023 年第 3 期。

丁倩、孔令龙、张永欣、周宗奎、胡伟：《父母"低头族"与初中生手机成瘾的交叉滞后分析》，《中国临床心理学杂志》2018 年第 5 期。

B.4
未成年人互联网运用状况的
新冠疫情前后比较

刘嘉琪*

摘　要:　新冠疫情的突发,加速了人们生活的"数字位移",未成年人在互联网运用方面越来越多的改变也随之显露。对比疫情发生前后的"中国未成年人互联网运用状况调查"情况,本文从数字化生存情况、网络认知与网络文化、网络社交与社会参与、家庭教育与亲子沟通四个维度,全面扫描未成年人用网特征差异,洞察其背后存在的隐忧与蜕变,并建议从改善反沉迷监管机制、家庭网络素养教育、运动兴趣、心理韧性方面为未成年人健康触网保驾护航。

关键词:　新冠疫情　未成年人　互联网运用　创伤后成长

一　前言

新冠疫情突发,不仅为罹患者带来了身体上的生理伤害,也对未成年人的个体活动和社会活动造成了一定程度的影响,以自然界中发生的大地震来比喻,它给未成年人的日常生活带来了相似的"数字位移",加速了未成年人从现实空间向网络空间"搬迁"的进程。以"停课不停学"为重要契机,

---

* 刘嘉琪,中国社会科学院新闻与传播研究所助理研究员,传媒调查中心副主任,主要研究方向为数据科学与舆情分析、社交媒体与用户心理行为研究。

居家学习诉求全力推动了未成年人日常生活方式的数字化、网络化、智能化转向。在新学习生活场景的适应过程中，未成年人在互联网运用方面出现许多新改变，值得社会各界密切关注、及时干预。

本报告依托"中国未成年人互联网运用状况调查"于新冠疫情未发生时期（2019年9月，以下简称"新冠疫情前"）和新冠疫情发生后的防控时期（2022年3月，以下简称"新冠疫情后"）分别进行的第10次和第11次全国抽样调查数据，从未成年人的网络使用基本情况出发，尝试通过比较分析方法，更加全面地洞察未成年人在数字化生存基本情况、网络认知与网络文化、网络社交与社会参与、家庭教育与亲子沟通方面的新特点与新变化，正视其背后的次生创伤与成长，并且从政府、家庭、学校、平台等多方面提供对策建议，以期帮助未成年人在后疫情时代更加阳光、健康地成长。

二 新冠疫情前后的互联网运用特征差异

（一）未成年人数字化生存的主要变化

1. 疫情时期"手机控"大幅增多，智能机器人和智能手表热潮渐退

当代未成年人"数字化生存"程度不断提升，特别是通过移动端接入网络的需求与日俱增。在上网设备方面，新冠疫情前的调研数据显示，未成年人最常使用手机进行网上冲浪，不论是城市学生还是乡镇学生，比例均超过八成，分别为80.1%和83.2%。其次是电脑（41.5%，37.3%）、iPad/平板电脑（34%，23.7%）、小度音箱/天猫精灵/Alpha蛋等机器人（13.5%，8.7%）以及智能手表（22.2%，13.5%）。在疫情发生后，未成年人使用手机的比例迅速提升，城市学生的手机使用率高达89.1%，乡镇地区则突破九成（93.2%）。然而，疫情后孩子们对机器人和智能手表的使用热情却有所下降，不论是生活在城市还是生活在乡镇的未成年人占比均低于疫情之前。尽管如此，城市未成年人的机器人（6.2%）和智能手表（6.7%）使用比例依然明显高于乡镇的未成年人（4.8%，4.9%）（见图1）。

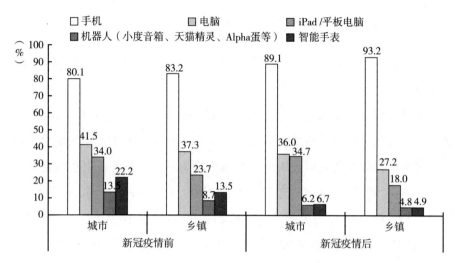

图1　新冠疫情前后的未成年人主要上网设备对比情况

资料来源：第10、11次中国未成年人互联网运用状况调查数据。

2. 未成年人网络游戏热度减退，看视频成最受欢迎选项，云端学习时间显著增多

网络活动全方位渗透未成年人的日常生活，尤其他们在网络视听、娱乐、学习和社交情境上投入的精力最多。新冠疫情前的调查结果显示，超过四成的人上网最经常做的事是"听音乐"（45.7%）、"打游戏"（41.8%），超过三成的人将时间花费在"在线学习"（37.0%）和"微信"（32.5%），还有26.2%的人经常"看视频"。未成年人在疫情期间的网络活动依然丰富多彩，但卷入程度与疫情前比有较大差异。其一，视频变成未成年人最热衷使用的功能，近五成的人表示他们上网最经常做的事是"看视频"（47.5%）。其二，对于备受关注的具有沉迷风险的网络游戏，未成年人在疫情期间的参与程度明显下降（27.0%）。这或许与包括《关于进一步严格管理切实防止未成年人沉迷网络游戏的通知》等在内的一系列防沉迷政策对网络游戏账号实名注册和登录、限制平台向未成年人提供服务时长等方面的严格规定约束以及家长

的居家看护有关。其三,受疫情影响,学生无法照常去学校学习,因而在线"写作业/查资料"也成为他们最经常做的事之一,占比为36.4%。

(二)未成年人网络认知与网络文化的主要变化

1. 网络助力未成年人了解外界,但过度依赖可能会导致自我解决问题意愿下降

疫情期间,网络作为"数字触角"给未成年人的生活带来了许多积极影响,首先体现在从外界输入新知识和新鲜事方面。在对网络带来的好处的主观评价中,全国未成年人将以下几项排在前列:"获得知识变得容易了"(52.2%);"随时知道社会上正在发生的事情"(39.6%);"与人交往变得方便了"(36.8%);"学习方便了,很多课程/作业可以在网上进行"(34.3%);"有了很多新的游戏和娱乐方式"(31.9%)(见图2)。对比前后的两次调查结果,孩子们对"随时知道社会上正在发生的事情"和"获得知识变得容易了"的认知改观程度最大,选择这两项的未成年人占比分别增加了18.4个和7.6个百分点。除积极改变外,未成年人的自我解决问题意愿却有所下降,认为通过网络"很多问题能自己解决,更少依赖大人"的占比比疫情之前降低了10.8个百分点。

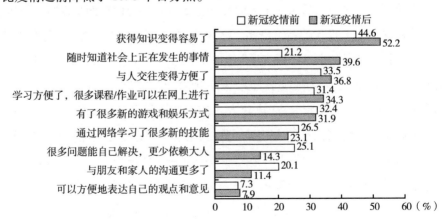

图2 新冠疫情前后上网给未成年人带来好的变化对比情况

资料来源:第10、11次中国未成年人互联网运用状况调查数据。

2. 网络文化模仿行为盛行，流行歌曲、网言网语等是主要模仿对象

对网络文化的跟风模仿，在未成年人群体中已成普遍现象。疫情期间，未成年人主动通过模仿行为将线上活动与现实生活相勾连，主要模仿领域依次为"学唱网上的流行歌曲"（44.7%）、"模仿网络说话的方式"（28.8%）、"网上流行的东西，会去买"（16.4%）、"模仿穿衣打扮"（15.1%）（见图3）。与疫情发生前相比，"流行歌曲"始终是未成年人最喜欢的模仿行为。并且，未成年人在模仿网上流行的说话方式、穿衣打扮、买网上流行的东西、娱乐活动、新玩法（比如：团购、直播、上传视频等）等方面，表现出明显的增长趋势，增幅分别为9.3个、6.8个、5.7个、2.3个、1.4个百分点。"从不模仿"的人反而降低了6.6个百分点，这提示我们应高度重视未成年人的"网络模仿症"，及时让未成年人意识到正在追逐效仿的事物存在的问题或危害性。

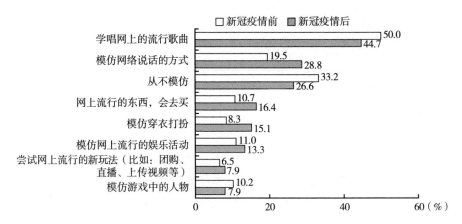

图3 新冠疫情前后未成年人的网络模仿行为对比情况

资料来源：第10、11次中国未成年人互联网运用状况调查数据。

3. 年青一代的传统职业憧憬重燃，新兴互联网职业正在祛魅

疫情带来的不确定性正在重塑未成年人的职业抱负，日常生活中不可或缺的职位的关注度更高。数据显示，疫情后在未成年人心目中，教师（31%）、医生（19.8%）等拥有稳定收入的传统岗位成为首选理想职业。

同时，面对疫情期间经济低迷、失业率上升的持续冲击，越来越多的未成年人开始考虑未来自己创业，19.5%选择成为"企业家"。与疫情前相比，这一项增幅是所有职业中最大的（7.5个百分点）。此外，游戏玩家、网红、AI高手等互联网职业虽然在疫情前就已进入未成年人的选择视野，但经历疫情洗礼和时间沉淀后，这三种热门职业的受追捧程度均有所下降，下降幅度分别为6个、3.9个、2个百分点（见图4）。

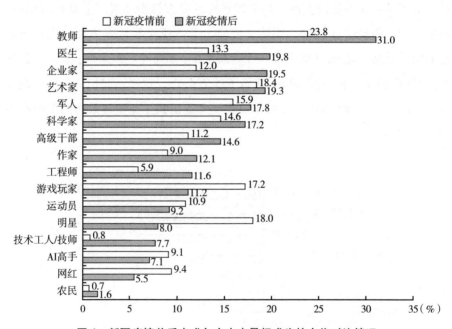

图4 新冠疫情前后未成年人未来最想成为的人物对比情况

资料来源：第10、11次中国未成年人互联网运用调查状况数据。

（三）未成年人网络交往与社会参与的主要变化

1. 网络交往信息生态整体向好，但耽误学习问题快速蔓延引担忧

虽然网络交往能够超越时空限制，为未成年人提供平等交往、广泛联络、自由活动的平台，但其中仍存在消极、黑暗的一面，对未成年人造成了许多负面影响。"太耗时间，耽误学习"是网络交往带给未成年人最大的坏

处，在疫情期间这一问题被进一步放大，受其困扰的未成年比例从 24.6%
激增至 31.9%。19.3% 和 15.7% 的未成年人表示，"个人信息泄露"和"整
天宅着，运动变少"也对个人的身心健康产生极大影响（见图 5）。与之同
时，值得欣慰的是，相较于疫情发生之前，疫情时期不良信息骚扰、信息泄
露的情况有所改善，选择"不良信息太多""个人信息泄露"的比例分别从
20.5%、19.4% 降低为 13.5%、19.3%。这一进步离不开政府、平台、家庭
等多方在网络信息治理方面的共同努力。

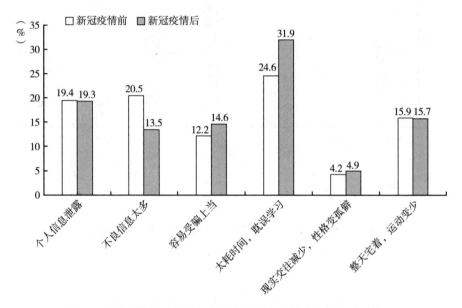

图 5 新冠疫情前后未成年人认为网络交往最大的坏处对比情况

资料来源：第 10、11 次中国未成年人互联网运用状况调查数据。

2. 未成年人流行网络诉苦，多方位展示自我以缓解压力

疫情之后，越来越多的未成年人愿意打开心扉，在社交软件上展示真实
的自己。整体看来，排在前两位最常被公开的内容为"自己的兴趣爱好"
"及时的心情感想"，占比分别为 49.5%、37.9%；愿意在网络交往中展示
"自己的学习情况""自己和朋友的交往情况""自拍照"的未成年人占比
在两成或以上（26.7%、21.4%、20%）；另外还有 18.7% 的未成年人积极

表露自己的独特个性，8.2%的人愿意向网友吐露自己遇到的感情麻烦（见图6）。相比于疫情之前，未成年人在以上这些方面都显露出更多的表达渴望，尤其在发表个人"心情感想"和"兴趣爱好"方面更为积极，增幅分别高达14.9个、14.3个百分点。

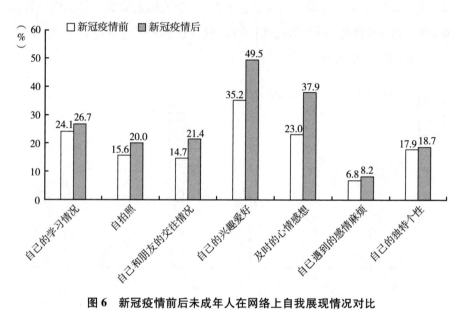

图6　新冠疫情前后未成年人在网络上自我展现情况对比

资料来源：第10、11次全国未成年人互联网运用调查数据。

同时，面对面交往减少、疫情频发态势和长时间宅在家的孤独，使得心理较为脆弱的未成年人时常会出现焦虑、恐惧等情绪反应和不适感。为排解负面情绪，许多未成年人选择加入互联网"苦学"家行列，借助网络向他人吐槽、宣泄。2022年的调查结果表明，当在现实生活中遇到烦恼的事情时，17.6%的未成年人会"在网络中向好朋友诉说"，3.9%会"在网络中向陌生人诉说"，还有11.9%会"在网上发个帖子/心情"。这三种网络倾诉行为均较新冠疫情之前有所增长，疫情发生前的占比分别为16.2%、2.6%和9.2%。选择将烦恼"自己闷在心里"的未成年人也明显减少，从新冠疫情前的40.2%降低为32.5%。

3. 从不关心网络热点话题的未成年人减少近两成，网络发言态度显现随意化苗头

疫情期间，互联网成为未成年人深度参与、体验和介入社会的平台、渠道和载体，使他们得以直观地全面观察、理解、把握这个急剧发展变化的世界。据调查，新冠疫情后未成年人以不同的参与方式对网络热点话题进行探索，积极地在网络舆论场中发表个人看法。39.3%的曾"在现实生活中与人讨论"，12.5%曾"对事件的报道进行转发分享"，8.6%曾"进行跟帖讨论"（见图7）。除敢于发声外，新冠疫情后，新增超两成的未成年人开始认真"浏览大家的评论"，试图将其作为拓展解读视角的重要补充，增进个人对社会热点的理解深度。而且，对外界重大事件"从不关心"的未成年人大幅减少，从27%降低至9.5%。

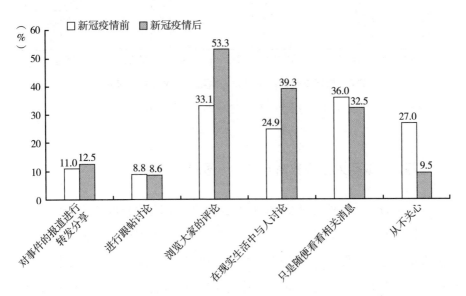

图7 新冠疫情前后未成年人对网络热议话题的参与度对比情况

资料来源：第10、11次中国未成年人互联网运用状况调查数据。

在网络参与过程中，虽然大多数未成年人的自我控制能力较强，表现出较为理性、健康的网络话语表达态度，但我们对"口无遮拦"的发言苗头应该保持警觉。针对"和日常生活相比，您在网络上发表的言论是否更随

意（比如说脏话）？"这一问题，新冠疫情前未成年人选择"比平常更谨慎地说话"的人数最多（44.3%），但在新冠疫情发生后这一比例降低了近一成，仅有34.5%的未成年人依旧谨慎发言。相反，新冠疫情后在网上"比平时更随意地说话"的未成年人占比为13.5%，比疫情之前（10.2%）有显著增长（见图8）。

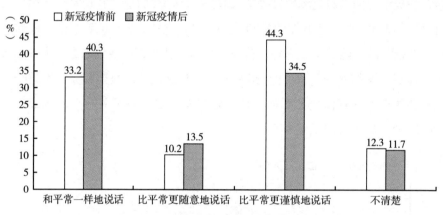

图8　新冠疫情前后未成年人网络发言态度对比情况

资料来源：第10、11次中国未成年人互联网运用状况调查数据。

（四）未成年人家庭教育与亲子沟通的主要变化

1. 疫情遇上"双减"，代际监管尺度难把握，部分家长选择宽松监管

家长对未成年人的网络使用、网络安全有着义不容辞的责任。未成年人保护法和家庭教育促进法等法律法规，均对家庭监管提出了具体要求。但在疫情遇上"双减"的特殊时期，家长们对网络使用监管尺度的焦虑也愈演愈烈。一方面担心管松了，未成年人以上网课为借口彻底放飞；另一方面又担心管制严了，反而耽误孩子上课，激发其逆反与厌烦心理。

事实上，在重重顾虑之中，大多数家长选择了给孩子"松绑"。调查结果显示，相较于新冠疫情前，居家网课期间家长对孩子网络使用方面的监管明显变"松了"，"规定时间，也规定内容"的家长从53%下降至42.6%，

"时间和内容都没规定"的家长反而从 9.3% 增长至 21.3%。此外，还有家长开始尝试对孩子的网络使用过程进行灵活监督，规定内容、没规定时间的家长占比从 4.7% 提升至 4.9%（见图 9）。

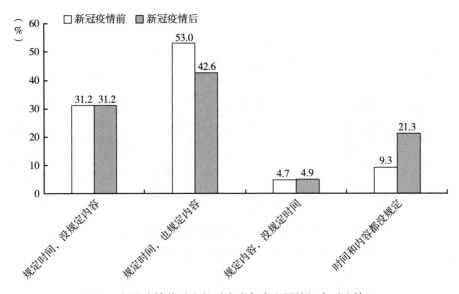

图 9　新冠疫情前后家长对未成年人上网的规定对比情况

资料来源：第 10、11 次中国未成年人互联网运用状况调查数据。

就网络使用的正确方式而言，疫情居家期间多数父母会主动对孩子进行良性引导。65.4% 的学生家长"经常"或"有时"会教孩子一些上网知识或技能，这一比例略高于疫情发生前（64.1%）。从来没有教过孩子上网的家长和根本不会上网的家长比例也有所下降（29.1%，5.5%）。

2. 家长与孩子双向奔赴，以平等沟通营造互助和谐的家庭氛围

居家隔离增加亲子共处时间，家长和子女的双向平等沟通活动有了明显增加。一方面，越来越多的家长放下"架子"，遇到上网不会操作的问题时会主动向孩子请教。在疫情发生后，88.4% 的家长会"经常请教"和"有时请教"孩子，鼓励孩子化身为"老师"，向长辈传授数字知识经验；而这一比例在新冠疫情前仅为 75.8%。"从不请教"的家长占比显著降低，从新冠前的 20% 降为新冠后的 8.5%（见图 10）。另一方面，也有越来越多的孩

子信任家长，主动向父母倾诉自己的烦恼和担忧，寻求家庭的帮助与保护。当未成年人在网上被人威胁或收到不良图片/视频时，从来不会跟父母说的比例显著下降，从新冠前的 8.9% 降低至新冠后的 6.5%。

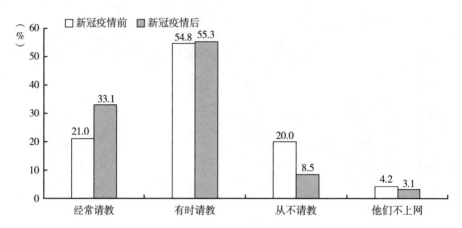

图 10　新冠疫情前后，父母向未成年人请教的对比情况

资料来源：第 10、11 次中国未成年人互联网运用状况调查数据。

三　疫情对未成年人数字生活带来的次生 "灾害"与创伤后成长

（一）疫情风险和长时间用网风险交织叠加，引发心理与身体不适

公共卫生安全危机本身和大规模社会活动暂停引发的社会隔离，以及居家上网课期间长时间沉浸在手机和电脑设备使用中，会对未成年人的心理和身体健康产生一定影响。

一方面，疫情期间的调查结果显示，超三成未成年人表示自己"更爱玩手机、玩游戏了，难以自己控制"（32.3%），需警惕具有沉迷和成瘾风险的网络娱乐功能（如游戏等）为未成年人逃避现实世界提供出口，加剧自闭、抑郁、孤独等心理风险。另一方面，未成年时期是人体身体素质发育

的"黄金期",除居家防控、网课学习等原因令未成年人减少了户外活动时间外,近四成未成年人发觉"用电脑和手机太多导致视力下降很快"(36.7%)。综合这些迹象来看,疫情风险和长时间用网风险交织叠加,对未成年人身心造成的负面影响须引起各方重视。

(二)疫情激发"反脆弱"本能,创伤后成长重塑未成年人价值观

正如硬币总有正反两面一样,经历疫情创伤后的未成年人在承受身心痛苦的同时,可能也会针对生活和人生产生重要的思想观念转变。理查德·泰德斯奇(Richard Tedeschi)和劳伦斯·卡尔霍恩(Lawrence Calhoun)在1995年提出的"创伤后成长"这一概念,恰好可以用于描述人们在与具有高度挑战性的生命境遇抗争之后,所经历的积极变化。促成未成年人成长最关键的因素并不是创伤本身,而是在尝试与创伤抗争、最终幸存下来的过程中所迸发出的蜕变般的力量。具体体现在以下两方面。

一是未成年人自我效能感被激活,愈发重视个人网络话语权。未成年人是网络生态建设中的重要主体,在险象迭生、热议纷繁的民间舆论场中,未成年人接触到平日"遥不可及"的各类生命、安全、健康议题,这为其开发社会参与潜能、扩宽视野、深化自我效能提供了新的契机。事实证明,大多数未成年人在此战"疫"中,参与公共讨论的能力得以快速提升。疫情期间已经有更多的未成年人表示在网络中能够更好地参与感兴趣的话题讨论、更深度地洞察公众的评论并且更积极地对报道进行社会化传播,从而为推动社会发展贡献出自己的一分力量。

二是未成年人个人意义感提升,人生职业规划逐渐回归稳态。未成年阶段是人生观、价值观、世界观的重要形成期,疫情可被视作一次促使人格发展的机会。在创伤后许多未成年人发展出了比原先更高的自我知觉和价值意识,这种更高的个人意义感体现在未成年人的人生价值取向中。在憧憬"未来最想成为的人物"时,人民教师、白衣天使在未成年人的未来职业选择中比例显著提升。医务工作者尽显医者担当、救死扶伤,冲在抗疫第一线;教育工作者坚守"云端"课堂保障未成年人的健康成长,踏踏实实地

为全民抗疫做出了巨大贡献。在这些平凡而伟大的职业精神感召之下，越来越多未成年人渴望加入他们的行列，用无悔奉献诠释生命意义和人生价值。

（三）线上沟通日益开放，警惕网络糟粕伤害未成年人

同学之间、师生之间、朋友之间以及网友之间错综复杂的社会交往，构成了未成年人人际交往的网络系统。培养良好的人际交往能力，不仅是日常生活的需要，更是将来适应社会的需要。新冠疫情带来的最直接的影响，是"流动"的减少：人与人之间面对面的交流减少了，人的直接社交活动范围缩小了。但此消彼长，未成年人借助社交网络在"云端漂浮"、保持链接的机会增多了，网络交友有了新的进展。36.8%的未成年人赞同是网络让"与人交往变得方便了"，30.4%将"能与好友保持联系"视为网络交往最大的好处。

疫情中未成年人云端沟通呈现开放化趋势，越来越多的孩子体会到网络空间对于自我呈现、吐露心声、排解苦楚的重要性。从兴趣爱好、心情感想、学习情况、交友情况、自拍照、独特个性到感情麻烦，未成年人在网络中公开展示个人信息的热情远比新冠疫情前高涨，每天都发很多状态（3.8%）的未成年人比例也多于疫情之前（3.5%）。并且，许多未成年人发现自己在疫情期间的网络交往过程中逐渐放下了心理防备，愿意披露更多的个人真实信息，比如真实姓名（31.2%）、性别（66.9%）、年龄（40.5%）、学校（12.6%）、照片（15%）、手机号（11.4%）、QQ/微信号（32.9%）等。

但值得注意的是，未成年人日益开放的网络交友观和自我呈现热忱并非都是理性、克制、健康的。在鱼龙混杂的网络社交平台中，近年来不乏未成年人为博关注而模仿成人行为、满嘴低俗网络"烂梗"的现象，还有许多家长以"亲子日常"为噱头炒作"萌娃主播""网红儿童"，甚至还出现了损害未成年人身心健康等涉嫌违法的情况。未成年人心智尚浅，未必能分辨利弊，如何在鼓励孩子多与外界保持联通、避免自我封闭的同时对孩子进行妥善保护，值得社会各界持续深入思考。

（四）家庭代际亲密关系重新链接，用网监督宽松化暗藏风险

童年中晚期以后、开始迈向"小社会"的许多未成年人可能不会热切、频繁、主动地与父母聊天，而是更愿意和同学、朋友谈心、娱乐，毕竟他们有相同的认知、娱乐和小秘密。但疫情给了未成年人和家长"重归"家庭和亲情的理由，父母与子女"困守"于有限的家庭空间中，在彼此陪伴、共克时艰的时光里，越来越多的家庭重新找到相互理解、主动沟通的温暖。在密切监管孩子健康用网的同时，家长们的家庭教育能力不断升级。许多父母尝试抛开"我是你爸爸，你就要听我的"枷锁，将子女当成有自由权利、人格尊严的社会人，采取"角色翻转"的方式向孩子主动请教网络操作问题，以此来调动他们的积极性、主动性和成就感，培养孩子自主学习、解决问题能力，达到"授人以鱼不如授人以渔"的目的。

从孩子的视角来看，疫情发生后大多数未成年人能处理好与父母的关系，86.2%的孩子认为自己与父母的感情"很好"或"较好"。近五成的人"没有"或"极少"因为上网的问题与父母发生过争执（48.3%），仅有8.7%的未成年人"经常"和父母吵架。未成年阶段正是需要人际支持的人生重要阶段，家人的理解与关爱是孩子获得人际支持的重要来源，相信这段温馨的家庭经历一定会成为亲子间难以磨灭的美好回忆。

然而，虽然代际关系因疫情有了明显进步，亲子沟通愈发和谐，但也不能忽视另一个重要的工作：孩子的用网监督。约束是一种保护，家长必须对孩子进行适当的约束和管教，不能任其沉迷于网络空间当中。数据显示，疫情居家期间家长的监管尺度呈现"宽松"趋势，对时间和内容都没规定的家长比例增多了12个百分点。这或许是因为家长对学校网课教学安排充分信任，也可能是因为有些家长认为现在孩子还没有正式开学、回到学校也会从头学，再加上溺爱、忙碌等家长个人原因，以致父母对孩子的用网放松监管。长此以往，这可能会不利于未成年人形成良好的学习习惯，尤其是本身自律性就稍弱的孩子，待学校复课时，这类学生可能难以对学习再次重视起来，或不适应正常的学校学习生活节奏。因此，在建构家庭教育生态的过程

中，如何帮助家长加强对未成年人网络使用的科学监管将是下一阶段的关键议题。

四 对策建议

习近平总书记强调："未成年人是家庭的未来和希望，更是国家的未来和希望。"当代中国未成年人既是实现第一个百年奋斗目标的经历者、见证者，更是实现第二个百年奋斗目标、建设社会主义现代化强国的主力军。全力保障未成年人数字化生存、发展、受保护的权利，是培养德智体美劳全面发展的社会主义建设者和接班人的重中之重。在此次新冠疫情中出现的一些互联网运用问题，在一定程度上暴露出部分未成年人在网络素养上的短板，亟须政府、家庭、学校、平台等各界勠力同心，构建协同育人的良好机制。具体建议如下。

（一）加快研制未成年人版智能手机，重视"青少年模式"有效性评估

在未成年人防网络沉迷方面，政府牵头建设"青少年防沉迷系统"，各大主要网络平台也纷纷设置"青少年模式"，以期从使用时段、时长、功能和浏览内容等方面推动对未成年人上网行为的技术约束。以上举措虽已取得一定成效，但现实中"青少年模式"仍存在形式枯燥单一、内容吸引力不足的短板。在疫情期间未成年人中"几乎不"和"较少"主动使用"儿童模式"或"青少年模式"的孩子超过半数（51.1%），比疫情发生前的比例还高了一成以上（41%）。而且，系统本身也存在一些有待完善之处。比如，很多家长指出，部分手机系统账号一经实名认证，许多 App 就无须再次实名认证，部分游戏应用也包含在内。换言之，如果家长没有妥善保管自己的手机，未成年人借用父母账号可能会轻松绕过"游戏防沉迷系统"的监督。

为此，政府应联合企业、行业组织，将防沉迷工作"前置"，加快研制

未成年人专用的智能手机,并部署相关服务保护规范,从源头上将《网络安全法》《未成年人网络保护条例》等涉及未成年人网络保护的法律法规,转化为智能终端和网络运营商的技术标准。实施严格的企业生产技术准入和服务准入制度,从防沉迷控制、护眼功能、内容健康、生命安全预警等方面为未成年人用网提供全面的保护方案。另外,应该加强"青少年模式"质量评估,完善研发、应用、测试、反馈等环节的评价体系,摸清现阶段我国"青少年模式"的缺陷,确保未成年人的网络使用规范化干预工作落到实处、产生实效。

(二)加强家庭网络素养教育,引导家长树立科学教育观念

家庭是未成年人上网的主要场所,家长对未成年人上网的引导和管理方式直接影响未成年人上网行为和习惯。调查显示,截至2022年,仍有5.5%的父母或家长不会上网,这可能导致其在子女上网管理与引导方面"简单粗暴"或"有心无力",无助于解决子女网络依赖、沉迷游戏等问题。因此,首先应将网络素养教育拓展至家庭层面,通过社区培训、学校讲座、网课学习等形式,纠正家长对未成年人使用互联网的错误认知,让家长具备科学管理和引导子女正确上网的能力。其次,针对孩子居家网络学习,家长应该制定家庭公约,以身作则,倡导民主的家庭教育观念,主动加强亲子间的健康互动,避免家庭教育缺位。

(三)丰富学校体育活动内容,以线上线下联动激活学生运动兴趣

随着"双减"工作扎实推进,未成年人的课业负担减轻了,如何避免课余时间被网络视频、聊天、游戏等活动占据,成为一项紧要课题;同时,在网课成为新兴教学方式的情况下,如何优化教学安排,让课堂内外的运动生活更丰富多彩,让孩子看到在手机屏幕外也有一个广阔的世界,也需要引起足够重视。为此,政府应进一步加大文化体育建设力度,可考虑在适宜的区域提供更多的免费运动场所与健身器材,并酌情提高体育活动的频率与覆盖人数。学校应引导孩子形成正确的时间分配与体育健身观念,因地制宜增

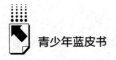
加特色课外劳动实践活动，充分开发体育兴趣社团，增强未成年人户外运动的趣味性，使其形成日常体育健身习惯，充实其居家生活。

（四）善用正能量网络视频，锻造未成年人心理韧性

习近平总书记曾在全国高校思想政治工作会议上强调："青年的价值取向决定了未来整个社会的价值取向，而青年又处在价值观形成和确立的时期，抓好这一时期的价值观养成十分重要。"面对大量未成年人的涌入，网络视频平台需要积极承担起未成年人成长过程中心理健康引导与教育的重任，预防疫情给未成年用户造成意志消沉、焦虑抑郁、丧失心智等长期负面心理影响。具象化、互动性、多元性与故事化的网络视频，为未成年人心理抚育工作的探索提供了更多的材料与工具。应进一步针对未成年群体的需求与偏好，提升网络正能量、积极心理性视频内容质量，激发未成年人迎接挑战的勇气，增强孩子在逆境中的心理韧性，营造未成年人乐于进入、停留的专属数字心灵疗愈空间。

B.5
家长对未成年人互联网运用的态度变化

季为民　李沐芸　刘蘅仪*

摘　要： 本文根据 2006~2022 年"中国未成年人互联网运用状况调查"的数据，结合 2023 年 1~2 月对全国多地未成年人及其家长的深度访谈，对家长在未成年人互联网运用态度上的变化和家长在指导中遇到的问题进行了分析。研究发现，近年来家长对未成年人上网态度日益开明，更关注上网对未成年人身体造成的不良影响，但就上网问题的争执有增多趋势。建议：促进网络监护职责落实到具体监护人；设立互联网家庭教育资源共享中心；融入社会第三方协作，加强家庭教育引导；通过家校协同共建形成育人合力。

关键词： 未成年人　家长　互联网运用

未成年人成为我国网民的重要组成部分，其用网数据的变化也反映着家长对未成年人上网态度的转变。第 50 次《中国互联网络发展状况统计报告》显示，截至 2022 年 6 月，我国网民中，10 岁以下占比 4.2%，10~19 岁占比 13.5%[①]。本报告基于 2006~2022 年"中国未成年人互联网运用状况

---

* 季为民，中国社会科学院大学教授、博士生导师，中国社会科学院新闻与传播研究所媒介传播与青少年发展研究中心主任，中国社会科学院工业发展研究所副所长、研究员，主要研究方向为马克思主义新闻学、新闻伦理、青少年研究；李沐芸，中国社会科学院大学新闻传播学院 2019 级学生；刘蘅仪，中国社会科学院大学新闻传播学院 2020 级学生。

① 中国互联网络信息中心（CNNIC）：第 50 次《中国互联网络发展状况统计报告》，https：//www.cnnic.com.cn/IDR/ReportDownloads/202212/P020221209344717199824.pdf。

调查"的相关数据①，对其中所涉及的有关未成年人对家长监管态度、认知能力及行为选择等方面的问题进行相应调查数据的提炼整合，从而以家长这一主体对于未成年子女的上网态度为研究的切入点，对同一类问题的不同时间的数据进行纵向对比分析。另外，自 2023 年 1 月 5 日起，到同年 2 月 20 日止，我们对居住所在地为北京市、天津市、湖北省恩施土家族苗族自治州、福建省厦门市的共 13 名未成年人及 8 名未成年人家长进行了补充深度访谈。其中，未成年受访者的年龄均在 9~13 岁，访谈内容以未成年人对父母关于其使用互联网态度的看法和认识、父母的具体监管举措、亲子关系状况及个人期待等方面为主；未成年人家长的年龄在 36~40 岁，访谈主要针对其对未成年子女运用互联网的认知及态度、影响未成年子女使用互联网的因素分析、现行监管模式以及对未成年子女用网结果期待等问题进行探讨。综上，本报告基于对现有数据的分析及对访谈内容的整理，比较研究了家长在不同时期对未成年人互联网运用态度的主要特点及相应问题，并提出针对性的对策建议。

一 家长对未成年人互联网运用态度的基本情况

（一）家长对未成年人上网的态度更加明确，总体趋向开明

国务院于 2021 年 9 月印发的《中国儿童发展纲要（2021—2030 年）》在"儿童与社会环境"板块强调要为儿童健康上网创造条件②。无论是在公益性文化场所和儿童活动场所建设公共电子阅览室，还是设置社区公益性互联网上网服务设施，都是为了给儿童提供公益性上网服务。新时代，未成年

---

① 除注明外，本文引用的调查数据均出自 2006~2022 年"中国未成年人互联网运用状况调查"的相关数据。
② 《国务院关于印发中国妇女发展纲要和中国儿童发展纲要的通知》，2021 年 9 月 27 日发布，http：//www.gov.cn/zhengce/content/2021-09/27/content_5639412.htm，最后访问日期：2023 年 2 月 10 日。

人接触互联网是大势所趋，国家政策层面同样对未成年人上网给予支持和保护。

在这一背景下，近年来家长对未成年人上网的态度愈发开明。调查显示，家长对未成年人上网的态度中，"非常反对"的比重呈下降趋势，从2006年的8.5%下降至2014年的3.6%。同时，家长支持未成年人上网的总体比重在上升，2010年以来，家长"非常支持"和"比较支持"未成年人上网的比例之和均超过30%。但也要看到，家长"比较反对"的比例也在上升（见图1）。

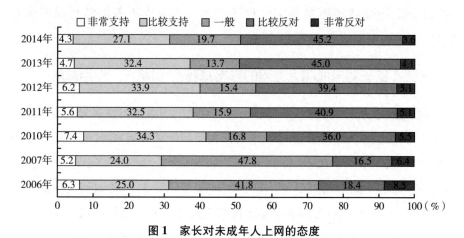

图1 家长对未成年人上网的态度

资料来源：2006~2022年"中国未成年人互联网运用状况调查"数据。

在访谈中①也发现，在"是否赞成孩子使用互联网"的问题上，家长更多持赞成态度（本文访谈对象姓名均为化名）。

受访者刘华（男，36岁，行政职员，孩子小学六年级在读）：

赞同。现阶段工作太忙没有时间带孩子旅游，让其能够通过互联网

①　除注明外，本文引用的访谈内容均出自2023年1~2月笔者在全国多地（北京市、天津市、湖北省恩施土家族苗族自治州、福建省厦门市）选取未成年人及其家长共21人的深度访谈相关数据。

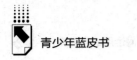

看看世界也挺好的。

受访者张芳（女，40 岁，中学教师，孩子高三在读）：

> 赞同。平时孩子上网课也会用电脑，现在这个社会杜绝孩子上网几乎不可能，只能尽量做到正确引导。

未成年人接触互联网是大势所趋，家长与其严防死守、彻底禁止未成年人上网，不如通过更加科学合理的干预，为未成年人接触互联网保驾护航。

（二）家长对未成年人上网的影响减弱，"引路人"作用减弱

随着上网设备的普及，未成年人接触互联网的渠道更加多元，家长在未成年人触网过程中的"引路人"作用正在减弱。2007 年的数据显示，影响未成年人上网的因素中，"同学/朋友"占比最大，为 43.2%；家长仅占比 27.1%，低于"同学/朋友"约 16 个百分点（见图 2）。考虑到数据的时效性，笔者于 2023 年 1~2 月在全国多地与未成年人及其家长的深度访谈中补充了这一问题，访谈内容也佐证了家长对未成年人上网的影响力在减弱的观点，通过对未成年人家长的访谈，笔者发现家长在指导未成年人上网问题上更愿意"退居二线"，如以下案例所示：

受访者刘华（男，36 岁，行政职员，孩子小学六年级在读）：

> 我跟孩子关于上网问题交流得不多，现在很多时兴的游戏或网站我也不了解，但是我会默默观察孩子上网浏览的平台及内容。

调查显示，"同学/朋友"对未成年人上网的影响占比超过 40%，朋辈因素对未成年人上网的影响远大于家长，访谈案例表明未成年人可能出于害怕社交孤立或跟风模仿等原因而接触互联网。

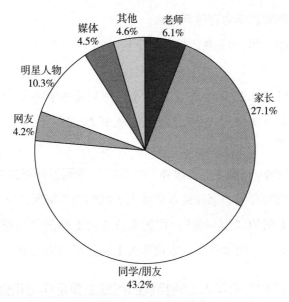

图 2　影响未成年人上网的主要因素（2007 年）

资料来源：2007 年"中国未成年人互联网运用状况调查"数据。

受访者昊昊（男，9 岁，小学四年级在读）：

我们班会有自己的 QQ 群，都是没有老师的，放学后大家在群里会有很多沟通，比如问作业或聊天。如果不能上网的话，放学后就没办法和班里同学沟通了。

受访者源源（男，10 岁，小学五年级在读）：

我们班同学除了有微信和 QQ 的群聊外，在游戏"王者荣耀"里也加了很多同学的好友，平时会约着一起玩。

此外，"明星人物"近年来也成为影响未成年人上网的重要因素。访谈发现，近年来一些新兴的群体如"up 主"（uploader，即上传者）等愈加受到未成年人的青睐，其不定期发布的自制内容吸引未成年人不断"追更"，

对未成年人上网的影响力在逐渐增强。

受访者鹏鹏（男，13 岁，初二在读）：

> 我平时关注最多的 up 主有 7 个，他们差不多每 1~2 周更新视频，我设置了更新提醒，只要他们更新，我就看。

上述因素之外，"网友""媒体""老师"等因素同样对未成年人上网有影响，但影响力有限。家庭是未成年人上网的主要场所，家长也是传统意义上未成年人上网的"第一关"。作为未成年人上网的"引路人"，家长受制于自身的互联网使用水平，对未成年人上网的影响力有限。

（三）家长对未成年人上网担忧的问题主要是学习和健康

随着社会发展水平的提高，家长的教育观念也在发生改变。纵使学习时间受挤压一直是家长对未成年人上网的首要担忧，但从图 3 可以看出，上网带来的视力下降问题，以及长时间上网对身体的消耗问题，在近年来也逐渐成为家长们关注的热点，其比重也在逐年上升。

有关未成年人家长的调查数据显示，家长对孩子上网"耽误学习时间"的担忧程度从 2006 年的 48.5%上升到 2018 年的 66.3%，增长了近 20 个百分点，居首位（因部分数据缺失，2006~2009 年的数据未在图 3 中体现）。家长对未成年人"长时间上网弄坏身体/眼睛"的担忧从 2010 年的 41.6%提升到 2018 年的 61.4%，在不到 10 年时间内增长了近 20 个百分点，增长速度更快，与上网"耽误学习时间"选项间的差距在不断缩小。此外，相较于互联网在我国发展的初期，随着互联网使用率的提升，网上的信息质量愈发参差不齐，这也引发了家长对于子女在上网过程中接触互联网上不良信息或消极思想的担忧。家长担心孩子上网"接触网上的不良信息/消极思想"的比例也从 2006 年的 12.2%增长到 2018 年的 34.7%（见图 3）。

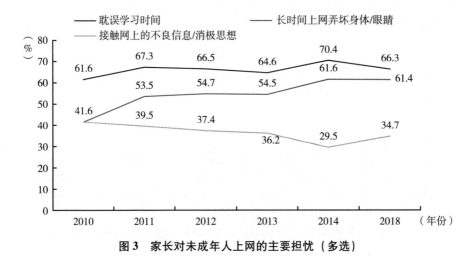

图3　家长对未成年人上网的主要担忧（多选）

资料来源：2010～2018年"中国未成年人互联网运用状况调查"数据。

（四）家长与未成年子女通过网络进行联系和交流在增多

近年来家长与未成年子女通过网络的联系和交流增多。调查显示，关于家长通过网络（例如微信）与未成年人联系和交流的情况，选择"几乎没有"的比例从2020年的25%下降到2022年的13.4%，下降超过10个百分点；而家长"有时""经常""总是"与未成年子女通过网络交流联系的比例之和却在上升（见图4）。

访谈发现，随着家长对未成年子女上网的态度更加开明，近年来家长与未成年子女通过网络的联系和交流也随之增多，很多未成年人都拥有自己的社交账号（如微信）或自有手机，可方便地与家长沟通联系。

受访者鹏鹏（男，13岁，初二在读）：

> 我有自己的手机，上学的时候一般不能用，放假用得比较多，主要用来和家长联系。放假在家的时候，爸妈白天上班会给我打视频。

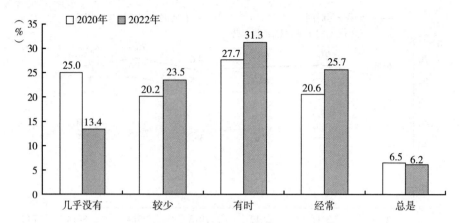

图4 家长通过网络（例如微信）与未成年人联系和交流的情况

资料来源：2020年"中国未成年人互联网运用状况调查"数据。

二 家长指导未成年人运用互联网面临的挑战

（一）家长由于自身网络素养水平有限，对未成年人上网的指导和监管十分欠缺

随着Z世代的崛起，作为"数字原住民"的他们对互联网的技能掌握情况往往要优于其家长代表的"数字移民"一代，因此家长在指导未成年人上网过程中愈发显示出有心无力的情况。数据显示，2022年，有21.3%的家长对未成年人上网没有规定和指导，该数据在近十年中处于较高水平。同时，在近十年中，仅有四成左右的家长对未成年人上网有规定和指导，例如家长会规定未成年人上网的时间、地点，对浏览的网站和内容进行甄别（见图5）。

访谈发现，在问题"家长对你上网的帮助有多大，你给你的家长打几分?"中，满分10分，仅有24.2%的未成年人给家长打了10分，有接近30%的未成年人给家长的打分在5分以下，还有3.6%的未成年人给家长打了0分，认为其家长对其互联网使用毫无帮助。由此可见，从整体上看，未

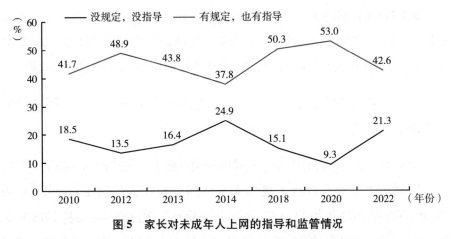

图5　家长对未成年人上网的指导和监管情况

资料来源：2006~2022 年"中国未成年人互联网运用状况调查"数据。

成年人对家长给予的互联网使用帮助满意度低，有不少未成年人认为家长对自己上网几乎没有帮助或帮助较小。一方面，从监管上看，家长对未成年人使用互联网缺乏严格的用网规定，监管力度仍旧较为薄弱；另一方面，从指导和帮助来看，近年来家长对未成年人的指导和帮助情况不容乐观，难以获得未成年人认可。

访谈发现，家长对未成年人互联网使用监管过程中出现的有心无力的情况，主要是因为其自身的网络素养不足。

受访者孙莉（女，37岁，自由职业，孩子初一在读）：

现在孩子上网玩的东西我都看不懂，但是我会规定他上网的时间，一般周末可以上网 2 个小时左右。

受访者源源（男，10 岁，小学五年级在读）：

爸妈有时候会过来问问我在手机上看什么，看到我打游戏会说我，但是对我上网没有太多的指导。

家长自身的网络素养不足，对未成年人在网上进行的活动了解不够。很多家长对孩子上网的印象还停留在"打游戏""看视频"等较为局限的层面，因此在对未成年人上网进行监管的时候也较为简单粗暴，难以起到好的监管效果。

（二）家长的监管指导能力不足，与未成年人在互联网运用方面发生的矛盾有所增加

近年来，家长在指导青少年互联网使用技能上一直存在不少问题。数据显示，家长"经常"教授未成年人互联网使用技能的情况从2018年的13.9%下降到2022年的11.3%；而"从来没有"教授的情况却从2018年的27.6%上升到2022年的29.1%，同时"父母不会上网"的比重在进一步提高（见图6）。

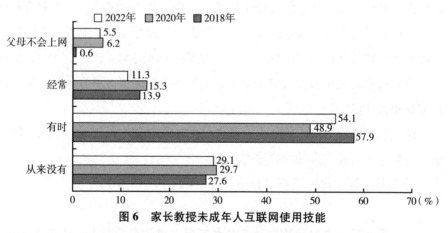

图6　家长教授未成年人互联网使用技能

资料来源：2006~2022年中国未成年人互联网运用状况调查数据。

另外，青少年与家长因上网问题产生争执的情况整体上呈上升趋势。2022年，家长与未成年子女因为上网问题"经常"和"有时"发生争执的情况较2020年上升了18.5个百分点；而从未发生争吵的情况却从2020年的50.8%下降到2022年的22.2%，下降超过25个百分点（见图7）。由此可见，家长对未成年人上网提供的指导愈发有限而争执却在不断增加，代际差异带来的数字鸿沟进一步体现。

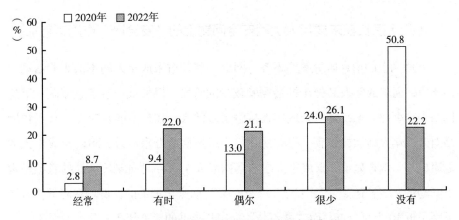

图7　未成年人与家长因上网问题产生争执

资料来源：2006~2022年"中国未成年人互联网运用状况调查"数据。

此外，访谈进一步发现，尽管家长与子女因为上网问题产生争执，实际的改善效果却不明显。

受访者小黎（女，12岁，初一在读）：

我与家长因为上网发生过争吵，至今没解决，争吵过后也就不了了之了。之后爸妈还是选择相信我，我自认为自己还是挺有自制力的。

受访者鹏鹏（男，13岁，初二在读）：

我经常因为用手机和爸妈吵，很多时候我只是用手机查学习资料，或者用"作业帮"之类的软件搜题，他们也要干涉，我觉得他们根本不懂我在干什么。

作为"数字原住民"，未成年人随着年龄的增长，对互联网有着天然的好感，又处于具有旺盛的好奇心和求知欲的年龄，会尝试探索互联网上新的领域。家长作为"数字移民"一代，如果自身的互联网使用能力欠缺，就极易与未成年人因上网问题产生争执，在监管和指导上起到适得其反的效果。

（三）家长在未成年人上网安全问题上的"安全网"作用有待加强

互联网上的信息质量参差不齐，网上一些针对未成年人的不法犯罪活动层出不穷，而未成年人又处于社会经验较少的阶段，极易被一些信息蒙蔽、遭遇网络安全事件。家长是与未成年人接触最多的人，如果不能及时发现和干预网络对未成年人施加的伤害，很容易造成不可挽回的严重后果，阻碍未成年人的健康成长。调查显示，未成年人在遭遇网络安全事件时向家长求助的意愿呈现下降趋势，"完全会""比较会""有时会"向家长求助的比例均在降低，合计下降了近10个百分点，而"从不会"向家长求助的比重却在上升（见图8）。

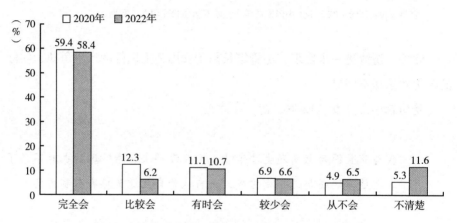

图8 未成年人遭遇网络安全事件时是否会求助家长

资料来源：2006~2022年"中国未成年人互联网运用状况调查"数据。

受访者源源（男，10岁，小学五年级在读）：

我们班有同学在网上给游戏充值的时候被骗过钱，不过金额不大，也没有和家长说，主要是怕被训。

随着互联网的发展，各种包裹在新伪装下的网络安全隐患时时威胁着未成年人的上网安全。家长是保护未成年人上网安全的最后一道防线，如果未成年人不能与家长形成良好的沟通、在遇到网络安全事件时不能及时向家长求助，可能会遇到更多的网络安全问题。

三　对策建议

作为互联网时代的重要成员，未成年人互联网普及率在现今持续提升，调查显示，当前，在家长对于未成年人上网的态度逐渐由严管反对向开明开放转变的同时，互联网使用对学习效能及身体消耗层面的影响分别作为家长长期以来的首要担忧问题以及近年来的关注热点而存在。在此境况下，家长自身网络素养不足造成指导效果不容乐观、监管水平的落后带来代际矛盾激增、沟通疏导的不畅引发安全隐患等系列现实状况成为当前家长在指导和监管未成年人互联网运用中的主要矛盾。在家长观念态度转变与问题尚未得到有效解决的背景之下，家长需要从提升网络素养、更新教育观念、提升用网技能等方面发力，同时政府相关部门、互联网运营企业、社会以及学校和相关学术科研组织等各方主体也要积极支持和配合，形成多方合力，针对家长如何科学合理地指导未成年人运用互联网做出积极回应与支援。

（一）落实责任法定原则，促进网络监护职责落实到具体监护人

家长作为家庭教育的责任主体对自身所承担及必须履行的未成年子女网络监护职责的认识尚存在差距。受到"如何管教子女由家长自身做主""对孩子绝对控制""对孩子放任自由"等极端教育观念和认识误区的影响，同时缺乏对未成年人监护、教育等相关法律条例规范的了解，导致部分家长未曾明确且难以认识到自身在子女网络监管层面所扮演的角色及承担的法律责任。《家庭教育促进法》第四条对于家长在未成年人教育中的定位做出明确规定："未成年人的父母或者其他监护人负责实施家庭教育。国家和社会为家庭教育提供指导、支持和服务。"这就要求，在未成年人使用互联网的过程中，家长须积极主动地对未成年子女充分履行网络监护的职责，在法律层面，对该职责的履行具有强制性。

国家政府部门应充分落实对未成年人网络安全保护的全面保障工作，其中，加强法制宣传、贯彻责任法定原则是整体工作的必要前提和重点任务。基于上述家长职责认识缺口及责任落实的必要性考量，首先，政府部门需要积极开展线上线下相结合的法制宣传活动，利用报刊、网站平台、线上公众号、城市展板、社区宣传栏、村镇广播等宣传渠道，通过相关条例内容展播、法制影片放映、举办知识竞赛等活动，面向未成年人家长重点对《民法典》《家庭教育促进法》等相关法律条文中规定的家长对未成年人应承担的监护责任进行宣传强调，具体到未成年人网络保护领域，强调家长作为帮助引导未成年人科学合理运用网络的关键角色和核心力量。

其次，国家网信办、教育部等定期开展家长如何预防未成年人沉迷网络的教育公益活动，通过召开以未成年人网络监护为主题的公益讲堂、举行家庭教育宣讲大会、展播法制教育宣传片等，贯彻宣传《未成年人保护法》强调的网络保护领域家长作为未成年人核心监护责任人的地位及其被赋予的多种保护未成年人上网安全的积极手段。此外，对于《未成年人保护法》所规定的监护人需合理安排未成年人网络使用时间、监管未成年人个人信息、提供互联网使用相关的家庭教育指导等具体监管内容，相应的线上线下公益讲堂活动也需广泛而深入地涉及，使未成年人家长明确其法律责任和义务，促进未成年人网络监护职责落实到具体监护人。

（二）建设互联网家庭教育资源共享中心，为家庭教育提供资源保障

在教育系统中，家庭教育是整个教育的基础，其重要性不言而喻。《家庭教育促进法》通过法律约束和强化措施，将传统家庭教育所认为的"家事"范畴上升至当下时代的重要"国事"问题①，一方面凸显了家庭教育之于国家整体教育事业和社会发展的突出地位，另一方面也力在解决长期以来

---

① 刘薇薇、赵士谦、金雨时：《新时代家庭教育价值转向与实践进路——基于〈家庭教育促进法〉的分析》，《教育观察》2022 年第 36 期。

以家庭为单位的教育质量参差不齐、教育资源悬殊、教育观念缺乏科学性、教育模式缺乏先进性等问题。

解决在当下社会普遍存在的家庭教育资源不均的问题是提升我国家庭教育整体水平的重要切入口。在对未成年人互联网运用问题的教育监管层面，受地域、经济水平、受教育程度等多种因素的影响，家长在未成年子女的网络监护与指导这一问题上持有的观点理念不一，监管方式和行为存在不同程度的局限性，同时，家长自身的互联网使用水平差别较大，可获取的教育资源更是存在很大差距。基于此，解决上述问题的一大关键举措是构建互联网家庭教育资源共享中心，促进先进教育理念、科学监管模式、健康指导路径等家庭教育资源在不同地区、不同阶层、不同行业及不同群体组织间的互通互补、互惠互助，从而提升家长对于未成年子女在互联网使用层面的家庭教育能力和水平，促进家庭教育质量的提高。

建设互联网家庭教育资源共享中心需要多方力量的支援和合作，其中，互联网企业具有践行该项举措的先行力。首先，互联网运营企业作为网络信息和网络服务的提供者，是未成年人网络保护的重要主体，应更多承担未成年人网络监护职责，保持强烈的企业社会责任感。在构建互联网家庭教育资源共享中心这一进程中，互联网运营企业可联合家庭教育公益基金会及相关服务机构，以网络直播形式或开展线下宣讲会，向家长免费讲授基础网络知识、常用网络技能等相关内容，帮助其掌握必备的互联网常识和能力。

其次，各大游戏厂商、网络直播平台及短视频平台等应同步积极承担未成年人网络保护的社会责任。各类互联网厂商及平台应从网络游戏软件、网络运行程序及网络平台载体自身出发，对内需加强技术保护和风险监测，完善未成年人"防沉迷"体系，保障软件、程序及平台内部的合法化、规范化；对外，则针对未成年网络用户的监护人推出参考信息提示，通过可读性文字说明、详细步骤指示以及可视化操作图示等辅助未成年网民监护人完成安装过滤软件、选择适用未成年人的信息服务模式等技术工作，并及时过滤和抵制对未成年人构成网络病毒攻击、风险漏洞侵害等信息，实现有效监管。

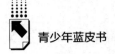

此外，互联网线上教育平台作为当前可利用的在线资源在构建互联网家庭教育资源共享中心中扮演着极为重要的角色。在互联网深入发展的当下，需要充分发挥线上平台的积极作用，利用线上平台资源获取便捷、传播高效、覆盖范围广、准入门槛低等优势，可借助线上教育平台发布以未成年人网络保护为主题的家庭教育知识系统课程，对互联网家庭教育理念、科学监管方式建议、具体监护行为操作、基础互联网技能指导等模块，逐章逐节进行课程教学和引导。同时，还可通过微信公众号线上家庭教育心得等资源推送、抖音等短视频 App 创建知识共享账号以发布相关的短视频或开展直播分享等形式，拓展家长在未成年人使用互联网问题层面的教育知识接收范围，为其提供科学的家庭教育理念和方法。

（三）融入社会第三方协作，加强家庭教育指导的作用发挥

加强对未成年人互联网使用的监管与保护是个系统工程①，单纯依靠家庭教育是不可取的，积极融入社会协作是推动该项工程顺利进展的必要之举。在家庭对未成年人的监护担负主体责任之外，社会第三方力量作为补位者，也应当承担部分支持、引导和配合家庭教育的工作和责任，以解决在部分未成年群体中家庭教育不足乃至缺失的问题。加强家庭与社会的相互协同和联动、共同搭建未成年人网络监护网络，形成促进未成年人科学有益地使用互联网的共识和合力显得尤为必要。

在社会各方资源的调动中，社区毋庸置疑地扮演了极为重要的角色。通过在社区摆放以未成年人网络家庭监护为主题的教育宣传展板、发放未成年人网络安全及家庭监护指南手册、定期更新社区公共区域的板报横幅等方式，加强对未成年人家庭教育的正向宣传与引导，使全社区形成重视未成年人网络监护、科学进行家庭教育的健康氛围和良好环境。与此同时，社区需积极开展社区公益大讲堂、家庭教育主题沙龙等活动，使得在社区范围内的

---

① 牛凯、张洁、韩鹏：《论我国未成年人网络保护的加强与改进》，《青少年犯罪问题》2016年第 2 期。

未成年子女监护人可在亲身学习和参与中得到更为深刻的启发，从而在家庭教育中发挥更大的效能。此外，可发挥社区民警在社会第三方宣传中的有力作用，进行"民警—居民"面对面讲解未成年人所遭遇的网络诈骗、人身攻击、隔空猥亵、账号盗取等有关网络安全风险隐患的实际案例，从而进一步凸显未成年人网络监护的重要性，使其受到高度重视，并逐步在耳濡目染的过程中深入人心。

与此同时，健全并完善覆盖城乡的家庭教育指导服务体系是缓解社会整体家庭教育矛盾的有益措施。在城乡社区职能部门的统筹、组织与规划之下，设立家庭教育指导服务站点，推行社区家庭教育指导服务工作制度，发动社区志愿服务组织、社会工作者群体等的力量，在集中培训与分工配合下，力求将未成年人社会交往、网络运用、风险应对等家庭教育的科学方法深入传播到街道、社区，形成全社会支持、指导和维系家庭教育的良好氛围，增强全社会对未成年人成长发展的重视，发挥社会层面对未成年人健康成长保驾护航的重要作用，共同筑牢未成年人网络安全"防尘网""防火墙"[1]。

（四）发挥学校教育的优势，通过家校协同共建形成育人合力

家庭教育是国民教育体系的重要组成部分，是学校教育的基础和前提，促进家庭教育与学校教育相结合具有理论支持和现实意义。在教育进程中，家庭始终作为未成年人的"第一课堂"而被定义，而在其中，家长则为其"第一任老师"，家庭教育对个人的态度性格、习惯培养等具有极为重要的奠基作用。而学校教育作为与家庭教育相互依赖和相互联系的部分，是未成年人接受教育、集中学习的另一重要阶段。因而，落实到未成年人互联网使用和网络安全监护层面，发挥家庭与学校的双重教育作用、加强家校协同共建是促进未成年人健康成长和可持续发展的有益探索。

---

① 尤伟琼、李涛：《〈未成年人保护法〉视域下的"六大保护"》，《中国民族教育》2021年第6期。

学校作为专业理论和教育经验的集合方，应在家校协作共建中承担"主力军"的责任。一方面，学校可面向校内家长群体成立专门化的家庭教育咨询和服务中心，并设立专职服务人员，为家长群体提供提出问题和寻求解决方法的窗口，以回应广大家长在家庭教育中普遍存在的困惑或针对性解决部分家长群体所遇到的难题。另一方面，学校可积极开设家庭教育指导课程，将家庭教育指导服务纳入学校工作计划和教师业务培训①，通过在线课程讲授或教师实地家访等多种形式，统筹学校教育资源，不断普及和推广有关家庭教育的知识和经验，从而加强对学生家长或其他监护人的家庭教育教学支持和保障。

发挥高校及学术科研组织在家庭教育领域理论和实践研究的作用，助力提升家庭教育的系统化、科学化和专业化程度。以经验为主导的家庭教育模式缺乏对所存在和暴露出的普遍性问题的归纳总结，同时更缺乏对表象问题背后深层逻辑的深入探究和解释。而高校及相关的学术科研组织可依托其专业的学术研究人才队伍、团队组织以及学术资源，在家庭教育领域的现状分析、原因阐释及解决路径等方面展开学术研究，从而将研究所得的成果反馈至现实运用之中，为以家庭为单位的教育主体提供强有力的理论支撑和对策建议。②

（五）互联网平台应开发更多亲子交流功能，畅通家长与未成年人的双向沟通渠道

互联网相当于一部囊括海量信息的智能化百科全书，对未成年人身心成长与个人发展有着重要意义和深远影响，家长对互联网的认识逐渐深化并有所改观。互联网信息量之大、传播交流方式之便捷、延伸触及范围之广、更新速度之快等显著特征使其成为未成年人开阔视野、认识世界的重要窗口，

---

① 《中国儿童发展纲要（2021-2030年）》，2021年9月27日，https：//www.nwccw.gov.cn/2021-09/27/content_295436.htm，最后访问日期：2023年4月13日。

② 《中国儿童发展纲要（2021-2030年）》，2021年9月27日，https：//www.nwccw.gov.cn/2021-09/27/content_295436.htm，最后访问日期：2023年4月13日。

同时针对未成年群体来说，互联网线上资源的不断丰富和扩充、在线学习功能的逐渐增强和完善，使其作为未成年人在校教育的补给站、日常学习的好帮手而被不断挖掘和肯定。因而基于对以上实际情况的考量和认证，未成年人家长也逐渐认识到了互联网对于子女成长发展所发挥的有益效能，在对未成年子女使用互联网的态度层面发生积极转变的同时，其自身与子女以互联网为媒介、以社交平台为依托的联系和交流也逐渐增多。

然而，在沟通更为便捷和频繁的互联网新时代，由于家长与子女之间存在观念与技术层面的较大差异和矛盾，家庭代际冲突更为剧烈。一方面，子女在互联网平台所进行的各类活动，具体到其发布信息的内容、形式、时间甚至是表情包均会给家长带来不同程度的担忧、怀疑或不满；另一方面，家长在接收到由子女传输的此类消息后，又依靠其自身的互联网使用技术水平，借助社交媒体对其个人情绪及子女教育观点予以发布和传播。[①] 由此，未成年子女与家长的代际差异问题在互联网平台和社交媒体的"助攻"下进一步激化，随之产生的矛盾、争执与冲突也相继增加，因此构建家长与未成年人的双向沟通渠道，发挥沟通的积极效益，是解决矛盾、缓和冲突的重要途径。

在尊重的基础上加强家庭互动以培育良好的亲子关系是畅通家长与未成年子女双向沟通渠道的积极尝试。首先，家长科学把握未成年人的身心发展规律，密切关注未成年人的身心发展进程，积极了解未成年人在成长不同阶段的心理需求，是"家长—子女"双向沟通渠道得以初步构建的前提。在家庭教育中，家长需要认识到未成年人身心发展所具有的稳定性和可变性，遵循其生长发育的客观规律和个体差异[②]，进行以尊重未成年子女人格尊严为基础的沟通交流，从而在家长与子女的良好互动中实现双方的同步成长。其次，构建平等、开放、和谐的家庭互动机制有利于强化沟通在缓和与改善家庭成员关系中的重要作用。通过开展家庭范围内多种形式的亲子活动，增

---

① 陈爱华、沈孟婷：《社交媒体对我国核心家庭成员关系的影响分析》，《湖北理工学院学报》（人文社会科学版）2022 年第 6 期。

② 康丽颖、李媛：《家庭教育当合"规"合"道"》，《人民教育》2021 年第 22 期。

加家长对未成年子女的陪伴时长，加强家长与未成年子女在高质量陪伴过程中的沟通交流，以此实现双方意见的积极交换，使家长明确孩子的用网目的与需求，并加以合理引导，从而完成双方诉求的有效表达，增强家庭亲子关系的良性互动。

此外，面对各类互联网安全隐患和网络风险，科学引导是关键。在关于未成年人安全使用互联网的教育中，家长应跳出传统的、专断的教育思维，不断更新家庭教育观念，从一味地对未成年子女施以强制性规定转变为合理规定与科学引导二者的相得益彰。作为社会知识和实践经验更为丰富的成年群体，家长需尽早告知未成年子女网络安全风险与隐患的具体内容、表现形式以及应对措施，以易于其理解和接受的方式及时丰富和完善未成年人在该问题上的认知储备，从而使未成年人树立网络安全防范意识和自我保护意识，并在语言沟通和意见交换的过程中建立未成年子女与家长之间的信任机制，强调家长在未成年子女网络安全保护中所扮演的重要角色和所处的重要地位，引导未成年人在遇到网络安全事件时及时向家长寻求帮助，从而最大限度降低网络安全隐患所带来的不良后果及影响。

（六）学校可以为家长开设公共教育课堂，督促引导家长自觉提高媒介素养和互联网运用技能

未成年人作为"数字原住民"与其作为"数字移民"的家长间存在的矛盾是有关未成年人上网问题中较难解决的一大矛盾。一方面，未成年人作为当前社会"土生土长在数字时代的孩子"，一切智能穿戴设备近在手头，电子书包、平板电脑、智能手机、AI 手表等设备的使用使其已然具有"赛博格人"即电子人的生命特征①，未成年人在长期接触、高频依赖互联网的过程中往往处于新技术的领先地位、新观念的引领地位甚至新规范的制定地

---

① 邹红军、柳海民：《重新认识儿童：论"数字土著"的四维特征》，《教育研究与实验》2022 年第 2 期。

位①，但尽管如此，仍旧无法避免未成年群体身心发育尚不成熟、辨别能力及自制力不强等阶段特征；另一方面，作为具有监管和引导能力的家长一方，由于其自身互联网媒介素养的不足、监护观念和监管水平的落后、网络运用技能的欠缺等因素，在对未成年子女互联网运用层面的影响不断降低、监护效果不断削弱。因而要避免两者间的矛盾激化，社会面应通过媒体、互联网平台、社会专业组织和社区管理机构，大力教育倡导督促家长自觉提高自身的网络素养和互联网运用技能，这也是解决该问题的一个突破口。

家长作为未成年子女监管的第一责任人，应充分做到身体力行、以身作则。在日常，家长需践行健康良好的生活言行规范，不受互联网虚拟世界中不良风气的影响，正确参与网络互动，健康文明用网。同时，家长自身需避免沉迷网络和抵制网络两大极端，坚持适度上网的原则，主动承担起为未成年子女树立科学健康用网的良好榜样、教导未成年子女正确上网的重要责任。

在规范自身生活习惯及用网行为的基础上，未成年人家长应保持学无止境的观念和态度。在当前在线教育热潮不减、精品课程频繁推出的社会背景下，未成年人家长可充分挖掘和利用互联网资源，依托慕课、网易公开课等在线课程积极学习网络素养理论知识及互联网相关技能，了解和掌握重点网络平台的辅助监管功能，如腾讯推出的促进未成年人健康上网的成长守护平台及游戏健康系统等，在提高自身的网络素养能力的同时更好地为未成年子女的用网安全保驾护航。

参考文献

季为民：《互联网媒体与青少年——基于近十年中国青少年互联网媒体使用调查的

---

① 陈钢：《父母在儿童网络素养教育中的角色分析》，《青少年研究（山东省团校学报）》2013 年第 3 期。

研究报告》，《青年记者》2019 年第 25 期。

刘薇薇、赵士谦、金雨时：《新时代家庭教育价值转向与实践进路——基于〈家庭教育促进法〉的分析》，《教育观察》2022 年第 36 期。

牛凯、张洁、韩鹏：《论我国未成年人网络保护的加强与改进》，《青少年犯罪问题》2016 年第 2 期。

尤伟琼、李涛：《〈未成年人保护法〉视域下的"六大保护"》，《中国民族教育》2021 年第 6 期。

陈爱华、沈孟婷：《社交媒体对我国核心家庭成员关系的影响分析》，《湖北理工学院学报》（人文社会科学版）2022 年第 6 期。

康丽颖、李媛：《家庭教育当合"规"合"道"》，《人民教育》2021 年第 22 期。

邹红军、柳海民：《重新认识儿童：论"数字土著"的四维特征》，《教育研究与实验》2022 年第 2 期。

陈钢：《父母在儿童网络素养教育中的角色分析》，《青少年研究（山东省团校学报）》2013 年第 3 期。

B.6
教师对未成年人互联网运用的态度变化

季为民 汪文*

摘 要： 本报告基于 2007 年、2014 年和 2022 年"中国未成年人互联网运用状况调查"数据和共青团中央 2021 年中国未成年人互联网使用情况调查数据，对教师对未成年人互联网运用的认知及态度变化进行分析。研究发现：教师对未成年人用网总体态度趋向开放，关于网络对未成年人学习和生活影响的认识较为明确等。此外，教师对未成年人用网的行为存在监督缺位等问题。建议教师给予学生充分的人文关怀；重视未成年人身心健康，合理规划线上学习时间，更多安排线下学习；主动加强网络教育，培养高素质数字公民。

关键词： 未成年人 教师 互联网 态度变化

中小学生作为网络下成长起来的一代，是用网的主要群体之一。学校作为中小学生系统学习文化知识和社会技能的主要场所，在中小学生成长过程中发挥着不可替代的作用。中小学生所处的未成年时期是一个人成长的特殊时期，作为学校教育的实施者，教师对未成年人的健康成长发挥着至关重要的作用，其言传身教对未成年人的心理和行为有着直接的影响，尤其是教师

---

* 季为民，中国社会科学院大学教授、博士生导师，中国社会科学院新闻与传播研究所媒介传播与青少年发展研究中心主任，中国社会科学院工业经济研究所副所长、研究员，主要研究方向为马克思主义新闻学、新闻伦理、青少年；汪文，中国社会科学院大学新闻传播学院 2020 级本科生。

对于互联网的态度对未成年人互联网运用同样有重要的影响。

本报告以"中国未成年人互联网运用状况调查"2007年、2014年和2022年数据（以下简称 ** 年调查）和共青团中央2021年中国未成年人互联网使用情况调查数据（以下简称团中央调查）为基础，对教师关于未成年人互联网运用的态度变化及其影响进行了分析，并就三方面的内容做了报告：一是教师对未成年人互联网运用的认知变化及其影响；二是教师对未成年人互联网运用行为的影响、存在的问题及原因分析；三是有关对策建议。

一　教师对未成年人互联网运用的认知及变化

（一）总体态度趋向开放，支持未成年人网络运用

1. 基本态度由反对转为支持

在2007年调查中，5%的教师对未成年人上网持非常反对态度，22.7%的教师对未成年人上网持比较反对态度，42.7%的教师对未成年人上网持"无所谓"态度，仅有24.5%的教师比较支持未成年人上网，5.1%的教师非常支持未成年人上网。而在2014年的调查中，仅有1.0%的教师非常反对学生上网，11.1%的教师比较反对未成年人上网，43.4%的教师对未成年人上网持"无所谓"态度，更多的，有40.4%的教师比较支持未成年人上网，4.1%的教师非常支持未成年人上网（见图1）。以上数据反映了教师对于未成年人上网的态度从质疑反对到支持理解的变化。

2. 对未成年人上网年龄低龄化逐渐持开放态度

对于未成年人最适合上网的年龄段，在2007年的调查中，有7.5%的教师认为未成年人在读小学的时候上网合适，19.6%的教师认为初中上网合适，31.4%的教师认为在读高中的时候上网合适，还有16.7%的教师认为在以上年龄段上网都合适，21.0%的教师认为在以上年龄段上网都不合适，3.8%的教师选择了其他。而在2014年的调查中，13.1%的教师认为未成年

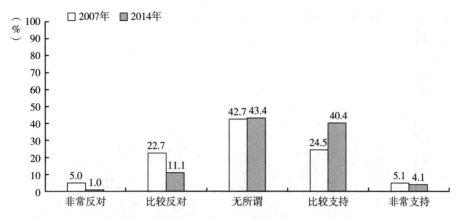

图1　教师对未成年人互联网运用总体态度

资料来源：2007年、2014年"中国未成年人互联网运用状况调查"。

人在读小学的时候上网合适，19.2%的教师认为初中上网合适，22.2%的教师认为在读高中的时候上网合适，40.4%的教师认为在以上年龄段上网都合适，仅有3%的教师认为在以上年龄段上网都不合适，还有2.1%的教师选择了其他（见图2）。这说明，越来越多的教师对于未成年人用网触网低龄化趋向持开放态度。多数教师对未成年人上网的态度较为积极，这一正面积极态度对引导未成年人更好地使用网络更为有益。

3. 对未成年人使用手机等移动上网设备存在一定担忧

大部分未成年人都拥有自己的上网设备。手机是未成年人最主要的上网设备。2022年调查数据显示，有91.1%的未成年人使用手机上网。而教师对于未成年人使用手机上网一直存有担忧和疑虑。2014年调查数据显示，在"总的来说，您对学生使用手机上网的态度"选项中，仅有1%的教师表示非常支持，8.1%的教师比较支持，持一般态度的教师占32.2%，比较反对的教师占11.1%，非常反对的教师占比为1.0%。这表明，教师对学生使用手机的态度较为谨慎，存有疑虑和担忧。

随着新型智能设备的发展，未成年人接触到了更多的新型上网设备。2022年调查数据显示，有5.5%的未成年人会使用小度音箱、天猫精灵、Alpha蛋等机器人设备上网，有6.2%的未成年人使用智能手表。在团中央

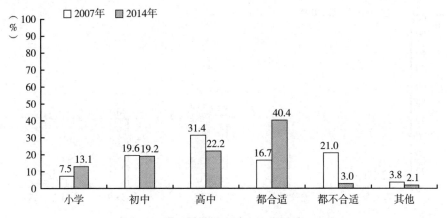

图2　教师认为未成年人上网合适的年龄

资料来源：2007年、2014年"中国未成年人互联网运用状况调查"。

的调查中，有21.7%的未成年人使用智能台灯，有16.4%的未成年人使用词典笔，而有79.0%的教师认为智能手表、智能音箱、词典笔等新型智能上网设备存在安全风险。尽管新型智能网络设备给未成年人的学习生活带来了便利，但不同设备在未成年人信息内容、隐私安全等防护方面还有不足，缺少规范标准，未成年人对网络设备的广泛使用存在一定的信息安全风险，这引起了教师群体的广泛担忧。

（二）关于网络对未成年人学习和生活影响的认识较为明确

1. 在网络对未成年人学习和生活影响的问题上认识更为谨慎

关于上网给未成年人的学习和生活所带来的利弊的看法，在2007年的调查中，有6.6%的教师认为利绝对大于弊，有22.7%的教师认为利相对大于弊，33.5%的教师认为利弊相当，而22.2%的教师则认为上网对未成年人来说弊相对大于利，15.0%的教师认为弊绝对大于利。而在2014年的调查中，有1.0%的教师认为利绝对大于弊，有13.1%的教师认为利相对大于弊，45.5%的教师认为利弊相当，而32.2%的教师则认为上网对未成年人来说弊相对大于利，7.1%的教师认为弊绝对大于利，还有1.1%的教师并不清楚上网对学生的影响。数据显示，认为互联网给学生带来的影响弊大于利的教师比例大幅增加，教师群体在互联网对未成年人群体学习生活影响的判断上更加谨慎，持互联网利弊相当意见的比例最高，可见互联网使用对未成年人是一把双刃剑。

2. 对未成年人上网所担心的问题多样，主要是不良信息和上网成瘾

教师对未成年人上网所担心的问题较为多样。在 2007 年的调查中，有 262 人次认为最担心未成年人接触网上的消极思想，有 354 人次认为最担心未成年人接触网上的色情信息，有 140 人次认为最担心未成年人接触网上的暴力内容，还有 331 人次最担心上网会耽误未成年人学习时间，253 人次最担心未成年人在网上结交不良朋友，此外，还有 27 人次担心未成年人经常上网会花费太多钱，106 人次担心未成年人在网上受到欺骗。

而在 2014 年的调查中，有 69 人次认为最担心未成年人接触网上的不良信息，有 52 人次最担心上网会耽误未成年人学习时间，73 人次担心未成年人玩游戏或者聊天会上瘾，40 人次担心未成年人长时间上网损坏身体或眼睛，24 人次最担心未成年人在网上结交不良朋友或坏人，还有 1 人次担心未成年人经常上网会花费太多钱，18 人次担心未成年人在网上受到欺骗。

这表明，教师对未成年人上网所担心的问题有多个方面，其中担心人次较多的问题是接触网上的色情信息和玩游戏或者聊天上瘾，大部分教师还担心不当用网会耽误未成年人学习。

（三）明确辅助指导定位，看重家庭的第一责任

2014 年调查显示，多数教师对于自身在管理和指导未成年人上网方面有着非常明确的定位。有 8.2% 的教师认为应当由家长全权负责未成年人的网络使用，有 77.6% 的教师认为应当以家长指导管理为主、老师指导为辅，还有 12.1% 的教师认为家长和老师对未成年人上网的指导和管理各半，以及 2.1% 的教师选择了其他或不清楚（见图 3）。可以看到，多数教师都认为，在管理和指导未成年人上网方面，家庭是第一责任人，教师要辅助家长对未成年人上网进行指导教育。

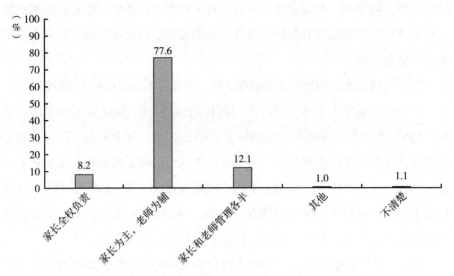

图3　2014年教师对指导未成年人上网责任归属的态度

资料来源：2014年"中国未成年人互联网运用状况调查"。

（四）重视未成年人用网安全，强调学生健康上网

1. 较为关注未成年人网络沉迷问题，现实状况比较乐观

调查显示，多数教师对未成年人网络沉迷问题比较关注。在2007年的调查中，有30.5%的教师认为未成年人网络沉迷问题极其严重，已经涉及较大数量的未成年人；53.7%的教师认为网络沉迷问题涉及一定数量的未成年人，是一个值得关注的问题，但还没有那么严重；5.3%的教师认为网络沉迷目前只涉及极少数未成年人，并不值得大惊小怪，网络沉迷是严重问题的说法只是小题大做；还有10.5%的教师认为没有可靠的调查结果可以证明，沉迷网络是否在未成年人中较为普遍还不好说。

而在2014年的调查中，有38.4%的教师认为未成年人网络沉迷问题极其严重，已经涉及较大数量的未成年人；52.5%的教师认为网络沉迷问题涉及一定数量的未成年人，是一个值得关注的问题，但还没有那么严重；此外还有8.1%的教师认为没有可靠的调查结果可以证明，沉迷网络是否在未成

年人中较为普遍还不好说；1.0%的教师选择了不清楚。由此可见，多数教师对未成年人群体都表达了对未成年人网络沉迷的担忧，但与其他问题相比，网络沉迷仍属于次要问题。

根据2007年调查数据，教师认为在自己学校中，因沉迷网络而在心理和行为上出现了如逃学、成绩下降、性格变坏等问题的学生数量有50个以上的占8.7%，50个左右的占1.7%，40个左右的占2.0%，30个左右的占2.6%，20个左右的占6.1%，10个左右的占11.0%，6~9个的占6.1%，4~5个的占18.3%，2~3个的占33.1%，而1个的占5.5%，学校中没有出现严重问题的学生的情况占4.9%。这说明，多数未成年人使用网络较为适当，虽然学生网络沉迷的比例不高，但也要高度关注。

2. 对不良信息带给未成年人的负面影响认识得更加明确

网络上的不良信息，可能会诱使未成年人产生一些不健康的思想或不良行为。2007年调查显示，有17.4%的教师非常同意网络上的不良信息会使未成年人产生不健康的思想，50.3%的教师比较同意这一观点，21.7%的教师持一般态度，8.4%的教师不太同意这一观点，2.1%的教师极不同意，还有0.1%的教师不清楚。而在2014年，则有64.3%的教师非常同意这一观点，32.7%的教师比较同意这一观点，3.0%的教师不太同意。对于"是否赞同网上的不良信息，可能会导致未成年人现实中的不良行为"问题，则有57.3%的教师非常同意，37.5%的教师比较同意，5.2%的教师不太同意。越来越多的教师意识到了网络上的不良信息对未成年人思想和行为习惯的负面影响和危害。

3. 在强调未成年人自身因素的同时，注重父母和教师对他们上网的引导作用

2007年调查数据显示，对于"未成年人经常上网，是使他的思想更容易成熟，还是使他更容易接受不良思想，关键在于他自身"这一认识，有8.9%的教师非常同意，还有41.1%的教师比较同意，25.4%的教师认为一般，还有24.6%的教师选择了不太同意或者极不同意。

多数教师都认为尽管家长和教师可能对互联网不如未成年人懂得多，但

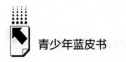

仍是正确引导未成年人上网的首要主体。这在2007年和2014年的调查中都有体现。2007年调查数据显示，有5.6%的教师非常同意这一点，有26.4%的教师比较同意。2014年调查数据显示，有13.5%的教师非常同意这一点，有55.2%的教师比较同意，仅有20.8%的教师不太同意，以及10.5%的教师极不同意这一点。这表明，教师群体非常注重自身和家长对未成年人正确健康上网的引导作用。

4. 注重发挥法律、技术等因素的作用以保障未成年人健康上网

2014年调查数据显示，关于"在您看来，要保障未成年人健康上网，当前最需要解决的问题是什么?"，有25.3%的教师选择了通过技术手段保障未成年人健康上网，选择的人数最多，其次是通过法律来保障未成年人的网络使用，有20.2%的教师选择了该项，然后是加强对整个互联网内容的监管，有19.2%的教师选择，还有14.1%的教师选择了加强未成年人的道德规范教育，11.1%的教师选择了加强对未成年人互联网使用的指导和培训，10.1%的教师选择了建立未成年人网络应用专属空间。多数教师认为，法律的完善、技术的进步、监管的加强是促进未成年人健康上网的优选，然后是对于未成年人加强道德规范教育和互联网使用的指导培训。

（五）对未成年人网络素养的重视程度有所提高

网络素养课程能够专门教育引导未成年人甄别和正确使用新媒体。完善网络素养教育课程体系，确保课程内容的全面性和系统性，建立网络素养教育标准和评估体系，能够有效引导未成年人正确上网、科学上网、健康上网。2014年调查显示，对于是否有必要开设媒介素养课程，有60.6%的教师认为极有必要，有34.3%的教师认为较有必要，还有4.0%的教师认为一般，仅有1.1%的教师表示不太必要（见图4）。可以看出，作为学校教育的重要组成部分，网络素养教育也日益受到重视。此外，有84.6%的教师表示学校为学生设置了网络安全教育课程，有97.7%的教师表示会对学生进行一定程度的网络安全教育。

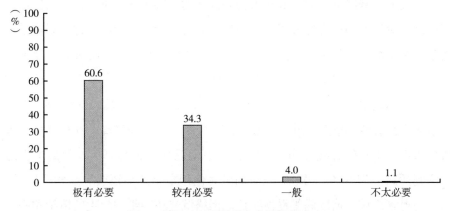

图4　教师对开设媒介素养课程的态度

资料来源：2014年"中国未成年人互联网运用状况调查"。

二　当前教师对未成年人互联网运用行为的影响及问题

（一）部分教师对未成年人用网的监督引导存在缺位现象

网络沉迷是指个人无法控制自己使用网络的时间和频率，导致工作、学习和社交等方面出现明显损失。未成年人群体由于经常需要使用互联网完成作业、查询资料、和同学交流等，因此更容易沉迷网络。团中央调查数据显示，2021年我国未成年网民规模达1.91亿，未成年人互联网普及率达96.8%。而在2022年"中国未成年人互联网运用状况调查"中，9087位受调查的未成年人表示自己在近半年内使用过网络，其中有52.7%的未成年人表示在周末或节假日会上网2个小时及以上。不难看出，有一部分学生已经出现明显的网络沉迷状况。

2007年调查数据显示，仍有53.7%的教师认为网络沉迷"涉及一定数量的未成年人，是一个值得关注的问题，但还没有那么严重"；2014年，有52.5%的教师持相同观点。这表明，部分教师对学生网络沉迷问题的重视度不高，进而一定程度上弱化了对未成年人用网的监督引导。

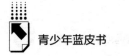

事实上，网络沉迷对未成年人身心健康的危害十分严重。长时间使用电子产品会对学生的视力造成损伤，引发眼疲劳、近视等问题，进而影响学生的学习和生活。2022年的数据显示，有47.2%的未成年人表示上网分走了不少学习时间，52.2%的未成年人表示自己比以前更爱待在家里了，运动减少了。他们之中，有61.3%的未成年人表示自己眼睛近视，仅有38.7%的学生表示没有或不清楚。并且近视率随着年级的增长而增高。在被调查的未成年人中，小学生近视率为39.9%，初中生近视率为64.9%，而高中生近视率则达到了75.6%。另外，长时间坐着使用电子产品还会导致学生肥胖，引发心血管疾病、糖尿病等慢性疾病。网络沉迷还会影响学生的情绪和心理健康，可能导致学生焦虑、抑郁、孤独等不良情绪。

（二）教师多依赖网络辅助教学，一定程度上对学生学习能力和思考能力造成冲击

随着"互联网+教育"的发展，线上教学已经成为教师教学的必要手段之一。尤其是2020~2022年，受新冠疫情影响，我国大中小学生无法如期返校复课。在教育部"停课不停学"的号召下，为了保障教学活动有序进行，学校大规模开展线上授课。早在2014年的数据便显示，在各类新媒体教学工具中，有70.8%的教师会经常使用搜索引擎进行教学，有56.8%的教师会经常使用即时通信工具，有58.1%的教师会使用QQ群，有49.4%的教师会经常使用电子邮件，还有40.2%的教师会经常使用音视频节目，42%的教师经常使用微信，91.5%的教师会经常使用PPT等电子课件。这表明，信息技术工具已成为教师群体教学的重要手段。

该现象也在未成年人每天使用电子设备学习时长的数据中得到了印证。2020年国家统计局上海调查总队的数据显示，有51.6%的小学生平均每天使用电子设备学习的时间少于4个小时，而平均每天使用电子设备学习的时间多于4个小时的小学生达到了48.4%；72.4%的初中生运用电子设备的学习时长超4小时，仅有27.6%的初中生平均每天使用电子设备学习的时间少于4个小时（见图5）。

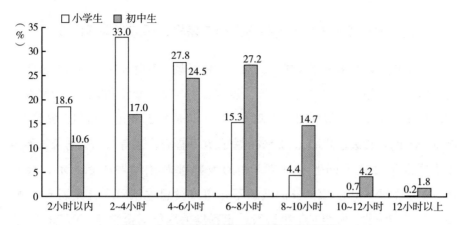

图 5　中小学生每天使用电子设备学习时长

资料来源：2020 年国家统计局上海调查总队《疫情期间大中小学生状况调研报告：小学篇》《疫情期间大中小学生状况调研报告：初中篇》。

　　这也改变了学生学习和思考的方式习惯，产生新的社会问题。比如，学生在利用网络上课时很可能会被其他与课堂无关的网络内容或游戏软件所吸引，借"上网课"之名玩手机，分散注意力，导致学习效率低下，影响正常学习。未成年人沉迷手机网络，还可能引发其他影响和损失。2020年，深圳一名 12 岁的未成年人便借上网课的机会，偷拿父亲手机玩游戏，并给自己的游戏账号充值、给游戏主播打赏，一周内消耗金额便达 14 万元。①

　　此外，过度使用在线教学还可能对学生的学习思考产生影响。在线教学往往缺少互动，教师对学生的实时反应难以把握，教学效果不如线下教学容易掌握。而未成年人的自律能力一般较弱，需要控制在线教学的使用比例，不断改进平台功能，提升在线教学的互动参与效果。②

① 《深圳梁女士的丈夫惊讶地发现银行卡余额少了 14 万元！奇怪的是……》，https：//www. sohu. com/a/377475427_ 757740。

② 《疫情背景下在线教学：存在问题及对策》，https：//www. thepaper. cn/newsDetail_ forward_ 6063562。

（三）教师和家长在用网教育上存在差异，需加强沟通协调

学校和家庭是未成年人成长的两个主要场景，教师和家长则是未成年人成长的主要责任人、监护人。然而，调查数据显示，学校和家庭在用网教育方面存在一些冲突。根据团中央调查，对于未成年人使用的新型上网设备，有 56.8% 的家长表示担心，30.5% 的家长并不担心，还有 12.7% 的家长不知道或是没想过这个问题。而 79.0% 的教师都对该问题表示担心，仅有 15.3% 的教师不担心，5.7% 的教师不知道或没想过该问题（见图 6）。此外，有 97.7% 的教师会对学生进行一定程度的网络安全教育，而 26.8% 的家长表示对互联网懂得不多，7.4% 的家长表示自己不会上网，25.3% 的家长认为自己对互联网存在依赖心理，难免会影响对子女上网的管理效果。可以看出，相较于家长，教师会更加关注对学生用网的教育。

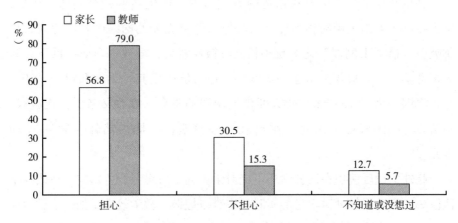

图 6　家长和教师对未成年人使用新型上网设备的态度

资料来源：共青团中央 2021 年全国未成年人互联网使用情况研究报告。

出现这个问题的原因在于没有理顺未成年人互联网教育的家校关系，家长与教师的责任定位没有明确。学校和家庭在未成年人用网教育上的差异和矛盾会使未成年人网络教育难以形成合力，甚至作用相互抵消，使得未成年人无所适从，最终导致"学校一套，家里一套"的分裂问题。

（四）学校网络素养教育存在不足和缺项

作为学校教育的重要组成部分，网络素养教育也日益受到重视。然而，尽管有84.6%的教师表示学校为学生设置了网络素养课程，但学校网络素养课程仍存在一定空缺。大多流于形式，没有真正深入落实到未成年人群体。在2022年的调查中，有34.8%的未成年人表示没听说过也没上过，有33.8%的未成年人表示听说过但没上过，还有16.9%的未成年人表示不清楚，仅有14.5%的未成年人表示正在上或上过。澎湃通过数据分析发现，当前学校教育中的网络素养课程安排和内容设计浅尝辄止，满足不了互联网社会中的实际需求①。具体体现如下。

首先，网络素养教育内容较为单一。当前，大部分学校网络素养课程以素养教育为主，包括如何防范网络诈骗、如何保护个人信息等。这样的课程虽然重要，却无法满足未成年人互联网使用的需要。合理利用网络资源、判断信息的真实性等方法和技巧都是需要课程加强的方面。

其次，网络素养教育的实践操作教学缺乏。许多学校的网络素养课程仅仅是传授理论知识，而缺乏实践操作环节。这样的课程难以激发学生的兴趣和参与，也无法提高学生的实际操作能力。而实践教学则可以让学生通过实际操作，更好地掌握网络素养相关技能。

再次，网络素养教育师资力量较为不足。当前，许多学校的网络素养课程由班主任或其他非专业人士负责教授。这样的教学模式难以保证网络素养教育的质量，也无法提高学生的学习效果。而优秀的网络素养教师则需要具备专业知识和丰富的教学经验。

最后，网络素养教育缺乏系统性。当前，学校网络素养课程缺乏系统性，没有形成完整的课程体系。这导致了网络素养教育的教学方法和教学内容缺乏统一的标准和规范，也难以保证学生的学习效果和教育质量。

---

① 《这有一份中国青少年网络素养调研报告，请查收》，https：//www. thepaper. cn/newsDetail_
forward_ 10600890。

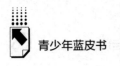
三　对策建议

（一）教师应给予未成年人充分的人文关怀，关注未成年人网络使用，及时了解和满足他们的诉求

未成年人在网络使用中可能会遭遇网络欺凌、网络侵害、网络成瘾等问题，这些问题会对未成年人的身心健康造成影响。因此，教师需要及时给予未成年人人文关怀，重视未成年人的情感需求，建立和谐的互动关系。同时，教师也应该积极引导未成年人正确使用网络，避免其过度依赖网络。

另外，教师应该密切关注未成年人的网络使用，了解未成年人的网络行为和网络交友情况。教师可以与学生一起使用网络，了解学生的网络需求和心理状况，及时发现和解决网络问题。教育部门也应该建立网络监管机制，对学生的网络行为进行监督和管理，防止网络成瘾等问题的发生。

最后，教师应及时调查、倾听学生表达诉求。未成年人的心理和情感状态常常较为脆弱，需要老师的关注和引导。在未成年人遭受网络欺凌、网络侵害等问题时，教师应该及时倾听学生的诉求，给予帮助和引导。同时，也应该通过教育，帮助未成年人树立正确的网络价值观，让未成年人更好地享受网络带来的便利和快乐。

（二）教师应更多关注未成年人身心健康成长，合理规划线上学习时间，更多安排线下学习

随着互联网技术的发展，未成年人在学习和生活中使用网络的频率越来越高，过度使用互联网的问题和风险也愈加显著，未成年人的身心健康也面临着更多的威胁。过度使用互联网会影响未成年人的身心健康，特别是对视力、情绪、学习能力等方面会产生负面影响。因此，教师需要格外关注未成年人的身心健康成长，帮助未成年人形成良好的生活习惯，避免学生过度依赖互联网，保证有充足的睡眠和运动，同时在网络使用上给予其足够的关注和引导，帮助他们更好地应对网络和生活中的问题。

另外，教师需要合理规划线上的学习时间。随着在线教育的普及，未成年人的线上学习时间越来越长，但是过多的线上学习会对未成年人造成不良影响。线下学习是未成年人全面发展的重要组成部分，不仅可以提升学习效果，还有利于通过线下社交互动，促进学生的健康成长。2022年数据显示，未成年人每天几乎没有户外活动的占9.6%，户外活动半小时以内的占20.5%，半小时到一小时左右的占48.2%，而每天户外活动在两小时左右或三小时及以上的仅占21.7%。可以看出学生的户外活动时间相对较少。因此，教师需要合理规划线上线下学习时间，避免未成年人过度使用互联网。可以根据班级教学的实际情况，合理安排学生的学习生活，制定适合未成年人的学习计划和时间表，防止未成年人过度疲劳和学习压力过大。同时，教师在授课中也应该让未成年人明确线上学习的目的和方法，提高学习效率，避免浪费时间，适当安排线下文体活动，如参加体育课、艺术课、社会实践等，让未成年人接触更多的事物和人群，有助于其身心健康和全面发展。

（三）教师在教学实践中应与时俱进，主动提升网络教育能力，培养高素质"数字公民"

在数字化时代，加强网络教育、培养高素质的"数字公民"显得尤为重要。在人类社会化的过程中，教育的功能已从家庭转移到了学校。作为教学主体，教师的教育需要与时俱进，在知识、技术、能力的训练方面为未成年人提供更多的帮助。

早在2015年，加拿大数字与媒体素养中心（Canada's Center for Digital and Media Literacy，又称 MediaSmarts）便发布了"数字素养教育框架"（Digital Literacy Framework），并以此作为从幼儿园到初中阶段的数字素养教育指导标准。相比之下，我国的数字素养教育亟待加强。具体而言，教师要按照适应未成年人接受能力的教育课程体系，开展全面提升未成年人网络知识、网络技能、网络安全、网络创新等多个方面网络素养的教育培训。重点教育未成年人正确使用网络，了解网络的安全知识，避免泄露隐私信息，防

范不良信息和诈骗信息；同时教育未成年人要在网络运用中遵守法律法规，遵循公序良俗，不传播虚假信息。

数字公民行动（Digital Citizenship Action）指的是利用数字技术参与公共事务和社会活动的行动。网络是一个开放、自由、公开的空间。未成年人参与数字公民行动，有利于强化未成年人的社会参与意识和社会责任感，培养未成年人的公民素养和社会实践能力，进而帮助其更好地适应信息化和数字化时代。[①] 教师应该向未成年人介绍数字公民行动的概念和意义，鼓励他们参与数字公民行动。教师可以组织网络调查、网络讨论、数字创新创业活动等，并支持未成年人参与数字化社会建设和网络安全维护等志愿活动，从而提升未成年人的数字素养，提升未成年人的社会责任感和公民素质。

（四）加强家校联合共育，优化交流形式，共同促进未成年人健康用网学习

为了保障未成年人群体的安全和健康，家校应该联合共育，共同保证未成年人健康用网学习。家长应该成为未成年人网络学习的监督者和指导者。了解未成年人的网络学习情况，关注未成年人使用网络的时间和内容；引导未成年人正确使用网络，教育其网络安全知识，如密码保护、隐私保护等，告诫未成年人避免在网络上发布个人隐私信息、不要轻信陌生人的信息。教师则需要提供良好的网络学习环境。配备相应的网络教学设备，开展网络教学，为未成年人提供更加便捷、高效的学习方式。此外，教师也需要为学生提供安全的网络环境，如在线教学时注意过滤网站，避免不良网站和弹窗在上网课时突然弹出，从而避免未成年人接触到不良信息，保障未成年人在网络上的安全。

同时，家校需要共同协商未成年人用网的监管教育，包括为未成年人确定合理的网络运用时间、内容、方式等网络学习规定，并指导未成年人遵守

---

① 《数字素养为青少年插上"未来之翼"》，https：//rmt. eol. cn/2022/05/19/9916272. html。

规定。制定网络使用规定可以让未成年人了解网络的使用规范，规范未成年人的网络行为，避免过度使用网络带来的负面影响。同时，学校和家长应该建立关于未成年人网络学习的交流反馈机制，优化交流形式，建立有效的沟通渠道，及时了解未成年人的网络学习情况和问题，共同协作解决问题。

参考文献

方勇、季为民、沈杰主编《中国未成年人互联网运用报告（2022）》，社会科学文献出版社，2022。

季为民：《互联网媒体与青少年——基于近十年中国青少年互联网媒体使用调查的研究报告》，《青年记者》2019年第25期。

王国珍：《网络素养教育视角下的未成年人网瘾防治机制探究》，《新闻与传播研究》2013年第9期。

余慧菊、杨俊锋：《数字公民与核心素养：加拿大数字素养教育综述》，《现代教育技术》2019年第7期。

郭建斌、高若月：《多少日子里总是一个人面对着屏幕"听课"——网课中"不务正业"行为的传播学解读》，《新闻记者》2023年第3期。

热 点 报 告
Hot Spot Reports

B.7
近五年网络流行语流变中的
未成年人情绪表达

杨斌艳　张宁悦*

摘　要： 网络流行语是社会心态的浓缩，调查显示未成年人在生活中使用网络流行语的人数约占七成。梳理近五年网络流行语的流变可以发现，未成年人通过网络流行语构建身份认同、娱乐消遣，同时也反抗内卷和不平等的社会现实。面对网络流行语可能带来的负面影响，本文建议辩证看待，要给予青少年更多使用语言的空间，将网络流行语转变为文化传播、正面引领未成年人价值观的有效工具，同时也要警惕社会负面情绪渲染对于青少年心理和行为的影响。

关键词： 网络流行语　青少年网络文化　流行文化

* 杨斌艳，中国社会科学院新闻与传播研究所副研究员，中国社会科学院新闻与传播研究所传媒调查中心主任，主要研究方向为舆情与治理、新媒体与社会、青少年与互联网；张宁悦，中国社会科学院大学硕士研究生，主要研究方向为网络舆情、青少年与互联网。

互联网环境催生出了全新的语言种类——网络流行语，即产生于网络空间，在人们线上交流过程中使用频率较高的语言，并且会延伸到现实生活中。年度网络热词就是群众当年生活的浓缩，也是唤醒回忆的标志性总结。网络流行语的使用主体大多是网络中较为活跃的网民，他们大多思维敏捷开放，大胆创新，突破传统语言的规范，创造了大量的网络流行语。未成年人是使用网络流行语的主力军，从中国互联网络信息中心发布的第 51 次《中国互联网络发展状况统计报告》来看，截至 2022 年 12 月，我国整体的网民规模达到了 10.67 亿人，互联网普及率达 75.6%。其中 10~19 岁网民占比 13.5%，10 岁以下网民占 4.2%[①]。网络流行语也逐渐成为一种主流的青少年亚文化，受到广泛关注。但不同于二次元文化、粉丝文化等亚文化，网络流行语与当下社会背景、热点事件等息息相关，因此更新换代快，具有强烈的时代色彩，是当下群众社会心态的折射，而社会心态势必会对"网络原住民"产生影响。同样，青少年对网络流行语的创造和使用也代表了未成年群体对社会公共事件的态度以及情绪。因此关注网络流行语的变迁，是我们了解未成年人网络文化的重要渠道，也是从中窥探未成年人如何与社会连接的重要方式。

一 近五年网络流行语的流变及特征

本文以 2018~2022 年《咬文嚼字》编辑部评选的年度"十大流行语"和国家语言资源监测与研究中心发布的年度"十大网络用语"作为分析对象，具体内容见表 1。《咬文嚼字》是针对社会语言文字应用的刊物，以纠正语文差错、传播语文知识、引导语文生活健康发展为办刊宗旨，每年发布的"十大语文差错"和"十大流行语"都备受群众关注。国家语言资源监测与研究中心由教育部语言文字信息管理司创建，目的在于让更多学者对我

[①] 中国互联网络信息中心（CNNIC）：第 51 次《中国互联网络发展状况统计报告》，2022 年 12 月。

们的语言国情有更多的定量了解，对国家语言资源进行动态的分析与管理，并运用现代化手段加以处理和利用，提高汉语在世界上的影响力。这两家机构都连续十年以上发布年度网络流行语，有着较大的影响力，并且社会认可度高，具有一定的代表性。

表1　公开发布的年度网络流行语（2018~2022年）

年份	国家语言资源监测与研究中心	《咬文嚼字》编辑部
2022	党的二十大、中国式现代化、全过程人民主主、端稳中国饭碗、数字经济、太空会师、一起向未来、我的眼睛就是尺、电子榨菜、俄乌冲突	踔厉奋发，勇毅前行、中国式现代化、新赛道、大白、烟火气、天花板、拿捏、雪糕刺客、精神内耗、沉浸式
2021	觉醒年代；YYDS；双减；破防；元宇宙；绝绝子；躺平；伤害性不高，侮辱性极强；我看不懂，但我大受震撼；强国有我	百年未有之大变局；小康；赶考；双减；碳达峰、碳中和；野性消费；破防；鸡娃；躺平；元宇宙
2020	逆行者、秋天的第一杯奶茶、带货、云监工、光盘行动、奥利给、好家伙、夺冠、不约而同、集美	人民至上，生命至上；逆行者；飒；后浪；神兽；直播带货；双循环；打工人；内卷；凡尔赛文学
2019	不忘初心；道路千万条，安全第一条；柠檬精；好嗨哟；是个狼人；雨女无瓜；硬核；996；14亿护旗手；断舍离	文明互鉴；区块链；硬核；融梗；××千万条，××第一条；柠檬精；996；我太难/南了；我不要你觉得，我要我觉得；霸凌主义
2018	锦鲤、杠精、skr、佛系、确认过眼神、官宣、C位、土味情话、皮一下、燃烧我的卡路里	命运共同体、锦鲤、店小二、教科书式、官宣、确认过眼神、退群、佛系、巨婴、杠精

资料来源：作者根据公开新闻报道及官方网站信息进行整理。

（一）流行语主要类别

综观近五年两家机构公开发布的网络流行语，根据其来源和走红原因，可以将网络流行语划分为以下四个大类。

第一类是网络自发产生的热词，如2021年的热词"YYDS"源于一场游戏直播，主播称赞自己的偶像是"永远的神"，其字母缩略语影响力逐渐扩大，不仅可以称赞人物，还可以赞美国家、机构、事件等；2019年的热词"柠檬精"，最初发展自"柠檬人"，形容某一游戏战队的极端粉丝当其他战队取得较好成绩时说出酸气十足的话①，后因一条微博"人类的四大本质：鸽子精、柠檬精、复读机及真香怪"而爆火。

第二类是源自政治政策的热词，如2022年的"中国式现代化"来自2022年10月16日，党的二十大报告指出"我们党成功推进和拓展了中国式现代化"；2018年的热词"退群"指的是特朗普担任美国总统之后，美国接连退出了很多国际协议或组织，很像网友"退出群聊"，因此群众和媒体用这一词调侃特朗普的行为。

第三类是源自社会热点事件的热词，如2022年的"雪糕刺客"指冰柜里看似平平无奇但价格较高的雪糕，消费者在结账时被这类雪糕的高价"刺痛"，却也不好意思再放回冰柜中；2020年的热词"云监工"来自疫情期间人们通过互联网直播镜头监督武汉"火神山""雷神山"医院的建设情况。

第四类是源自影视剧、综艺台词等文艺作品的词语，如2018年"燃烧我的卡路里"是火箭少女101为电影《西红柿首富》演唱的插曲《卡路里》中的一句歌词；2019年的"我不要你觉得，我要我觉得"是综艺《中餐厅第三季》黄晓明的一句话；"道路千万条，安全第一条"是电影《流浪地球》中反复出现的经典台词，进一步演变成"××千万条，××第一条"。

（二）流行语流变特征

将2018~2022年的网络流行语按照上述分类进行统计，可以看到近五年各类别网络流行语的分布情况和变化趋势（见表2）。

表2　近五年流行语种类占比

单位：%

年份	网络自发产生	源自政治政策	源自热点事件	源自文艺作品
2022	26.3	42.1	31.6	0.0
2021	25.0	43.8	18.8	12.5

---

① 《柠檬：我竟然成精了》，http://www.cssn.cn/skgz/bwyc/202208/t20220803_5458102.shtml。

续表

年份	网络自发产生	源自政治政策	源自热点事件	源自文艺作品
2020	44.4	16.7	27.8	11.1
2019	18.8	18.8	25.0	37.5
2018	40.0	20.0	13.3	26.7

资料来源：作者依据流行语种类自行整理。

1. 体现主流时代精神的词语近两年翻番

从 2018 年的"命运共同体"一直到 2022 年的"党的二十大""中国式现代化"等，可以看到网络流行语中体现时政和主流时代精神的词越来越多。从流行词的占比来看，源自当年政治政策类的词增多，2021 年和 2022 年此类词语所占比例与过去三年相比至少翻倍。这类词的增多与国际和国内背景密不可分。从国际形势来看，2018 年 6 月，习近平总书记在中央外事工作会议讲话上指出"世界处于百年未有之大变局"，中国力量正在崛起，世界版图正在发生变化，中国提出的"构建人类命运共同体""一带一路"等倡议在世界上产生巨大的影响力，大背景的巨变受到国内网友的广泛讨论。从国内形势来看，2020 年新冠疫情后，全球灾难频发，政治、经济、民生等硬话题逐渐成为网民关切的重点。党中央的政策、决策自然成为广大群众期盼和希望的最坚实的依靠，对于政治、时政的重要决策、新提法等，网民高度关注、高度聚焦。在 2021 年、2022 年的网络流行语中能够体悟到"党与人民心连心"。

2. 疫情派生词语成为近三年的重要流行语

2020 年新冠疫情开始后，人们社会活动受到限制，居家时间增多，网络成为人们进行沟通、消遣排解的主要方式，因此从 2020 年开始，网络流行语更为丰富，并且很多都与疫情息息相关。比如 2020 年的"逆行者"、2022 年的"大白"都是指疫情期间奋斗在一线的医护人员和核酸检测人员，这样的称呼体现了群众对这一群体的感激与敬佩。"人民至上，生命至上"是中国共产党"人民至上"的政治品格在疫情防控斗争中的展现。互联网在面对面交往被隔断的现实背景下发挥巨大作用，如在疫情冲击、经济下行的大环境下，各路明星、网红等纷纷通过线上直播的方式进行带货，央视还和头部主播李佳琦合作直播，助力农产品销售，使得直播带货成为疫情背景下拉动消费的重要形式。而网友们也通过观看直播的形式进行消遣，比如观看"央视频"对火神山医院和雷神山医院建造过程进行的慢直播，调侃自己为"云监工"。

3. 正能量词语增多

网络热词和网络流行语以往更多是产生于网络空间和网民群体，多以娱乐、搞笑、自嘲和群嘲为主。可以看到，在 2018 年和 2019 年，有很大一部分网络热词是来自综艺、影视剧等文艺作品，娱乐化词语较多，比如中国的"硬核"科幻片《流浪地球》中的经典台词"道路千万条，安全第一条"爆火，被应用在生活中的各个场景，许多交通执法部门的短视频号都纷纷"玩梗"。而从 2020 年开始，网络流行语开始向正能量进行转化，家国情怀融于网络表达当中。如网友用"破防"一词来表示自己在建党一百周年之际看到国家百年的变化时内心受到的极大触动。在天安门广场庆典上，青年学子的庄严宣誓"请党放心，强国有我"，是青年一代对党和人民许下的庄重誓言，彰显着新时代中国青年的志气、骨气、底气。当然，这也体现了近几年我们在网络舆论引导和网络正能量传播方面的努力和成绩，搞笑、娱乐和嘻哈让位于政治、经济、民生，网民的时间和精力不再被那些无聊所消耗，针对"娱乐至死"网民进行了反思和行动上的改变。

二　未成年人网络流行语使用情况

根据 2022 年"中国未成年人互联网运用状况调查"数据，可以看到未成年人在生活中使用网络流行语的人数大约占到七成（包含经常使用、较多使用、有时使用）。

进一步将受访者按照年龄来进行划分，可以看到高中生有 77.1% 的人会使用网络流行语（含经常使用、较多使用、有时使用），初中生有 67.1%

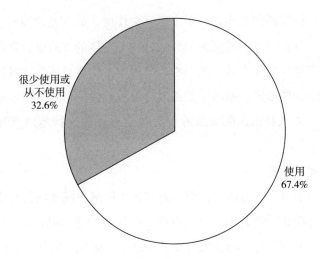

图1 生活中使用网络流行语的频率

资料来源：第11次中国未成年人互联网运用状况调查，2022年。

的人使用，小学生有55.3%的人会使用（见图2）。整体来说，各个年龄段
的人使用网络流行语的都有一定占比，高中生整体多于初中生和小学生。高
中生在信息检索和知识储备方面都有一定优势，更容易接触和理解网络流行
语，再加上高中生的课业压力相对较大，更容易使用流行语调节情绪。

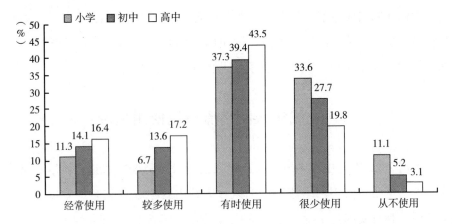

图2 小学、初中、高中的未成年人在生活中使用网络流行语的频率

资料来源：第11次中国未成年人互联网运用状况调查，2022年。

根据 2018 年、2020 年、2022 年三年的调查结果，可以看到近五年内，在生活中会使用网络流行语的未成年人占被调查人数的 50% 以上（包括经常使用、较多使用、有时使用），并有小幅度的增长趋势（见图 3）。并且有 19%~29% 的人会在生活中模仿网络说话的方式（见图 4）。

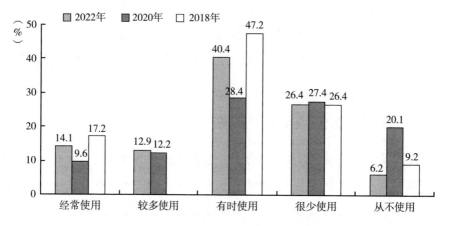

图 3　生活中使用网络流行语的频率的三次调查对比

资料来源：第 9、10、11 次中国未成年人互联网运用状况调查。

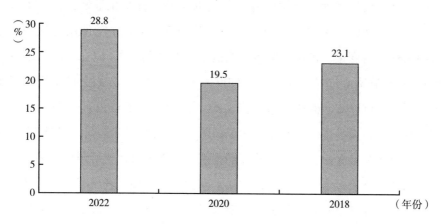

图 4　生活中模仿网络说话方式的比例的三次调查对比

资料来源：第 9、10、11 次中国未成年人互联网运用状况调查。

三　近五年未成年人网络流行语使用呈现的特征

未成年人在使用网络流行语与同辈交往、父辈交往，与社会链接时，这种流行语所承载的文化，也往往会对他们产生影响。网络流行语的使用，反映了未成年人对当下共同价值与规范的感知，也是他们这一群体对于自身生存生活状态的表达。整体而言，近五年，未成年人网络流行语的使用呈现以下特征。

（一）积极使用，构建身份认同

使用网络流行语是青少年实现自我身份认同和群体认同的方式。自我认同是指个体在时空中对自己的能力、信仰和个人历史等具有一致性和连续性的主观感觉和体验①，心理学家埃里克森指出"自我迷茫"和"自我认同"是青少年的必经阶段，因此青少年需要在网络文化中为自己寻找"身份标签"。使用网络流行语是实现认知自我的方式之一。比如"柠檬精"这一热词的走红，正是因为一条微博将"人类的本质"标签化呈现，青少年对这些表达产生认同，主动"认领"身份，并在各个平台主动使用与传播。随着网络热点的变化，青年网民不断地追寻新的"角色"，也在不断地进行印象管理。② 在有相同"身份标签"的群体中，青少年一方面会产生群体归属感，同时也可以体会群体带来的安全感。在青少年群体内部，基于从众心理，青少年会担心自己听不懂同学说的网络语言而难以融入，心里产生挫败感，甚至伤及自尊心，因此主动接触并使用网络用语，获得同伴的接纳。

通过网络流行语，青少年也建立了与社会的链接。网络流行语是网民群体社会境遇和社会心态的折射，即使未成年人当下的生活环境较为简单，无

---

① 王树青、佟月华、苏霞：《社交网站自我呈现与大学生自我认同》，《济南大学学报》（社会科学版）2022 年第 3 期。

② 于鹏亮、付圣：《青年亚文化视域下网络流行语的使用行为与社会心态分析》，《宁夏大学学报》（人文社会科学版）2022 年第 6 期。

法完全体会到广大成年网民在网络流行语狂欢背后的身份危机、意义危机及对社会境遇的焦虑和不满，也并不妨碍青少年群体对某些网络流行语的使用和追捧。比如"内卷"这一热词是打破了年龄圈层的，学生们卷成绩、打工人卷工作时长，人们通过互联网互相交流自己面临的激烈竞争和困境，通过讽刺、调侃的方式获得心灵上的共鸣和彼此安慰。在情感的推动下，青少年也将自己认同为"内卷"大军中的一分子，"内卷"成为青少年中的流行语。

（二）娱乐消遣，自由释放情感

中国青年报社社会调查中心联合问卷网对 1217 名青年进行的一项调查显示，60.6%的受访青年认为网络流行语的使用体现了一种自嘲和娱乐的心态。[①] 青少年同样面临着来自课业、家庭等方面的压力，而在互联网这样较为自在的环境下，匿名性能够让他们得到暂时的解脱。网络流行语的使用能够帮助他们直白地释放情感，通过玩笑、调侃、自嘲等获得放松和娱乐。如"栓Q"这一词最初是广西一位抖音用户在 2022 年 2 月的一条宣传遇龙河竹筏漂流小视频的末尾所说的"thank you"，因为其发音不标准，被谐音为"栓Q"。随后这一词和"我真的xx"句式结合，成为"我真的栓Q"，用来表示无语和非常厌烦的情绪。这一流行语不仅频繁出现在评论区，还会以表情包的形式出现，青少年时常会使用这一短句来吐槽他们无法理解的老师或长辈的行为。再比如"社死"有着两方面含义，一方面指网络暴力、造谣生事等对当事人生活造成的巨大影响，属于严肃的社会事件；另一方面指当事人做了很丢人的事情，在社交圈抬不起头。在互联网匿名性的保护下，网友可以将生活中遇到的难以启齿的尴尬"糗事"大胆地当笑话来分享，而当发现有人的故事比自己还要"社死"，自己可能觉得别扭的心结也会一笑而过。因此用着"柠檬头"和改变声调特效的"社死"故事在网上一度风靡，成为大家茶余饭后的快乐源泉。

---

① 《93.8%受访青年在日常表达中会使用网络流行语》，http：//news. cyol. com/gb/articles/2023-01/11/content_ YOOyLBUmpZ. html。

（三）主动创造，追求"标新立异"

斯图亚特·霍尔曾指出，青年亚文化形成独特的风格，其目的是抵抗主流文化。青少年群体思维活跃，追求标新立异，对于具有规训意味的大众文化会产生叛逆心理，因此主动创造属于自己这代人的"新语言"。现有的许多流行词并非由纯粹规范的母语成分构成，中、英、符号夹杂，呈现圈外人无法解读的多元化特征，最具代表性的即网络缩写语的流行。像"yyds""nsdd""u1s1""pyq"等符号，在电竞圈、饭圈等圈层内使用频率十分高。网民通过对符号的置换和重组，对现有词语进行再构，赋予网络流行语新的内涵，而并未接触过的圈外人，对此会感到一头雾水。当话语表达被固定或被特定社群所接受、使用，就具备了"风格"的意义①，这种最开始小众的网络表达方式如今风靡全网，创造者自身也能获得强烈的满足感。

还有"牛 x""woc"等词语，本身是来自生活中不文明的"脏话"，在青少年成长过程中，家长和长辈都会禁止青少年模仿。青少年通过谐音、缩写等方式在网络上使用，既宣泄了感情，又在符号的掩盖下"避开"了说脏话的"红线"，不仅轻松释放情感，还能够体会到打破传统语言规范的犯禁快感。学者魏晓娟曾指出，对于青少年来说，积极创造和使用网络流行语不仅仅是"跟风"和"从众"心理在作祟，也是展现自己成长的方式，同时还表现出一种耀武扬威、洋洋自得的心态，试图以青少年群体流行的甚至是独有的话语体系与代表权威和尊严的长者和管教者划清界限。②

（四）内卷共鸣，从心态到行动

近年来，以佛系、躺平、摆烂等词为代表的"丧"文化频频成为网络热词，而这类词语的变迁背后蕴藏着网民的心态改变。2018 年的"佛系"

---

① 于鹏亮、付圣：《青年亚文化视域下网络流行语的使用行为与社会心态分析》，《宁夏大学学报》（人文社会科学版）2022 年第 6 期。

② 魏晓娟：《青少年使用网络流行语的心理动因及教育应对》，《当代青年研究》2017 年第 2 期。

发展至今，既继承了"丧"文化中所包含的对于窘迫生活不满的某种叛逆和反抗，也包含了自然舒适、接纳自己、不过分追名求利的平和悦纳，表现出参与者与自身和现实的一种和解，参与者未必会真正放弃积极的生活态度，是一个情绪较为平淡、中性的表达。而 2021 年的热词"躺平"则蕴含更多遁世主义和生存悲观主义的消极意味，[①] 代表一种面对难以逾越的困难，不如直接放弃的无奈感，对于理想已没有了追求的动力。而"摆烂"的情绪更为消极，"摆烂"的本质是拒绝任何长期行为，只追求当下的快感和及时行乐，表现出一种甘愿当废物的逆反心态。[②] 在青少年眼中，与其被外人贴上失败的标签，不如自降人格坦白"摆烂"的态度，也是一种自我保护，充满了"敢冒天下之大不韪"的孤勇桀骜。[③]

这类热词所代表的情绪愈发消极，其背后的原因是社会"内卷"的激烈和巨大的压力。"996""打工人"等热词的走红不仅体现了如今打工族工作的不易，更象征了整个社会中的激烈竞争。不仅是打工人，青少年同样面临高压的学习竞争和面对升学的不确定性，他们的焦虑、无力、无奈、放弃等心理状态也普遍存在。具有惊人天赋的、高智商的人数量有限，在考试、升学、特长等互相比较、竞争下，大部分青少年难以理解人的智力差异化和能力的多样性，而许多家庭却是举全家之力"鸡娃"，未成年人会产生压力、焦虑，以及总不如人的挫败感、自卑感。当这些词语出现时，这个年少的群体，却觉得有十足的认同和共情，而"躺平""摆烂"已经从"丧"的负面情绪，走向了带有行动倾向的"消极避世"的行为。

（五）反讽自嘲，反抗不平等

面对利益格局相对固定化、社会差异明显化的现实问题，许多网络流行

---

① 宋德孝：《青年"佛系人生"的存在主义之殇》，《中国青年研究》2018 年第 3 期。

② 廉思、袁晶、张宪：《成就预期视域下的中国青年发展——基于时间洞察力理论的新认知》，《中国青年研究》2022 年第 11 期。

③ 王鹭、陈志勇：《社交媒体"摆烂"亚文化的价值流变、行为逻辑与调适政策》，《中国青年研究》2022 年第 11 期。

语都表达了对资源分配不平等、向上流动困难的不满。在"易烊千玺被国家话剧院录取"引发的舆论风波中，"小镇做题家"走红。"小镇做题家"一词源于豆瓣小组"985废物引进计划"，豆瓣用户"水果糖"在小组总结中称，"小镇做题家指的是出身小城，埋头苦读，擅长应试，缺乏一定视野和资源的青年学子"。"小镇做题家"的产生是城乡区隔、文化区隔、教育区隔、心理区隔的必然结果。① 不同的起跑线带来的巨大信息差成为"寒门学子"难以突破的固化藩篱。而这一热词在网络上也引起许多青少年的共鸣，他们也通过讲述，来感慨自己"走出浪浪山"所付出的艰辛，表达对既有社会阶层固化的不满以及对资源公平的希冀和渴望。

此外，疫情期间由于防控的需求，大部分学校都采取封闭管理的措施。长达三年的封控对于许多学生来说，丧失了很多拥抱自由生活的机会，成为青春成长过程中的遗憾。尤其面对"只封学生，不封工作人员"的执行问题，学生表示难以接受。因此"学生哪有不'封'的，强撑罢了"这一流行语通过谐音梗的方式在学生之间广为流传。学生通过调侃、自嘲的方式疏解焦虑，同时也是对不公平不合理的封控政策表示不满。而过去三年通过网课学习的学生，通过网络的交流更为迫切，他们对于网络流行语的接触和使用也更加频繁。"玩梗"在未成年人群体中也变得更为普遍和流行。

四　潜在问题

网络流行语的产生和普及，是适应时代发展和变换的必然产物，北京语言大学对外汉语研究中心助理研究员饶高琦指出，"什么样的语言生活，塑造什么样的语言样态，也就培育什么样的语言能力"。② 尤其青少年本身其实对于网络流行语的滥用带来的不好影响也是有意识的，中国青年报社社会

---

① 邓希泉、林静：《社会区隔与利益固化藩篱："小镇做题家"现象的社会主因》，《北京青年研究》2023年第1期。
② 光明日报：《让网络激发语言热情》，https：//news. gmw. cn/2019 - 04/06/content_ 3271 9452. htm。

调查中心调查提问"你在哪些情况下不喜欢网络流行语"，60.8%的受访青年反感"不分场合使用网络流行语"，还有"过多的字母缩写表达让人难以理解""弹幕里刷屏的网络梗""词不达意，造成误解"等（见图5）。①

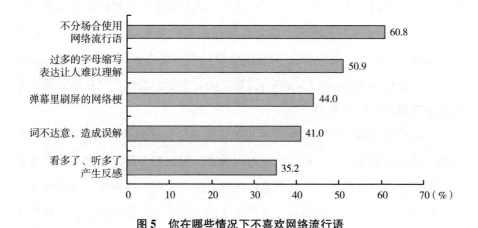

图5 你在哪些情况下不喜欢网络流行语

资料来源：中国青年报社社会调查中心，2023年1月。

毋庸置疑，网络流行语在青少年群体中广泛流行，是社会、心理等方面多种现实因素带来的必然结果。作为网络流行文化之一，网络流行语的创新表达丰富了语言的内涵，迎合了青少年的使用需求和心理需求，不仅满足了青少年同辈交往的工具性价值需要，而且为他们的情绪表达、情感释放带来了新的渠道。但是，作为来源于生活、来源于时代、来源于集体认同的语言符号，背后也深藏着未成年人的价值认同和社会模仿。社会情绪的渲染，同样也会对未成年人群体的心理带来各种影响。

一是缩写语流行带来的语言困境和文化流失。缩写语形式新颖、输入快捷，大大提升了互联网上的沟通和交际效率，减少了人们在交往过程中措辞所要耗费的脑力，是适应当下生活节奏的必然产物。但脱离了母语语言规范的生硬造词和简写缩写也带来了语言贫乏，中国青年报社2019年的一项调

---

① 《93.8%受访青年在日常表达中会使用网络流行语》，http：//news. cyol. com/gb/articles/2023-01/11/content_ YOOyLBUmpZ. html。

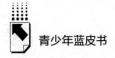

查显示，76.5%的受访者坦言自己的语言越来越贫乏，受访者认为最明显的表现是基本不会说诗句（61.9%）和基本不会用复杂的修辞手法（57.6%）。虽然诗句和修辞并非日常交流中的必需品，但词不达意、有口难言成为越来越多人的感受，文字失语成为越来越需要重视的社会问题。所以每当"互联网嘴替"出现，总会受到许多人的夸赞。当人们面对美好事物只能靠"yyds""绝绝子"来直抒胸臆，而不愿多去思考更多的表达方式，不仅会产生惰性、钝化思维，更重要的是中华传统汉字文化的底蕴也有可能会被遗忘在快节奏中。

二是流行语的"泛标签化"可能固化认知、强化偏见。"标签"帮助人们快速认知新事物，人们在生活中习以为常，但化繁为简的认知方式容易带来以偏概全的刻板印象。互联网上广泛存在的身份型、性别型、地域型等网络流行语成为青少年表达自我、评价他人的方式①，泛滥的标签已脱离最初的客观描述框架，变成极具倾向性的情绪出口。比如许多网络文章都以"富二代""白幼瘦""女拳"等词作为吸引人的标题，而这些词使用的语境往往都带有嘲讽和批判，污名化的表达使得青少年会对某一群体产生难以破除的刻板印象。带有预设性的固化思维会潜移默化地影响青少年的认知方式，使其只停留于浅层的误解和最初的感性分析。更为重要的是，认知的浅层化会导致理性思考能力的弱化，赛博世界中看似轻飘飘的冲动表达有可能会在现实世界造成不可逆的影响。比如在2021年8月湖北武汉两位新冠肺炎确诊患者的非官方流调信息在网上被疯传，被网友编撰成"武汉海王"的故事，评论区充斥大量"海王"等不怀好意的评论，构成了对当事人的网暴，使其正常生活受到严重干扰。在这一事件中，事实和理性讨论让位于情感宣泄，出现舆论失焦。

三是许多流行语所传递的负面情绪可能会对主流价值观念带来冲击。青少年还未进入社会就在"躺平"的氛围中逐步丧失斗志，不利于塑造积极

---

① 都晓琴：《"泛标签化"网络流行语对青少年思想的影响及应对》，《现代基础教育研究》2022年第3期。

向上的社会氛围。一些"凡尔赛文学"的泛滥也会影响青少年的金钱观和消费观，要警惕拜金主义思潮在娱乐化的网络流行语中带来的涵化影响。

五 对策建议

未成年人是社会的结构性组成部分，是网民重要的组成部分，他们与成年人共享、共塑、共同创造着网络流行文化。网络流行语的发源和流行可能有各种机缘和偶然，但是，网络流行语在未成年人群体中被广泛使用，除了体现了年轻人对于社会新事物的敏感和追新逐潮外，更反映了他们对词语所表达的内涵的认同、对网民集体情绪的共鸣、对社会心态的感知。

第一，是要掌握好治理的尺度和标准。互联网是群众纾解情绪的重要平台，应当留出适当的空间让其发泄。面对焦虑、无力、疲惫的社会情绪，以及一些较为过激的表达，平台一味地设置禁用词实际上堵住了群众情绪发泄的窗口，不利于社会心态的调节。对于青少年来说，同样需要情绪的抒发。在不影响整体大局的情况下，平台对于言论的控制可以有更多的灵活性，留给网民一些减压的空间。比如对于不规范、不文明用语，可以在大数据跟踪和抓取的基础之上，设置不同等级，设计更有针对性的过滤系统。面对流行语更新换代快、替代符号多的问题，及时更新语料库，精准分类治理，宽严结合。媒体也应在舆论层面下功夫，更多地提供有效的解决方法和精神动力，帮助网民疏解情绪，带领大家一起向上向前。

第二，是在日常生活上给予青少年更多的使用语言的空间，锻炼他们的表达能力。互联网为未成年人提供了新的自由表达的空间。他们一定程度上也是网络流行语的意义改编、延伸和演绎的创造者。未成年人根据自己的生活体验、场景和情绪共鸣，也在为网络流行语贡献新的阐释和意义演变，在这个过程中，未成年人不仅体会到了创新、创作的乐趣，而且也形成了同辈交流沟通的兴趣点。社会需要为未成年人提供多渠道、多平台的表达机会，也要引导他们在网络空间积极向上地使用流行语，利用流行语激发他们与同辈交流，抒发情感，激发其创造力，培育其热情。通过对年度高热网络流行

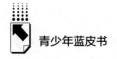

语的阐释，挖掘其疏解情绪的作用，也挖掘向上向善的表达，培育向善向好的共同价值。

第三，要转变治理理念，从"规训"转向"规范"。语言文字一直在随着时代发展变化，对其进行规范的目的是使语言交际更有效，而不是单纯或绝对地维护已有的规定，以至于妨碍交际、阻碍表达，这也是为什么《新华字典》在不断更新换代，许多网络上的创新词语都被选入新版词典。因此不应放任发展，更不应全盘否定。《咬文嚼字》执行主编黄安靖曾解释，2022 年度网络流行语的选择是基于一个圈层结构，"由里向外，分别是'规范层''污染层'和'边沿层'"，当年榜单中都是在"规范层"中最体现我们母语特征、最能体现我们民族价值规范的内容。[①] 这就是对网络流行语的一种"有效宣传"，既肯定了其传播性，也让网络流行语有了更多的价值和期待。

第四，将其视为了解未成年人的心理、情绪和生活状况的重要渠道和窗口。网络流行语背后蕴含着网民情绪和社会心态，2023 年初"鼠鼠文学""孔乙己文学"的再流行和火爆，将青年群体的自嘲反抗、无力郁闷的情绪，再次通过网络流行语的形式，持续传递出来。而且在未成年群体中也引起广泛的关注，他们对于这些也敏感而好奇，这些也带来了未成年人对于自己的未来和当前的学习教育的再思考。那么，如何引导更年青一代——大部分无就业、赚钱压力的未成年人，正确认知相近群体的情绪和生活状态，以避免更小的群体受过度的消极情绪的影响，而产生对于学习的负面认知。在抵御网络流行语的过度渲染负面情绪的问题上，需要社会或者学校给未成年人提供文化常规活动的机会，通过精心设计的有意义的集体生产和参与社会文化活动，来给他们更客观和更全面的社会感知和了解。

---

① 《"新赛道""烟火气""大白"……〈咬文嚼字〉公布 2022 年"十大流行语"》，2022 年 12 月 26 日，https://www.51ldb.com/shsldb/wt/content/01854d1481aec0010000df844d7e124a.html。"规范层"由规范纯粹的母语成分构成，"污染层"是语言中混杂的、欠规范的母语成分（比如"十动然拒""绝绝子""蚌埠住了""夺笋"等），"边沿层"就是颜文字、表情包等。

第五，警惕社会负面情绪渲染对于青少年心理和行为的影响。根据中国科学院心理研究所近期发布的《中国国民心理健康发展报告（2021～2022）》，在参与调查的 3 万多名青少年中，有 14.8% 存在不同程度的抑郁风险。据了解，全球每年有近 4.6 万名青少年死于自杀，自杀成为 10～19 岁青少年死亡的五大主要原因之一[1]。面对这一情况，国家已经在青少年心理建设方面做了很多的部署。2023 年"两会"期间，全国政协委员张其成还建议应对中小学生进行定期心理健康"体检"，通过开发专门针对中小学生的心理健康测评系统，对中小学生群体的心理特质、个性心理特征动态追踪[2]，用技术帮助家长、学校、社会了解青少年的心理状况。家长可以仔细观察未成年人的网络行为、网络语言，不仅将其视为预警和风险监控，更应该积极通过网络语言的共情和诙谐，建立良好的亲子沟通，引导孩子理性认知网络空间的消极情绪渲染。

参考文献

方勇、季为民、沈杰主编《中国未成年人互联网运用报告（2022）》，社会科学文献出版社，2022。

季为民、沈杰主编《中国未成年人互联网运用报告（2021）》，社会科学文献出版社，2021。

---

① 联合国儿童基金会：《2021 年世界儿童状况》，2021 年 10 月，https：//www.unicef.org/reports/state-worlds-children-2021。

② 《自杀已成青少年死亡主因之一！全国政协委员张其成呼吁，救助青少年心理创伤》，http：//www.ceweekly.cn/2023/0313/407738.shtml。

B.8
未成年网民的职业理想与择业取向

刘柯欣*

摘　要： 本报告分析第 11 次中国未成年人互联网运用状况调查数据，发现未成年网民的职业理想选择以教师行业为主，性别、城乡差异、学习成绩以及亲子关系都会对其职业理想的选择产生影响。针对职业理想选择集中、性别差距大、职业评价体系单一、职业认知固化、城乡差距大等问题，本报告认为应该从媒体宣传、职业评价标准重塑、加强城乡信息沟通以及未成年人个人素质提高等五方面入手，帮助未成年人形成合乎时代和自身发展需求的职业理想。

关键词： 未成年网民　职业理想　就业选择

职业理想之于未成年人，微观来看，决定了一名未成年人日后的自我要求和职业发展方向；宏观来看，则决定了一国人才储备的中坚力量和未来趋势。未成年人职业理想状况关乎国家未来发展，关注未成年人的职业理想具有现实意义和长远意义。

职业理想是理想教育中重要的内容。除职业理想外，未成年人理想教育目标应包含自我理想、社会理想、道德理想和生活理想等。不同时期，未成年人理想的发展也不同。在实施教育活动过程中，应该重视不同阶段、不同层次的教育过程之间的联系，认识到理想教育是一个多层次的持续性的教育

---

* 刘柯欣，中国社会科学院大学社会与民族学院社会工作专业研究生，主要研究方向为社会工作、青年发展。

活动过程①。

本文中提到的"职业理想"指的是人们在职业方面依据社会要求和个人条件而确立的奋斗目标，即个人渴望达到的职业岗位。它是人们实现个人生活理想、道德理想和社会理想的手段，并受社会理想的制约。职业理想是人们对职业活动和职业成就的超前反映，与人的价值观、职业期待、职业目标密切相关。

在社会发展的过程中，一些职业逐渐没落或走向消亡，另一些新兴职业不断涌现。未成年人的职业选择反映了这种职业兴替的社会趋势，直接影响当代未成年人的就业成长和发展路径，同时也影响整个社会的职业理想与价值观念。

一　未成年网民职业理想基本现状

（一）未成年网民职业理想选择具有集中性，教师占据主导地位

随着经济水平的提高和市场需求的多样化，多种新兴职业纷纷涌现，比如新农人、网络博主等。虽然职业多元，但未成年人的职业理想选择却日益集中。数据显示，无论从总体趋势还是结合各种变量要素分析来看，未成年人职业理想选择中教师占比居于首位，为31%（见图1），远远超过了其他职业选择。而选择农民作为职业理想的最少，只占不到2%。

未成年人在职业理想选择中务实功利的成分增加。与20世纪相比，当代未成年人更注重理想是否有实现的可能，也更关注与自身利益相关的事物和现象，表现出较强的务实性②。

---

① 张灵、姚本先：《当代青少年理想的现状、特点与影响因素分析》，《绍兴文理学院学报》（教育版）2019年第2期。

② 于欧：《当代青少年理想状况分析及其引导》，《学校党建与思想教育》2009年第2期。

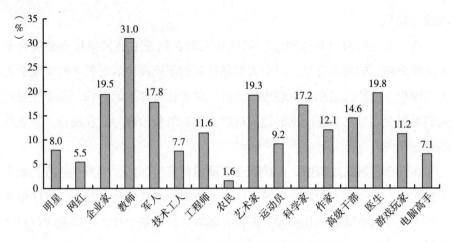

图1 未成年人职业理想选择状况

资料来源：第11次中国未成年人互联网运用状况调查数据。

（二）未成年人职业理想性别差异显著，女性倾向于文职类工作

文职类工作是指在政府机构、事业单位、社会团体、企业等组织中的非专业技术类工作。这类工作通常需要较高的文化素质和基本的办公技能，如文字处理、文件管理、信息录入和文档整理等。与之相对应的是专业技术类工作，例如医生、律师、工程师等需要具备专业知识和技能的职业。文职类工作通常需要具备良好的组织协调能力、沟通表达能力和基本的办公软件操作能力等，能够完成文秘、人事、财务、行政等方面的工作。

性别因素也是研究未成年人职业理想选择的重要变量之一。我国女性参与社会生产活动的现象越来越普遍，女性对于社会生产的重要性不言而喻。第七次全国人口普查结果显示，在全国人口中男性人口占51.24%，女性人口占48.76%。[①] 女性人口不仅基数庞大，对社会经济的贡献也不容小觑。未成年女性与男性相比，面临更大的就业压力，因而关注未成年女性的职业

————————

① 数据来源于国家统计局官网第七次全国人口普查数据。

选择具有切实且深刻的意义。

调查结果显示，未成年男性和女性在职业选择上呈现相反趋势。未成年女性选择教师的占比超过了20%，而男性选择教师行业人数比例不到10%。除了教师这一行业外，未成年女性选择艺术家、作家这样的文职类工作的比例也要远高于未成年男性，而男性选择技术工人、科学家、工程师等专业技术类工作的比例要高于女性。

位列未成年男性职业理想排行前五名的分别是军人、科学家、企业家、游戏玩家和教师。占据女性职业理想选择前五名的是教师、艺术家、医生、企业家和作家（见图2）。

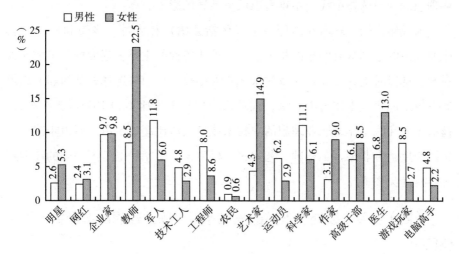

图2　未成年人职业理想性别选择状况

资料来源：第11次中国未成年人互联网运用状况调查数据。

未成年人职业理想和性别因素有较为紧密的联系，从社会性别理论出发，社会对于两性角色和行为的期待往往是对两性生物性别的延伸，因而社会对于男女性的期待完全不同，普遍认为女性更适合从事竞争压力小、相对于稳妥的文职类工作。事实证明，约定俗成的社会性别观点也渗透进了未成年人的择业观，从未成年人两性职业理想的选择中可见一斑。

（三）城市未成年人职业理想选择更为开放，城乡教师行业选择比例差距大

从 20 世纪 50 年代后期开始，计划经济体制确立，户籍分为城市户籍和农村户籍，由此形成了城乡二元体制。改革开放以来，城乡流动弹性增大，城乡二元界限模糊，但是时至今日城乡差距依然存在。

现如今我们所说的未成年人，他们的出生区间大约在 2004 年至今。自从出生之日起，他们就被互联网文化浸染着，求新求变的时代特性也在他们身上体现得淋漓尽致，个体间的差异化和个性化被极致放大。从未成年人职业理想的动态选择中我们不难看出城乡差异的影子。

未成年人的家庭所在地即城市（包括县城）和乡村（乡镇和村）与其职业理想的选择具有明显的相关性。这种相关性的主要表现为城市未成年人在职业选择时更为多元，而乡村未成年人则较为集中。选择教师为职业理想的乡村未成年人占比为 12.2%，而城市未成年人占比不到 10%。选择军人、技术工人和医生作为职业理想的农村未成年人占比超过城市。城市未成年人选择明星、企业家、工程师、艺术家、科学家、作家和电脑高手等的比例超过农村（见图 3）。

（四）学习成绩处于下游的未成年人对职业理想的选择更无价值偏见

学习成绩是评价未成年人综合素质的重要标准之一，尤其是在国内传统的教育体系中，作为评价标准的学习成绩显得尤为重要。从成绩可以间接反映出该生的学习能力、自律情况以及知识运用能力等。这样一来，学习成绩好坏会影响方方面面，比如未成年人自我效能感、朋辈群体的交往以及未来职业方向的选择等。

在数据分析过程中发现，学习成绩差的未成年人对职业理想选择的宽容度更高，在职业理想选择时更无价值偏见。学习成绩优秀的未成年人在职业选择方面的集中性更强，职业理想优先选择的比例由高到低依次是教师、科

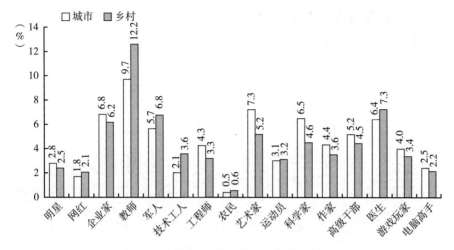

图3　未成年人职业理想城乡选择状况

资料来源：第11次中国未成年人互联网运用状况调查数据。

学家、企业家、医生、高级干部等（见图4）。这些职业属于知识密集型职业，需要大量的知识储备。从此可以看出，职业理想选择与学习成绩紧密相关。

学习成绩处于中等的未成年人的职业理想选择集中性较弱。在学习成绩中等的未成年人中，19.6%的未成年人选择教师行业。医生、企业家、艺术家、军人的选择比例依次递减，呈下降趋势（见图4）。由此我们可以看出职业理想选择与学习成绩的相关性变弱。

学习成绩差的未成年人在职业理想选择中教师依然占据榜首，但是每种职业理想选择的比例较为均匀（见图4）。且不难发现，这种平均倾向的选择使得学习成绩和职业理想选择的相关性变得更弱了。换句话说，学习成绩差的未成年人对职业理想选择的宽容度更高，在职业选择时更能保持中立态度、减少价值偏向。

学习成绩作为人才筛选的一个标准，可以高效地挑选人才。从某种程度来说，这是培养人才效率优先的一种捷径。但是成就评价体系过于单调也会带来许多弊端，比如会忽视未成年人成就的多样性、自我兴趣发展的可能性等。长此以往，单调的评价标准就会推动未成年人同质化的形成，被压抑的

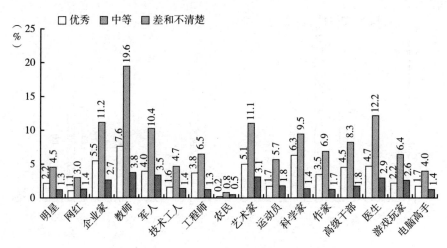

图 4　未成年人学习成绩与职业理想选择状况

资料来源：第 11 次中国未成年人互联网运用状况调查数据。

内心得不到认同也会使得未成年人身心受创。因此，重视倾听未成年人的兴趣想法，建立健全多重职业评价体系是当务之急。这是未成年社会主体参与性的充分体现，也是社会进步发展的必经之路。

二　未成年网民职业理想选择的问题

（一）职业理想选择趋向集中，倾向传统行业而非新兴行业

调查数据显示，近 30% 的未成年人把教师作为自己职业理想的首选，传统行业中的医生、企业家也位居选择前列，占比约 20%。

首先从社会环境来说，如今未成年人选择多元职业种类的阻力变小了。但是我们不得不把现实因素加入来看，疫情三年下行的市场经济让人不得不坚持保守的理财策略。稳定的就业岗位在疫情期间的优势凸显，比如公务员、教师等职业在此期间抵御社会风险的能力十分显著。这也可能是未成年人在多元的就业背景下依然选择保守传统行业的原因。

其次，未成年人的生活阅历少，缺乏对职业种类的信息系统整理和有效

分辨能力。在九年义务教育过程中，未成年人接触最多的职业就是教师岗位，出于熟悉性原则，自然会对老师这个行业了解更多，产生向往。

不过从问卷中未成年人职业理想整体来看，未成年人有意识地结合当前就业环境和自身发展情况进行选择，这不仅体现了未成年人逐渐成熟的择业观，也是其社会主体意识形成的表现。保守就业从抵御风险的角度来说是一件好事，但是因此磨灭未成年人多样的职业理想太过可惜。未成年人不应对自己的发展设限，不要因为一时的挫折而放弃自己的理想。未成年人的理想就业选择应当更加多元化。

（二）职业理想选择受限于社会性别，部分行业存在性别分割现象

加入性别变量后的数据分析更耐人寻味。调查问卷中未成年男性和女性的占比分别是 46.8% 和 53.2%，二者占比几乎是持平的。但是不同性别的职业理想选择迥然不同。处在未成年男性职业理想前三位的分别是军人、科学家和企业家，而处在未成年女性职业理想前三的则是教师、艺术家以及医生（见图5、图6）。综合来看，未成年女性选择文职类工作的比例要远高于未成年男性。未成年男性选择技术类职业的比例要高于女性。

这说明不同性别的未成年人在选择理想职业时除了把个人兴趣作为出发点外，在职业选择背后有一只看不见的手在操控，那就是社会性别。性别可划分为生理性别和社会性别。生理性别是指两性在生理方面的差异，而社会性别是指基于生理性别的两性在社会文化的建构下形成的性别特征和差异。一言以蔽之，社会性别是社会建构的。针对不同的社会性别有专属的固定角色期待，例如，我们在成长过程中不断被教导和强化男孩子应该坚强和勇敢，女孩子应该温柔和善解人意。

社会性别作为一种刻板印象存在，漠视了单一性别发展的多样性和可能性。社会上由社会性别定轨造成的不合理现象比比皆是，譬如"家庭主妇"被视为女性的归宿，而男性回归家庭会被人诟病"吃软饭"等。严肃刻板的社会性别一旦被设为未成年人择业的基础门槛，社会部门将会面临就业人员性别比例失衡、部门性别分割严重、就业资源更加倾斜、女性职场地位降

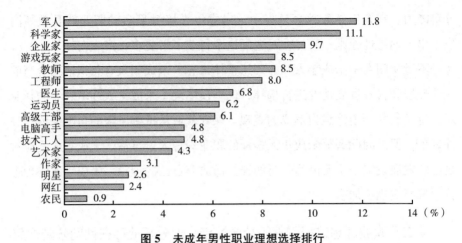

图5 未成年男性职业理想选择排行

资料来源：第11次中国未成年人互联网运用状况调查数据。

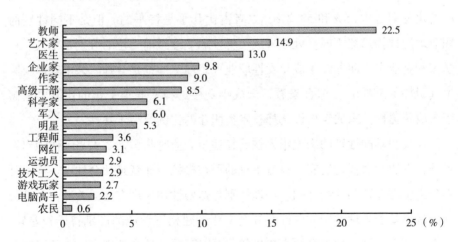

图6 未成年女性职业理想选择排行

资料来源：第11次中国未成年人互联网运用状况调查数据。

低等严重后果。

当女性从传统社会的母性角色中脱离出来进入市场寻找就业机会时，会面临市场和传统意义上对女性所规定的各种限制和要求。因此，意识到女性在当今社会的弱势地位是改变的第一步。接下来消除两性性别偏见、提升女性职场地位是职业发展的基础和前提。我们可以通过一系列手段消除职场性别偏见，如完善促进男女同工同酬、缩小男女薪酬差距、鼓励女性升职加薪等政策。

（三）以学习成绩导向为主，职业评价体系单一

学习成绩是评价未成年人知识掌握情况的一种常见标准，也是未成年人选择职业时的一个重要参考因素。尤其是在应试教育中，学习成绩被视为学生综合能力的一个重要体现，也是进入高等学府的门槛之一。

单一的评价指标容易忽略未成年人的多元化需求和特点。例如，一些未成年人在学习上可能表现不够出色，但在其他职业方面可能具有出色的能力，如创造性思维、艺术才华或领导力等。这些特质在未来的职业发展中可能更重要，却难以通过单一的学习成绩来准确地评价。

调查结果显示，成绩优秀的未成年人倾向于选择知识密集型职业如教师、科学家、企业家、医生和高级干部等；而成绩较差的未成年人更容易接受其他各种职业选择，比如近年来比较流行的电脑高手、明星、网红等。这些未成年人在做职业选择时更加开放和包容，没有过多地受到成绩方面的限制。

仅凭学习成绩来选拔人才太过武断，每个未成年人都具有独特性，仅以"学习成绩"作为标准不能全面真实地评价未成年人整体。综合兴趣爱好、发展潜力以及人际交往等各方面建立多重评价标准，才能客观立体地建立起独特的评价体系。

（四）未成年人选择农民占比最小，职业画像刻板，职业认知固化

我国自古以来就是一个农业大国。改革开放以来，城市化进程步伐加快，农村地区兴起一阵"进城"热潮，但是农民在我国依然是一个数量极其庞大的群体。在"农业支持工业，工业反哺农业"口号的引领下，传统农业一改小农经济的劳作模式，增添了不少科技元素。例如，水稻种植机、收割机等大型农作机的应用大大提高了种植效率。传统"面朝黄土"的农民刻板形象一去不返。

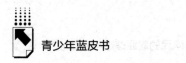

随着第三次信息革命的到来，"互联网+"的销售模式拓宽了农作物销售的渠道。国家提倡的"新农人计划"也在一片欢呼喝彩中登上了舞台。新农人是乡村振兴中的重要内容，许许多多怀揣着热忱与技术的年轻人走向农村，为农村发展注入新细胞、引入新活力。一个"新"字不仅是农业形态的改变，农民形象也在"新"的助力下摇身一变，走入更广阔的天地中了。

在调查职业理想时，"农民"这一选项所选人数比例极低，不到总人数的2%，其他选项所选人数占比远远高于农民。为什么农民这一职业如此不被未成年人看好？

其一，从印象来看，未成年人不了解"农民"这一职业，头脑中仍存在对该职业过去的刻板印象，未把自己置于更广阔的产业格局里，没看到科技发展日新月异中农业领域的潜力。

其二，从社会整体来看，虽然各社会阶层都在跃迁，但是农民仍然处于社会地位声望量表的末端。早期生活中农民是机械化的参与者，机械化有利于农民提高收入，农民地位得到暂时提高。后来随着工业化的推进，生产方式发生改变。这一改变虽然把农民从传统土地束缚中解放出来，但是这样一来农业劳动力越来越少，农产品价格越来越低，传统中小农很难富裕，故而农民的社会地位不高。

农民这一职业的社会地位低是人和现代农业的矛盾无法调和导致的吗？当然不是。新时代蕴含了新格局，自然也要用新眼光来看待。扮演好新天地中主人翁的角色，正确回答时代之问、市场之问、农民之问才能真正做到广阔天地大有作为！

（五）职业理想选择具有明显差距，择业"信息鸿沟"依然存在

自户籍制度建立以来城乡差距一直存在，尽管国家出台种种政策力求消除城乡差距、形成城乡一体化的城乡共荣局面，但是不可否认这一差距仍然在影响人们的生活。由于存在城乡就业资源差距，家庭所在地分布在城市和乡村的未成年人在进行未来职业道路规划时，也出现了显著不同。

结合问卷调查中未成年人家庭所在地的变量来看他们的职业理想选择，城市未成年人和乡村未成年人的职业理想选择集中于两个趋势。

虽然教师行业是城乡未成年人的首要选择，但是乡村未成年人在第一选择教师和其他选择之间有明显数据断层，这说明乡村未成年人较为务实，教师是其选择最多的职业。较乡村未成年人来说，城市未成年人职业选择分布更均匀，说明其在职业选择时更为开放，比如明星、艺术家等行业选择人数上升。

"艺术家"这一选项在城市未成年人职业理想排行中仅次于"教师"，排名超过了乡村，"技术工人"选项处于乡村未成年人职业理想排行的中段，而在城市未成年人职业理想中排行倒三（见图7、图8）。

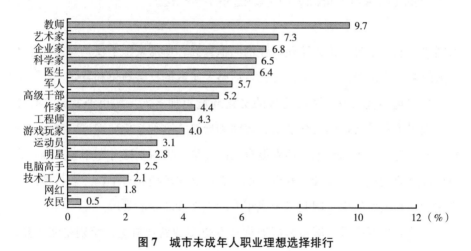

图7　城市未成年人职业理想选择排行

资料来源：第11次中国未成年人互联网运用状况调查数据。

造成这种局面很大一部分原因是城乡信息差距。从行业所需资源来看，城乡未成年人的职业理想在行业上存在明显区分。以城市未成年人的职业理想选择举例，明星、艺术家、作家和电脑高手多属于近些年兴起的新兴行业。考虑到城市地区的社交网络更加发达，人们更容易与其他人建立联系并分享兴趣，这些联系可能包括参加艺术、科学和文化活动，加入兴趣小组或在社交媒体上交流。这些社交网络可以为城市未成年人提供更多的机会来学

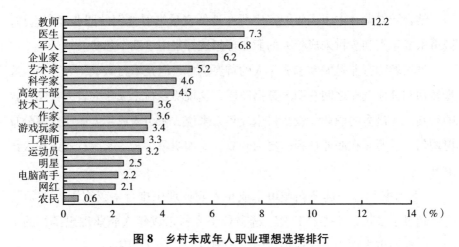

图8 乡村未成年人职业理想选择排行

资料来源：第11次中国未成年人互联网运用状况调查数据。

习新兴行业的信息。进入这些行业的门槛较高，所需资源不仅是对未成年人个人综合能力的考验，也取决于其背后整个家庭的社会地位和背景。

从文化环境来说，城市地区的文化环境更加多元。城市通常是文化中心，吸引了各种各样的文化活动、表演和展览。这种文化环境可以激发未成年人的兴趣，也可以帮助他们发掘自己的才华。农村社区分布于城市外，人口分散且流动较少。相较于城市来说，农村文化环境相对单调。农村地区的文化活动和展览较少，限制了未成年人的兴趣和才华的发展。

从就业角度来看，城市地区通常拥有更多的就业机会，特别是在科技、文化和娱乐行业。这些行业通常与明星、艺术家、科学家、作家和电脑高手相关，城市未成年人可能更容易接触到这些领域的人才。在农村地区，军人、技术工人和医生等职业的工作机会较多，这些职业可以提供相对稳定的收入和就业保障，被农村未成年人视为理想的职业。

最后，还可以从传统文化和社会认同的角度分析。在农村地区，传统文化和社会认同影响职业选择，例如，对一些农村未成年人来说，军人、技术工人和医生等职业具有较高的声誉和地位，从业者被视为家族和社区的骄傲和代表，这些职业被视为理想的职业。城市的开放思想和多元文化环境为未成年人提供了更加广阔和多样化的职业理想选择。

缩小城乡信息鸿沟、完善城乡信息传递机制不在一朝一夕，需要政府、企业、社会团体的共同努力。信息社会发展日新月异，不断拉大的城乡差距需要引起国家有关部门和信息产业的高度重视。

（六）亲子关系不良的未成年人更倾向于选择非传统行业

原生家庭作为社会化的一个重要场景，蕴含了未成年人由自然人转变成社会人的能量来源，比如满足日常生存所需的物质支持以及与他人建立联结的情感支持等。每个家庭都有独特的家庭结构和教养方式，这对未成年人性格和价值观的形成有着直接的影响。父母是这个社会化场景里的重要他人，亲子关系的好坏对未成年人发展的重要性不言而喻。

与父母关系较差的未成年人（作者把与父母关系不太好、很不好和不清楚统归为与父母关系较差）选择非传统行业的比例大大上升。他们更倾向于选择非传统的、个性的、新兴的、更具有想象力和自我表现空间的职业，如艺术家、游戏玩家、电脑高手、明星以及网红（见图9）。

新兴行业与传统行业相比，新兴行业出现时间短，但是具有门槛相对较低、发展快速、以第三次信息革命为依托等特点。身为"互联网原住民"的未成年人和作为"互联网移民"的未成年人父母面对这样的新旧更替也会产生矛盾。比如，如何看待稳定工作和灵活就业？毕业以后是在大城市工作还是回老家？就业是以兴趣为导向还是以薪资为导向？这样的矛盾与差异在Z时代青年的家庭中悄然而至。

我们所说的"代差"是指社会的不同世代之间在价值观念和行为选择方面出现的差异、隔阂甚至冲突。正是在"代差"的更迭与磨合之中，时代才得以发展。我们也应该理性看待"代差"，不应轻易否定"代差"中的任何一方。

在问卷整理和数据分析之初，本文分析若干变量与未成年人的职业理想选择后发现，单亲与否、走读与否以及与谁生活等选项对未成年人的职业理想选择影响甚微。但是与父母感情好坏这一选项与未成年人的职业选择之间

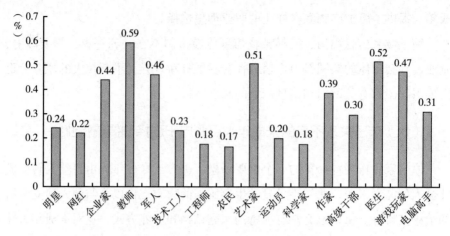

图9 与父母关系不太好、很不好以及不清楚的未成年人与职业理想选择状况

资料来源：第11次中国未成年人互联网运用状况调查数据。

却具有明显的相关性。

这说明在未成年时期，能否与父母建立稳定亲密的联结关系未成年人的自我定位和未来职业发展。与父母关系较差的未成年人选择非传统行业比例上升，未成年人的叛逆心理以及渴求关注的动机也是需要考量的重要原因。

三　构建促进未成年人形成合理职业理想的多重机制

这个时代的未成年人是一个特殊的群体，他们出生于新时代，面对前所未有的挑战和机遇。社会越来越开放和多元，未成年人的就业机会增多，职业岗位多样化。然而，信息爆炸也让未成年人的选择变得更加困难，他们容易迷失在众多职业的选择中。结合2022年中国未成年人互联网运用状况调查数据来看，未成年人的职业理想选择仍存在一些值得深思的问题和现象，这需要我们深入思考。

因此，加强对未成年人就业素质的培养需要各界共同努力，优化政策环境、完善职业评价体系、缩小城乡信息差距，为未成年人打造更好的就业环境，不仅能够更好地服务于未成年人的成长发展，也有利于社会的持续进步和发展。

（一）利用各媒体平台优势，助力未成年人塑造现代职业观

现代职业观是一种主流文化，正确的职业观可以帮助未成年人更好地了解自己的优势和兴趣，选择一份适合自己的工作。政府可以通过各种途径，如教育、文化媒体、公益活动等，引导未成年人形成正确的职业观和价值观。

第一，从主流媒体出发，发挥国家倡导优势。倡导主流媒体积极推广适应时代发展的就业观，批判传统就业观念，引导年轻人树立正确的职业价值观和职业理想，为他们打造一个自由、开放的就业环境。广泛利用媒体平台进行宣传普及，宣传正确就业观念，增加职业信息的透明度并及时更新。例如，定期发布招聘信息，公布招聘需求和岗位，同时在线上渠道发布招聘信息和职业资讯，以帮助年轻人在求职过程中找到自己感兴趣的行业或职业领域。

第二，从社会舆论出发，可以通过各种途径，如文化媒体、名人访谈等，引导未成年人形成正确的职业观和价值观。文化媒体可以通过宣传一些具有正面影响的职业人物的事迹，让未成年人了解到成功的背后需要付出和努力；通过对"三百六十行，行行出状元"观念、对"劳动创造财富"观念的正向宣扬，引导他们树立正确的价值观和职业观。名人访谈则可以让未成年人了解到不同职业的优缺点和挑战，帮助他们理性看待不同职业选择。公益活动也可以让未成年人接触到社会中一些需要帮助的人群，引导他们关注社会和他人，培养他们的社会责任感和关爱之心。总之通过各种途径，让未成年人接触到积极向上的事物，引导他们形成健康的职业观和价值观，从而帮助他们选择适合自己的职业，实现自我发展。

（二）打破就业歧视，对职业的虚高评价祛魅

奥格本认为，在社会变迁的过程中，物质文化与科学技术的变迁速度往

往是很快的，而制度与观念等部分的变化则较慢，这就产生了一种迟延现象。这种迟延现象可延续较长的时间，有时甚至达数年之久。这种迟延产生的差距即文化堕距。由此可知，人的思想观念的改变总是要经历一个漫长的过程。为使未成年人能打破世俗偏见选择自己心仪的职业理想，我们可以从以下两个方面努力。

首先，应打破就业歧视，对未成年人灌输就业平等观，提升各行业职业竞争力。更新大众职业观是一个长期的过程，需要对广大未成年人进行长期引导，绝不能因为短期利益而牺牲长远利益。同时，社会媒体应发挥宣传作用。如在网络平台上设立专门的栏目和定期发布新媒体作品，帮助未成年人建立更多的信息渠道，使他们在平等竞争的环境中成长。

其次，应对职业虚高评价祛魅，为职业选择提供正确指导。当前人们对于一些职业过于推崇，使得对这些职业的评价远超出职业实际，比如公务员和编制岗位等。这样的舆论氛围使得很多大学生在求职时面临比较大的压力。所以未成年人在选择职业理想时要根据自身实际情况合理选择，正确评估自身能力和每一份职业的匹配度，还需要结合社会评价和家庭评价等多方因素进行综合考量。

（三）加强就业信息获取渠道建设，缩小城乡择业信息鸿沟

未成年人了解职业信息途径的不平等是导致城乡未成年人选择职业理想时产生差异的重要原因。城市未成年人可以通过就业信息网站、招聘会、实习和社交媒体等途径获取各种职业信息。而在农村地区，由于信息的不对称，未成年人的就业选择会受到很大的限制。为了解决这一问题，缩小城乡择业信息鸿沟是至关重要的。

政府可以通过多种方式来帮助农村未成年人了解不同的职业选择和职业信息。其一，加强就业信息发布渠道建设，建立职业信息库，为其提供更多的职业信息，以及就业前景、薪资待遇等方面的详细介绍。其二，通过开展就业培训、职业规划、职业导向等活动，帮助未成年人了解不同的职业类型和发展方向。其三，政府还可以通过数字技术和互联网平台的普及拓宽未成

年人获取职业信息的途径。通过建立线上职业信息发布平台、在线职业规划咨询、网络培训等方式，让未成年人通过网络获取更加全面的职业信息。

鼓励企业到农村地区开展招聘活动，让农村未成年人了解城市企业的需求和就业机会。加强城乡交流和合作，建立城乡合作机制，让城市和农村之间的信息共享更加便捷高效。

建立农村信息服务中心，提供包括职业规划、就业指导、培训等在内的一系列服务，帮助农村未成年人更好地了解职业信息，培养正确的职业观念。加强农村教育，提高农村学生的综合素质，让他们更好地适应城市职场环境。

缩小城乡择业信息鸿沟和拓宽未成年人信息获取渠道可以帮助未成年人更好地了解各种职业选择，扩展他们的职业发展前景，促进城乡间就业机会平等和经济社会协调发展。

（四）促进未成年人全面发展，有效应对新时代就业风险

相比于政策调整、完善就业机制等外部环境的改变，提升未成年人自身综合素质和提高其抗风险能力更为重要。"斜杠青年"变成了就业常态，除了主业之外拥有一份副业成了都市年轻人的标配。在风险社会"双重职业保险"时刻提醒我们要提升抵抗风险的能力。

提升未成年人综合素质，我们可以从以下几个角度出发。

拓宽未成年人视野，帮助未成年人了解各种职业类型和行业，包括新兴职业领域。可以通过阅读图书、媒体报道、职业展览会等方式，让他们了解各种职业的优缺点、薪资待遇、未来发展趋势等信息，从而拓宽他们的视野，激发其对不同职业的兴趣和热情。

了解未成年人的个人兴趣、爱好和优势，让他们认识到自己的天赋和优点并引导他们将这些优势与职业相结合，从而形成更加合理的职业理想，还可以通过一些测试或咨询服务来帮助他们了解自己的职业规划。

让未成年人通过实践来体验和了解各种职业类型，包括参加暑期实习、职业体验营、志愿者活动等。通过实践了解职业的真实性质，能够帮助他们

更加客观地了解自己的职业理想，也能让他们获得实践经验和社会认知、提高职业素养。

让未成年人了解职业发展风险与挑战，引导他们进行理性思考，避免过分追求薪资待遇和表面的职业光环，从而形成合理的职业理想和规划。

学校和社会应加强职业理想教育，让未成年人了解职业规划和发展的基本知识和技能，包括职业道德、职业素养、职场技能等。掌握这些知识和技能可以帮助他们更好地适应职业发展的挑战和变化，形成健康、合理的职业理想。

（五）父母应关注未成年人心理健康，启发未成年人职业兴趣

据有关部门统计，近年来未成年人犯罪呈现低龄化、暴力化、智能化特点，与不良亲子关系有着直接关联。这类事件反映出未成年人心理健康问题的普遍忽视以及不健康的亲子关系所带来的危害。伴随物质生活水平的提高，未成年人的心理韧性和抗压能力却在下降，这也是类似悲剧发生的原因之一。

家庭教育和亲子关系一直是未成年人在成长过程中绕不开的重大课题。霍尔在关于青少年的演讲中指出，青少年时期问题与矛盾频发，正是人生的风险期。在敏感的未成年人成长过程中漠视心灵感受，忽视个体之间的沟通，只会导致心理问题越来越严重，甚至酿成悲剧，譬如叛逆、抑郁、逃避等问题。因此家长与社会需要重视家庭教育和亲子关系，为未成年人的健康成长提供良好的家庭环境和教育氛围，为职业理想教育提供方向与引导，帮助未成年人挖掘自身的特长以及兴趣点。

首先，建立良好的沟通渠道。家长应该积极与孩子交流，了解他们的想法和感受，并给予足够的关注和支持。在家庭氛围营造方面，营造积极向上的氛围，鼓励孩子积极面对挑战和压力，促进家庭成员之间的理解和尊重。

其次，尊重未成年人的兴趣爱好。孩子们有着各种各样的兴趣爱好，父母应该了解和尊重孩子的兴趣爱好，并给予支持和鼓励，让孩子有机会尝试不同的活动和领域，发现自己的特长和潜力。同时，家长还应该给予

孩子足够的空间和自主选择的机会，让他们能够自主决策，发展自己的兴趣和爱好。

再次，了解未成年人的心理发展规律。未成年人的心理发展规律和特点是父母了解孩子的重要指南，这也是有效引导和支持孩子成长的基础。家长可以通过阅读相关图书资料了解孩子心理发展的规律和特点以更好地理解和引导孩子。

最后，提供多样化的职业发展信息。父母可以向孩子介绍不同职业领域的信息，让他们了解职业发展的多样性和挑战，帮助他们发现自己的职业兴趣和潜力。同时，还应该给孩子提供职业规划的支持和指导，帮助他们做出明智的职业决策。家长应该重视未成年人的心理健康和职业兴趣，给予孩子足够的关注和支持，帮助他们健康成长并找到自己的人生目标。

参考文献

季为民、沈杰主编《中国未成年人互联网运用报告（2021）》，社会科学文献出版社，2021。

汤莉莉：《青少年的职业理想与职业取向研究》，复旦大学硕士学位论文，2008。

于欧：《当代青少年理想状况分析及其引导》，《学校党建与思想教育》2009年第2期。

张灵、姚本先：《当代青少年理想的现状、特点与影响因素分析》，《绍兴文理学院学报》（教育版）2019年第2期。

B.9
未成年人互联网社会交往的状况

董艳春*

摘　要： 基于历年我国未成年人互联网运用状况调查数据，本文对未成年人互联网社会交往状况进行分析。结果显示：未成年人网络社交对象以现实中认识的人为主，网络社交中自我保护意识不断增强，网络新朋友交往持续性较差。另外，调查还发现未成年人网络社交存在主动性较差、深度不够、互动不足等问题，基于此，提出发挥未成年人网络社交主观能动性、拓展网络社交广度和深度等改进建议，以期为推动未来未成年人互联网社会交往的健康发展提供借鉴。

关键词： 互联网　未成年人　网络社交　社会变迁

伴随着互联网的大力普及以及生活水平的不断提高，互联网社会成为人们的一种新的生活平台，而且网络社会已经成为未成年人社会化的重要媒介，未成年人通过网络社会表达自我、展现个性、结交好友、拓展知识等，可以说网络社会给未成年人带来全新的社会体验。基于此，自2006年以来，由共青团中央委员会、中国社会科学院新闻与传播研究所、中国社会科学院大学新闻传播学院等单位，联合成立了"中国未成年人互联网运用状况调查"课题组，对我国未成年人互联网运用状况，前后共开展了11次实践调研，调研对象分布在全国各地，总样本量高达数十万人，积累了丰富的一手

---

* 董艳春，天津商业大学公共管理学院讲师，主要研究方向为社会管理、青少年事务。

数据资料。在未成年人互联网社会交往方面，基于历年调研数据，本报告将从网络社交平台、网络社交对象、网络社交看法、网络新朋友交往等角度着手，对未成年人互联网社会交往变迁的主要特点进行分析，并对分析中发现的系列问题进行深入探讨，在此基础上提出针对性的对策建议，以期为将来有关未成年人互联网社会交往的研究与实践提供有益借鉴。

一　未成年人互联网社会交往变迁的主要特征

（一）网络社交平台及信息发布

1. 未成年人网络社交主平台从 QQ 转向微信

调查数据显示，2018 年未成年人在进行互联网社会交往过程中，近六成的人主要通过 QQ 平台，到 2020 年时这一数据下降到 33.2%，两年之后下降到 30.3%，如图 1 所示，这充分说明，QQ 平台在未成年人社会交往平台中所占份额呈现明显下降趋势。而反观微信这一网络社交平台，其所占比例从 2018 年的 30.4%，持续上升到 2022 年的 65.6%，目前微信已经成为未成年人互联网社会交往的主战场。另外，部分未成年人也逐步退出了微博、论坛/贴吧等交往平台。

2. 未成年人网络社交平台发布信息始终聚焦于个人兴趣爱好和心情感想

调查数据显示，未成年人最喜欢在网络社交平台上发布关于自己兴趣爱好方面的信息，占比在四成左右，见图 2；其次是关于自己即时的心情感想，这说明网络社交平台是未成年人自我表达、自我流露的重要场所。值得关注的是近年来关于自己学习状况的信息，在未成年人社交平台发布的信息中，出现的频率越来越高，这一数据从 2014 年的 13.6% 上升到 2022 年的26.7%，凸显了疫情背景之下互联网对未成年人网络学习的影响。此外，未成年人在网络社交平台上发布的信息，还主要包括自拍照、自己和朋友的交往情况，甚至还有不到一成的未成年人会在网上发布关于自己遇到的感情麻烦。

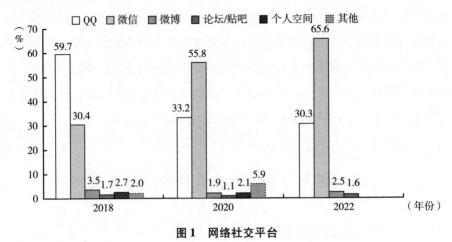

图1 网络社交平台

资料来源：第9、10、11次中国未成年人互联网运用状况调查数据。

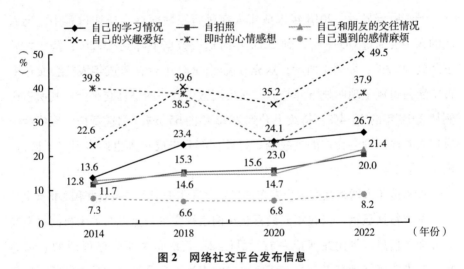

图2 网络社交平台发布信息

资料来源：第8、9、10、11次中国未成年人互联网运用状况调查数据。

3.未成年人越来越不喜欢在网络社交平台发布自己的状态

在网络社交平台发布自己状态的频率，在一定程度上反映出未成年人对网络社交平台的依赖程度。调查数据显示，未成年人越来越不喜欢在网络社交平台上发布自己的状态。自2014年以来，在网络社交平台上"每天都发很多状态""每天更新一次自己的状态""几天更新一次状态"的未成年人占比，总体而言呈现下降趋势，特别是选择"每天更新一次自己的状态"的未成年人越来越少（见图3）。而与之形成鲜明对比的是，越来越多的未成年人选择"只关注别人，不发自己的状态"，该数据从2014年的31%，持续上升到2022年的51.6%，这在一定程度上说明，在互联网社会交往过程中，与在网络上自我表露相比，未成年人更愿意通过网络去了解别人。

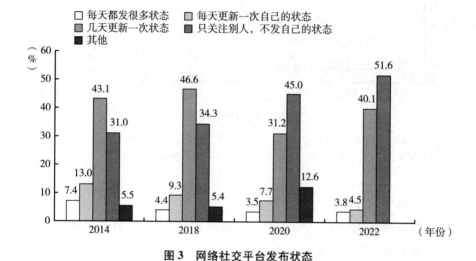

图3　网络社交平台发布状态

资料来源：第8、9、10、11次中国未成年人互联网运用状况调查数据。

（二）网络社交对象及信息内容

1. 未成年人网络社交对象始终以现实中认识的人为主

自2011年关注未成年人网络社交对象以来，与未成年人在网络进行交流的人，始终以现实生活中认识的人为主。调查数据显示，七成以上的未成年人表示，他们的网络社交对象"大多是现实生活中认识的人"（见图4）。由此可见，未成年人网络社交更多体现出了交流媒介的转变，而交流对象还是以认识的人为主，换言之，互联网主要拓展了未成年人社交的方式，而在扩大交际圈方面的作用并不明显。

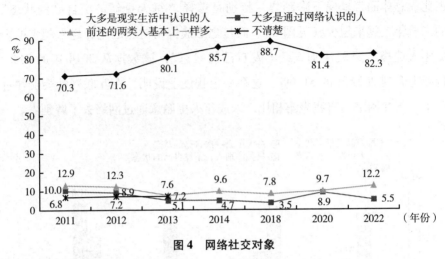

图4　网络社交对象

注：2011、2012、2013 年这三年设有"不清楚"选项，后面四年没有该选项。

资料来源：第 5~11 次中国未成年人互联网运用状况调查数据。

2. 未成年人网络社交自我保护意识不断增强

在调查网络交往过程中未成年人公布的自己的真实信息有哪些时，调查结果呈现了明显的分层现象。首先，五成以上的未成年人首选公布自己的真实性别，该比例远高于其他内容占比情况，见图5；其次是公布自己的真实年龄和 QQ/微信号；再次是公布自己的真实姓名，占比在两成以上；最后，只有少数未成年人会选择在网络上公布自己真实的学校、班级、照片、手机号等内容。从未成年人网络社交公布的真实信息来看，他们所展示出来的自我保护意识不断增强，对于个人自我暴露越强的真实信息，如学校、班级、照片、手机号，公布得越少；而那些对自我暴露、自我安全影响不强的信息，如性别、年龄等，未成年人更愿意在网络上公布真实情况。

（三）未成年人网络社交的好处和坏处

1. 未成年人一致认为网络社交最大好处是能与好友保持联系

从历年来未成年人对网络社交的积极评价来看，调查数据显示，未成年人认为网络社交最大的好处是能够帮助他们与好友保持联系，该比例占到三

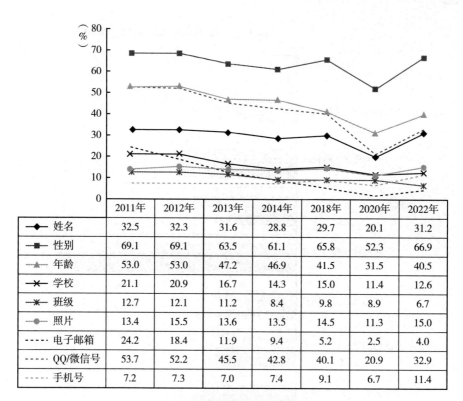

	2011年	2012年	2013年	2014年	2018年	2020年	2022年
◆ 姓名	32.5	32.3	31.6	28.8	29.7	20.1	31.2
■ 性别	69.1	69.1	63.5	61.1	65.8	52.3	66.9
▲ 年龄	53.0	53.0	47.2	46.9	41.5	31.5	40.5
✕ 学校	21.1	20.9	16.7	14.3	15.0	11.4	12.6
✳ 班级	12.7	12.1	11.2	8.4	9.8	8.9	6.7
● 照片	13.4	15.5	13.6	13.5	14.5	11.3	15.0
电子邮箱	24.2	18.4	11.9	9.4	5.2	2.5	4.0
QQ/微信号	53.7	52.2	45.5	42.8	40.1	20.9	32.9
手机号	7.2	7.3	7.0	7.4	9.1	6.7	11.4

图5 网络社交公布真实信息

资料来源：第5~11次中国未成年人互联网运用状况调查数据。

成左右，见图6，这与调查发现的未成年人网络社交对象以现实中认识的人为主相印证，网络社交为未成年人维系人际关系提供了很好的平台。从网络社交变迁的角度来看，未成年人对网络社交能够"方便发表自己的观点""能即时了解好友动态""能随时结交新朋友"的认同，呈现下降趋势；而对"有朋友互动，游戏更好玩""能更快了解新闻""能方便地参与感兴趣的话题讨论"的认同，呈现上升趋势。由此可见，未成年人网络社交越来越突出社交过程中的互动性和及时性，如一起打游戏、一起讨论感兴趣的话题等，而不再聚焦于发表自己观点、了解好友动态等静态信息的获得以及延时反馈。

2. **未成年人始终认为网络社交最大坏处是耗费时间、耽误学习**

从历年来未成年人对网络社交的消极评价来看，调查数据显示，两成以

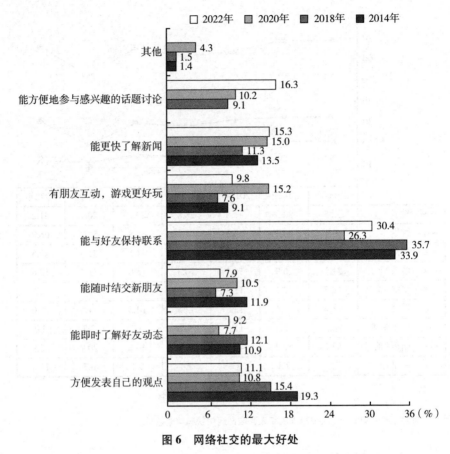

图6 网络社交的最大好处

资料来源：第8、9、10、11次中国未成年人互联网运用状况调查数据。

上的未成年人认为网络社交太耗费时间、耽误学习，如图7所示，这也是未成年人认为的网络社交的最大坏处。其次是互联网上不良信息的传播、个人信息的泄露、欺骗行为等的发生，也给未成年人的互联网社交带来了一定的烦恼。再次，越来越多的未成年人认识到对网络社交的依赖，也会对身心健康造成一定程度的影响，调查数据显示认为网络社交造成"整天宅着，运动变少"和"现实交往减少，性格变孤僻"的未成年人占比，均呈现上升趋势。总之，许多未成年人已经认识到网络社交给个人学业发展、自我信息安全、个人身心健康等，均会带来一定程度的负面影响。

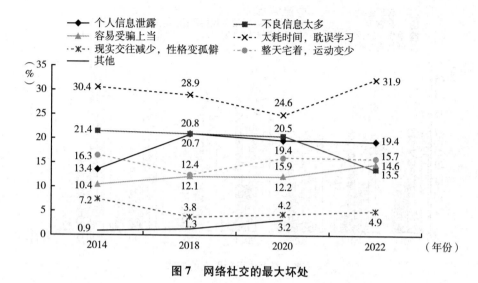

图7 网络社交的最大坏处

资料来源：第8、9、10、11次中国未成年人互联网运用状况调查数据。

（四）网络新朋友交往及其持续性

1. 未成年人往往基于互动行为结交网络新朋友

在针对主要通过什么方式在网上认识新朋友进行调查时，从历年的数据来看，居于前三位的方式主要包括"一起聊天""一起玩游戏""朋友的朋友"，三者占比整体上均呈现不同程度的上升趋势，如图8所示，这些方式都以互动行为为基础，前两者分别以即时互动性的聊天和玩游戏为基础，后者以共同的朋友为依托。而通过"他/她主动要求加我""自己搜索感兴趣的人""网络自主推荐"等方式，这种单纯的主动或者被动的检索功能，来认识新朋友的未成年人相对占少数。这说明未成年人网络社交对具备即时互动性活动的依赖程度较高，而对于基于个人需求的、主动检索的或者被动推荐的网络结交新朋友的方式利用较少。

2. 未成年人与网络新朋友主要限于网上交流

历年针对未成年人与网上认识的新朋友是否会进行现实交往进行调查时，绝大多数未成年人表示，不会与网络新朋友在现实中见面，只会与他

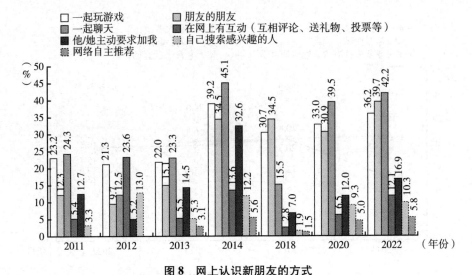

图8　网上认识新朋友的方式

资料来源：第5~11次中国未成年人互联网运用状况调查数据。

们在网上交流，参见图9；而选择在现实中与网络新朋友见过几次面或者经常见面的未成年人，只有少数。由此可见，对于与网络新朋友的交往，未成年人更侧重于单纯的线上交流，由线上交流向线下交流转变的可能性不大。

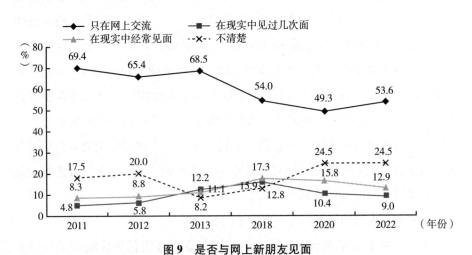

图9　是否与网上新朋友见面

资料来源：第5~11次中国未成年人互联网运用状况调查数据。

3. 未成年人与网络新朋友交往的长期持续性较差

在针对会不会与网上认识的新朋友长期交往进行调查时，从历年的调查数据来看，未成年人表示"肯定会"的人占比少于一成，同时表示"可能会"的人占比呈现下降趋势；未成年人表示"可能不会"的人占比变化不大，占到 1/4 左右；而表示"肯定不会"与网上认识的新朋友进行长期交往的未成年人占比也呈现下降趋势；另外还有部分未成年人表示"不清楚"是否会与网上认识的新朋友进行长期交往，而且这一比例呈现上升趋势。由此可见，未成年人并不看好与网络新朋友交往的长期持续性。

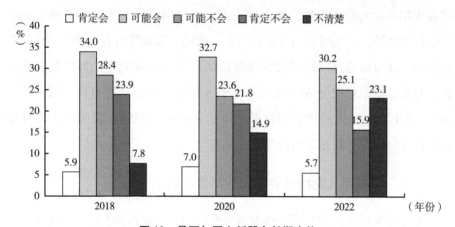

图 10　是否与网上新朋友长期交往

资料来源：第 9、10、11 次中国未成年人互联网运用状况调查数据。

二　未成年人互联网社会交往存在的问题

结合历年调查数据发现，未成年人在参与互联网社会交往过程中，在网络社交主动性、网络社交深度、网络亲子社交等方面，还存在如下一些问题。

（一）未成年人网络社交中的主动性不足

未成年人参与互联网社会交往，能够帮助未成年人拓宽视野，而通过结

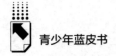

交志趣相投的朋友，也可以更好地帮助未成年人成长。从调查结果来看，未成年人在网络社交中呈现较强的被动性，他们并没有主动去挖掘网络交往的优势，从而借助网络帮助自己更好地学习和生活。在针对通过什么方式认识网上新朋友时，还有相当一部分人表示通过"他/她主动要求加我"的被动方式认识新朋友，也有一部分人表示通过"网络自主推荐"的被动方式认识新朋友，而只有少数未成年人表示通过"自己搜索感兴趣的人"这种主动方式认识新朋友。

互联网的快速发展，为未成年人社会交往提供了全新场域，网络社交受到青少年群体的普遍青睐。未成年人可以通过网络社交增加与老朋友的联系、认识新朋友，还可以通过获得肯定、援助、鼓励等方式，获取网络社会的支持，还可以通过网络寻找解决自己线下遇到问题的办法而实现自我保护。总之，网络社交会在社交互动、个人整合、社会支持和自我保护等方面①，为未成年人提供便利和帮助，但是未成年人网络社交中的主动性不足，使得他们很难真正通过网络社交获益。

（二）未成年人网络社会交往的深度不够

在针对未成年人参与网络热点事件交往的情况进行调查时，发现未成年人网络热点事件交往以浅参与方式为主，例如越来越多的未成年人表示主要通过"浏览大家的评论""只是随便看看相关消息"的方式参与进来，而采取"对事件的报道进行转发分享""进行跟帖讨论"的未成年人，呈现下降趋势，两者占比分别从 2014 年的 33.0% 和 15.1%，下降到 2022 年的 12.5% 和 8.6%。面对网络社会热点事件，特别是涉及未成年人群体切身利益的热点事件更需要了解未成年人自身的观点和看法，而未成年人的这种浅参与方式，不利于相关部门对未成年人自身看法的收集和判断。

自媒体盛行时代，热衷于接受媒介传播信息的青少年，往往只关心自己

① 陈宗海：《青少年社交媒体使用：亲和动机、线上资本与性观念传播的实证研究》，中国社会科学院研究生院硕士学位论文，2020。

感兴趣的话题，而对于社会公共议题的关注不够，这就在一定程度上削弱了未成年人公共生活的基础共识、价值取向和道德底线，甚至会造成青少年主流价值认知边缘化的社会风险①。网络社会与个人生存之间的现实关系，是未成年人网络社交的前提，这也是建立在网络主体感性认识基础之上的，未成年人对网络热点事件的浅参与，导致他们缺乏对感性活动的真实认识，甚至会在这个过程中被错误信息引导，产生不正确的网络认知，很容易造成网络交往的主体风险。

（三）未成年人网络社交中的亲子关系有待加强

网络亲子社交是未成年人网络社交的一个重要方面，特别是对于留守儿童、住校学生等与父母分开的未成年人而言，借助互联网与父母保持良好的亲子关系，对未成年人的健康成长至关重要。然而针对未成年人通过网络和父母联系和交流的调查情况来看，2020 年有 25% 的未成年人、2022 年有 13.4% 的未成年人，均表示"几乎没有"通过网络与父母进行过互动；同时也有两成以上的未成年人表示"较少"通过网络与父母交流。

网络亲子社交不足，特别是对于那些不在父母身边生活的未成年人来说，会使得父母疏于对未成年人想法和感受的关注，既不能满足孩子的基本心理需要，更不能对孩子的网络社交行为进行有效监管，这也在一定程度上增加了未成年人结交网络不良同伴、网络上当受骗等风险，甚至进一步会导致未成年人网络游戏成瘾、网上赌博、网恋等越轨行为的产生。

三　对策与建议

由互联网构建起的虚拟空间，为未成年人社会交往设定了新的时代背景和活动框架，网络社交正在不断影响未成年人的自我认知过程和社会适应状

---

① 钱婷婷、卞佳乐、冯蓓蓓：《移动社交圈群中的青少年道德风险探究》，《新闻爱好者》2023 年第 1 期。

况。基于此，提出如下对策建议，希望能够在将来为推动未成年人互联网社会交往的健康、长效发展，提供些许借鉴。

（一）提高未成年人网络社交的主观能动性

网络社交是人类交往方式的变革，其所具备的平等性、虚拟性、开放性等特点深受未成年人的欢迎[①]。网络社交有利于培养未成年人的平等意识和道德责任意识，有利于培养未成年人的创新个性、丰富其情感体验，有利于满足未成年人扩大交往范围的社会需求，从而建立融洽的人际关系。因此，只有提高未成年人网络社交的主观能动性，才能充分发挥互联网助力未成年人健康成长、全面成才的作用。

1. 提高未成年人网络社会交往的主动性需求

调查发现，未成年人网络社会交往被动参与情况较为明显，例如在网上认识新朋友方面，许多未成年人经由别人加自己或者网络自主推荐等方式认识新朋友，而不选择去根据自己的内在需求，采取主动性行为。这种被动参与的方式，往往与未成年人缺少自信和自我认知不足有关。因此，未成年人网络社交变被动为主动的关键，在于明确自己的需求是什么，接着通过运用网络载体，参与到网络社交活动当中去，体验主动网络社交的乐趣，增加主动网络社交的计划，提高主动网络社交的频率，从而真正地促使网络社交为个人发展提供帮助。

我们应当通过不断强化未成年人参与互联网社会交往的自主性意识和主动性需求，避免未成年人盲目被动地受到网络交往环境的影响，增强未成年人对网络交往的自主掌控能力，同时提高未成年人对各种网络社会新环境的辨别能力和适应能力，从而根据自身的需求自主实现对网络社交的取舍，消除那些负面信息对未成年人的不良影响，进而真正实现帮助未成年人通过网络社交获得成长。

---

① 许静：《中学生网络交往及对其交往伦理影响十年对比研究（2006～2015）》，南京师范大学硕士学位论文，2016。

2.提升未成年人网络社会交往的技术水平

现实生活中很多未成年人网络社会交往中的被动表现，主要是因为他们对网络交往作用的认识不充分，没能全面认识到网络交往的正向作用；还有就是未成年人网络交往的技术水平有限，例如对网络交往平台认知较少、对网络交往技术性操作不熟悉等，都会导致他们网络交往中的被动参与。因此，我们要通过提高未成年人网络交往的技能，为未成年人主动性网络社交参与创设前提条件，让他们从"想交往"转变为"能交往"，帮助他们克服网络交往技术上的不足，让未成年人充满信心地主动参与到网络社交活动当中去。

一是开展网络交往平台软件的使用培训，帮助未成年人主动学习网络交往平台的有关应用知识，掌握基本的技术手段，能够利用计算机或手机使用微信、QQ、电子邮件等，以真实或者虚拟的身份在互联网社会中进行对话、讨论。二是将网络技术培养引入中小学教育教学中，设置网络交往搜索引擎运用实操课程，提升学生的主动检索能力。三是模拟网络交往的现实案例，通过形象化、生动化的案例剖析，深化未成年人对网络交往的认识和运用。通过这些技术提升方式，在及时掌握未成年人参与网络交往状态的情况下，帮助未成年人真正地成长为网络交往的参与者和管理者。

（二）拓展未成年人网络社交的广度和深度

随着互联网技术的迅猛发展，网络交往已经成为未成年人开展人际交往的重要内容。网络交往为未成年人实现人际交往提供了便利条件，消除了地域限制；有利于未成年人建立更广泛的人际关系，拓展人际交往的范围、内容和层次；有利于未成年人社会交往能力的提高，克服人际交往的恐惧心理等。因此，拓展未成年人网络社交的广度和深度势在必行。

1.不断拓展未成年人网络社交的广度

网络交往的自由性，使其极具个性化色彩，交往对象、交往内容以及交往形式等，未成年人全凭自己的主观爱好来选择；在交往行为的调控和评价

方面，网络交往具有主动性、积极性与创造性①，为了更好地促进未成年人深入地参与到网络社交中来，拓展未成年人网络社交的广度尤为重要。

一是交往对象扩大化。互联网提供的是弱纽带的人际关系，借助互联网这一平台，未成年人交往的对象，不再局限于家人、同学和老师，而是扩大到更宽、更广的范围，在互联网交往过程中，陌生人和熟悉的人都可以成为交往的对象。二是交往内容开放化。未成年人通过互联网交往的内容，尽可能丰富多彩，而不是简单地局限于学习和个人感受，对网络热点事件的讨论等都可以纳入网络交往内容中来。三是交往平台多样化。从目前来看，未成年人网络交往的平台相对单一，其中微信平台占绝对优势，对于抖音、快手等视频类网络交往平台的运用还有待提升。四是交往行为日常化。未成年人应该将网络交往看作自己日常生活必不可少的一部分，参与网络交往既可以维持人际关系，也可以促进个人能力和水平的提升。

2. 逐步拓展未成年人网络社交的深度

网络社交的优点还体现在，对于性格内向、不善交际的未成年人来说，网络交往的匿名性可以帮助他们克服人际交往的恐惧心理，网络社交平台提供了一个培养、锻炼交往技巧的场所，这在客观上提高了未成年人的人际交往能力。那么，如何拓展未成年人网络社交的深度呢？

一是加大网络社交参与的力度。以网络热点事件交往为例，未成年人不应该局限于看看信息和浏览评论，可以尽可能地在自己能力范围内进行点评和转发，这种参与力度的增加，能够帮助未成年人提高辨别能力和思考能力，同时也有助于相关部门听到未成年人的呼声。二是提高网络社交参与的创新性。互联网提供的新鲜事物，能够促使未成年人价值观念、思维方式的转变，不仅能够强化未成年人认识和改造世界的能力，还可激发未成年人探索未知的全新念头和创新知识，进而满足自身发展的需求。

另外值得注意的是，沉溺于网络社交也会给未成年人带来不良影响，如导致现实人际关系的疏离、削弱现实人际交往能力等，因此，家长、老师和

---

① 王化丽：《中学生网络交往与现实人际关系》，《西部体育研究》2013 年第 3 期。

社会要加强对未成年人网络社交的正确引导，未成年人自身也应理性地进行网络社交，努力做到扬长避短，让互联网科技确实为未成年人的健康成长保驾护航。

（三）构建高质量的网络亲子社交关系

亲子关系作为家庭环境中的关键因素，不仅是青少年积极发展和健康成长的基础，同时也是影响其适应与发展最重要的变量[1]。亲子关系是影响青少年网络社交的最主要因素之一，互联网时代父母对子女行为的影响，不再局限于现实生活中，这种影响也会延续到虚拟的网络社会中。消极的网络亲子社交，会给未成年人网络不良行为提供空间，特别是对于留守儿童、住校学生等缺少父母陪伴的孩子而言，与之相反，积极的网络亲子社交，会使未成年人与父母情感上亲近，而且能使其内化父母的教诲，有助于培养未成年人健全的人格和正确的行为。

1. 确保未成年人网络亲子社交关系就位

网络社交中父母的缺位，会导致未成年人更倾向于通过扩大网络社交圈来弥补父母参与的缺失，来获得社会支持，这就在一定程度上增加了未成年人接触不良网络信息、网上上当受骗的概率。特别是留守儿童、住校学生等父母不在身边，本来就缺少网络使用的有效监督，网络使用比较自由，遇到问题时也不能及时求助父母，而且与父母之间的网络亲子社交沟通又少，很容易产生一系列网络偏差行为。而拥有高质量的亲子关系的未成年人较少产生社交焦虑以及情绪消极等问题。因此，可以借助互联网在未成年人与父母之间开展网络亲子社交，通过构建高质量的网络亲子社交关系，借助网络来帮助未成年人获得源自父母的鼎力支持和个人情绪宣泄机会。

首先，父母应该将通过微信等网络平台进行亲子沟通，看作一种主动的、积极地与子代交往的行为。父母可以通过不断学习提升个人网络运用能

---

① 赵西：《初中生亲子依恋与同伴依恋对网络社交依赖的影响——自我同一性的中介效应》，温州大学硕士学位论文，2021。

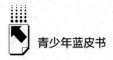

力，主动了解网络时代信息，从主观上缩小与子代的信息差距并试图找寻共同话题。其次，父母在网络亲子社交过程中，要做到与孩子之间的平等对话。在微信等社交平台构建的网络社交世界里，"个人"是凌驾于一切的核心，而父母作为这个世界里的一个交际对象，不再是高高在上的"权威"，人际关系的符号化冲击了其固有的权威性①。最后，制定家庭网络亲子社交规则，确保网络亲子社交的可操作性。例如可以通过在父母与子女之间约定固定的网络聊天时间、网络聊天内容和节目等，将网络亲子社交落到实处。总之，确保未成年人网络亲子社交关系的就位，能够让未成年人在家庭这个港湾休憩整顿、积攒力量，从而再次出发。

2. 明确父亲在网络亲子社交关系中的职责

亲子依恋关系中的父亲依恋对青少年的影响更为显著②，即如果父亲更多地参与青少年成长，则青少年能更清晰地认识自我，有父亲参与和陪伴的未成年人，其学业、体育、社交、心理健康等方面进步较快。一方面，鼓励父亲意识到父子关系、父女关系对未成年人的影响，使其能更多地与孩子们直接接触，在不具备条件的情况下，可以通过网络亲子社交的参与，对未成年人进行及时的引导与沟通，以减少未成年人网络社会交往中的不良行为。另一方面，加强未成年人与其父亲的日常网络交流，让父亲更多地参与到孩子们的学习、生活、网络社交中去，及时地为他们答疑解惑和提供帮助。

参考文献

陈宗海：《青少年社交媒体使用：亲和动机、线上资本与性观念传播的实证研究》，中国社会科学院研究生院硕士学位论文，2020。

董光恒、杨丽珠、邹萍：《父亲在儿童成长中的家庭角色和作用》，《中国心理卫生杂志》2006 年第 10 期。

---

① 吕振男：《社交网络环境下亲子文化冲突的原因和应对》，《西部广播电视》2018 年第5 期。
② 董光恒、杨丽珠、邹萍：《父亲在儿童成长中的家庭角色和作用》，《中国心理卫生杂志》2006 年第 10 期。

吕振男：《社交网络环境下亲子文化冲突的原因和应对》，《西部广播电视》2018 年第 5 期。

钱婷婷、卞佳乐、冯蓓蓓：《移动社交圈群中的青少年道德风险探究》，《新闻爱好者》2023 年第 1 期。

王化丽：《中学生网络交往与现实人际关系》，《西部体育研究》2013 年第 3 期。

杨苏丽、李永健：《未成年人互联网"中介化"的社会交往和自我表达》，《青年探索》2020 年第 6 期。

杨代勇：《未成年人网络安全风险的治理路径》，《山东青年政治学院学报》2022 年第 1 期。

于浚泉、魏淑华、董及美、徐艳利、梁艳伟：《粗糙养育与青少年网络游戏成瘾的关系：基本心理需要满足和越轨同伴交往的链式中介作用》，《中国健康心理学杂志》2023 年第 1 期。

赵西：《初中生亲子依恋与同伴依恋对网络社交依赖的影响——自我同一性的中介效应》，温州大学硕士学位论文，2021。

朱丽丽、李灵琳：《基于能动性的数字亲密关系：社交网络空间的亲子互动》，《中国地质大学学报》（社会科学版）2017 年第 9 期。

B.10
未成年人互联网运用与流行文化消费状况

曾　昕*

摘　要： 在当代未成年人的网络文化消费中，年轻力量已成为不可忽视的一部分，厘清网络消费文化对未成年人态度和行为的塑造、以此进行风险预判并提出对策建议，有重要意义。本研究认为，目前未成年人网络文化消费存在的问题主要包括被网络商业文化过度驱动、主流消费引导不足、求新求异导致的超前消费和过度消费等；需要学校在教学实践过程中开展消费教育、联合家庭开展未成年人金钱观教育、利用大众传媒和社区机构起到社会正向引导作用等。

关键词： 未成年人　流行文化　文化消费　消费引导

近年来，我国消费市场规模增长迅速；与此同时，新技术、新媒体的迭代与普及，对消费方式产生了深刻的变革，催生了全新的消费需求、消费模式与消费群体。网络文化消费，意指运用互联网包括移动互联网来实现自身文化消费的过程，强调以网络作为媒介和工具来满足消费欲望①。在"未成年人网络权益保护"研讨会中，相关专家指出：以消费教育框架理解青少年的网络短视频应用，需要关注两层意义。第一，青少年对平台服务的使用，是典型的消费行为；第二，网络消费过程中，平台服务对未成年人构成

---

　　* 曾昕，中国社会科学院新闻研究所助理研究员，主要研究方向为青少年与新媒体、网络文化。
　　① 祁述裕：《网络文化消费符合当前社会生活方式》，http://culture.people.com.cn/n/2013/1016/c172318-23225009.html。

知识信息、生活方式的影响，是对青少年进行消费教育的重要渠道。① 当代未成年人是数智化特征极为明显的一代，擅于运用网络接触多样化的信息；作为正在成长的新兴消费群体，他们的消费动机、消费行为和消费热点，是政府、学校、家庭与市场共同关注的内容。

一 未成年人网络文化消费的背景、特征与典型行为

（一）未成年人网络文化消费的背景与成因

日常生活的数字平台转型是当今社会的深刻转型，对形塑当代未成年人文化与消费有重要作用。"十四五"规划提出，要顺应居民消费升级趋势，培育新型消费。新消费的发展离不开青年消费者，更不容忽视的是新消费文化对未成年一代价值观和行为方式的改变——当代未成年人属于数字原住民，数字化媒体的价值观有巨大的影响力。网络文化不仅是技术层面的内容供给，也是一种渗透到未成年人日常学习、生活、休闲娱乐等诸多方面的新型经济。网络文化消费，意为用户针对网络中文化产品进行的购买活动，包括购买电子书、网络课程、电影会员、网络游戏、付费歌曲；也包括购买"皮肤"、氪金、打赏主播等系列新兴网络消费现象。

当代未成年人生活在前所未有的多元媒介环境中，可最大限度地选择自己喜爱的内容、选择自己感兴趣的产品甚至趣缘圈层进行文化消费。近期在相关研究中，学者们重点从三个方面探讨了新消费文化潜在的社会属性：一是媒介与消费的角度，探讨社交媒体之于新消费形式（微商、电商等）；二是消费新现象，包括消费理念中蕴含的身份认同、圈层共享等；三是消费新热点，从细分领域剖析消费文化，如"种草"、知识付费、盲盒潮玩等，对消费文化热点进行深描。

---

① 《中国社会科学院社会学研究所研究员朱迪：发挥短视频的青少年网络素养教育功能》，https://baijiahao.baidu.com/s? id=1713127789393581056&wfr=spider&for=pc&searchword=%E6%9C%B1%E8%BF%AA%20%E7%A4%BE%E7%A7%91%E9%99%A2。

消费文化包含两个基本维度：一是经济的文化维度（消费形成的文化），二是文化产品的经济维度（以文化的符号价值刺激消费）。进入数字时代后，价值本身开始变得更加差异化乃至碎片化，消费文化应包含符号、价值、共识三方面内容。消费文化在上述三个维度出现新的变化，并经由看得见的"种草"和看不见的算法，深刻形塑新一代青少年消费者的思与行。

（二）未成年人网络文化消费特征

1. 平台化消费：多平台应用与全方位消费整合

社交媒体等新媒体平台的多元化供给让当代未成年人自幼熟悉各类平台应用。在网络文化的消费形式方面，根据 2022 年的未成年人网络使用行为调查，6~18 岁的未成年人通常拥有多个上网设备，包括电脑、手机、平板、儿童手表等。他们可以根据不同的软件和需求随时链接网络消费内容。第 10 次中国未成年人互联网运用调查显示，未成年用户主要上网地点在家中（占比 88.1%），通过手机上网的人数最多（占比 71.3%）。[①]《中国青年报》显示，我国中小学生的手机拥有量超过发达国家，约有 70% 的智能手机使用率。

在平台方面，社交平台是未成年人网络消费的重要阵地。微信和 QQ 是使用率最高的社交媒体，消费者分别占社交平台总消费人数的 31.5% 和 52.9%。部分未成年人也使用小红书、B 站、豆瓣、微博等。在消费方面，最受欢迎的是视频网站和短视频类消费，占比 60%。其中最常消费的是二次元类（A 站、B 站、腾讯动漫）和短视频类（抖音、快手、西瓜视频）。紧随其后的是直播平台，如企鹅直播与斗鱼直播。此外，被访者还列举了网络论坛和网络文学平台。[②] 如今，平台成为加速消费的动力。平台全方位整合了购物、展示、交流、借贷等功能，创造出以即时满足为目标的消费新场景。"种草"现象的出现，让消费符号以一种前所未有的方式充分展开与流动，不断邀请消费者参与二次创作，形成"种草—消费—再种草"的循环。

---

① https://www.doc88.com/p-63373072344634.html.
② 第 11 次中国未成年人互联网运用状况调查数据。

2. 日常性消费: 网络文化消费占据未成年人一半零用钱

对于当代未成年人而言, 网络文化消费具有日常性。网络文娱对未成年人课余生活的渗透遍及方方面面, 大量来自网络的信息分享、好物推荐构成了未成年人的社交话题, 且部分孩子会感受到这方面的同辈压力。[①] 据相关报道, 12~18 岁未成年人的月均可支配零用钱为 370 元, 线上消费的占比为47.1%, 其中网络游戏消费占比最多, 约为线上消费的 15.6%, 网络音乐(10.2%)、网络课程 (8.8%) 与网络小说 (6.4%) 等消费也占有相当比重。未成年人所进行的网络文化消费主要依靠零用钱, 且文化类内容已经成为日常性支出。[②] 在未成年人的日常性网络消费开支中, 数额最大的是为网络游戏付费, 但这并不是普遍性现象, 与整体消费平均值相比呈现较大的差异。

3. 情感型消费: 情感附加值举足轻重, 网络虚拟情感需求增大

大部分于城市中生活的未成年人受家长管制较为严格。城市家长普遍存在阶层焦虑和教育焦虑。缺乏自主的生活, 使他们追求自我的需求日益凸显。追星、二次元、网络文学……营造出虚拟世界中一个个可供沉浸的异托邦, 让未成年人从日常规训中逃离、获得快感, 满足自由的自我欲望。由此, 当代未成年人热衷于以满足自身需求为目标的悦己消费、以兴趣意向主导的快乐消费。

网络中, 情感满足方式的匿名化与市场化导致真实世界情感的来源范围被挤压, 虚拟情感需求增大。有研究发现, 钟爱二次元是出于对快感和幸福感的获取, 他们在当中能找到共鸣、治愈[③]。《消费界》研究显示, 新一代

[①] 《中国社会科学院社会学研究所研究员朱迪: 发挥短视频的青少年网络素养教育功能》, https://baijiahao.baidu.com/s? id=1713127789393581056&wfr=spider&for=pc&searchword=%E6%9C%B1%E8%BF%AA%20%E7%A4%BE%E7%A7%91%E9%99%A2。

[②] 详见艾瑞咨询《12-18 岁未成年玩家消费: 平均每月消费 224 元, 近八成家长不管不问》https://baijiahao.baidu.com/s? id=1611588483584902072&wfr=spider&for=pc。

[③] 苏宁金融研究院《你们根本不懂"后浪"》, https://www.01caijing.com/finds/details/262998.htm. 所谓"中二病"指的是青少年某些病态的自我意识, 例如认为自己是特殊的存在, 乐于通过表现自己来获得他人认同。

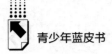

年轻人花钱是为了获得幸福感①。"氪金"（网络游戏中的充值行为）购买炫酷的虚拟装备和场景皮肤、升级配置，最大限度地给自己带来充分体验和快感。

消费行为的变化源于价值观念的变迁，当代未成年人生长于物质较为充裕、虚拟世界与现实世界同样丰富精彩的成长环境中，非常注重个体感受和体验。情感附加值在他们的消费态度中，占有举足轻重的地位。一些未成年人乐意通过打赏、打榜等消费表示对偶像的支持，获得直接的情感体验。部分会选择偶像代言的品牌"为爱埋单"，"如果是不喜欢的明星代言，即使物品品质好也并非优质选择"。现实中存在的人与物品，或网络世界的虚拟形象，都可能驱使未成年用户在网络中进行真金白银的消费。花费大额资金打赏主播、刷礼物、定制壁纸和配套游戏手办等现象在未成年人中屡见不鲜。②

4. 个性化消费：限量、独有成为关键词，虚拟世界颜值消费盛行

当代未成年人愿意在能代表自己的领域投入时间与金钱，购买与兴趣相关的品牌和产品，加深在兴趣领域的钻研，寻找、强化个人标签。《2020 Z世代消费态度洞察报告》指出，当下新一代消费普遍体现出"易种草体质"（指容易因受到推荐而对某物品有"蓬勃生长"的占有欲）③。个性、审美、新潮成为消费的新维度。一个新奇的游戏皮肤，对当代年轻消费者而言，可能比一个实体产品更能唤起购买欲。"独一无二""限量发行"是他们的消费关键词。由此，情感消费品应运而生，大量商家希望通过消费这一过程，让未成年用户与产品建立情感链接，获得虚拟的情绪感受、情感满足。

当代未成年人的成长过程伴随着二次元文化的蓬勃发展，虚拟世界唯美主义、"可爱即力量"的价值观已经深深嵌入他们的文化生活。由此他们青睐萌系、少女系和具有外观优势的产品；热衷追求外表光鲜、极具个性的事

---

① 《起底Z世代，他们的消费界限在哪里》，https://36kr.com/p/980045235195268。

② https://baijiahao.baidu.com/s? id = 1745264860083288231&wfr = spider&for = pc。

③ 第一财经商业数据中心：《2020 Z世代消费态度洞察报告》，https://www.cbndata.com/report/2381/detail? isReading = report&page = 1。

物，颜值小物等相关消费因此备受追捧。"颜值主义"的消费观念和社交媒体的分享特质、"晒图"文化盛行密不可分。

（三）未成年人网络文化消费的行为

1. 网络消费呈现垂直型趣缘化，包含"圈子"和"层级"双重维度

尽管未成年人尚未经济独立，其网络文化消费已经体现出一定的圈层消费特征。商品的文化属性能否得到认可、引发情感共鸣，成为赢得未成年一代消费者的关键。在互联网的助力下，兴趣圈层更加垂直多元，分门别类，体系强大。诸如 Bilibili 就拥有超过 200 万的文化标签，包括御宅、美妆、萌宠等；核心圈层包括游戏、番剧、古风等品类，核心圈之下又有许多分支。而看起来相似的趣缘圈之间，都有细分的品类，如古风音乐圈、汉服圈、仙古圈等。"圈外人"认为类似的这些趣缘圈，实际上只有小部分交集，各圈之间有不互通的消费偏好、语言符号和行为方式，甚至可能还有泾渭分明的壁垒或者对立。

"兴趣市场"是新消费文化中的集体共识，网络圈层组织又进一步强化了这种共识。消费新圈层不能简单套部落化解释；在"部落中"它还暗含了圈与层级两个维度。一是水平层面的兴趣"圈"，即消费者通过摆脱原有的阶层束缚，依据兴趣爱好而结成的集群。二是垂直层面的分化"层"，即在生产和消费变得模糊的同时，圈内消费者的地位分级却显得愈发明晰。更为确切地讲，在由平台、意见领袖、普通消费者共同构成的网络中，兴趣市场的共识正被"情感+利益"的圈层逻辑放大，致使消费行为激进化。"分层"是圈子形成后的必然趋势。诚然，未成年人网络圈层消费中的阶层性，一定程度上是父母经济社会地位的映射。

2. 网络文化消费社交化特征明显，"分享"与"种草"是普遍现象

整体上看，新一代青年人消费呈现部落主义的亚文化倾向，以情感为纽带，以消费为社交。"前网络"时代，青年的亚文化消费更多的是个体消费行为。之前，X、Y 世代的青少年，在购买喜爱之物、追逐偶像时，大多是自己购买商品、观看演唱会；而现在的未成年人则会加入粉丝团，微博打

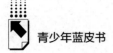

榜，应援，形成情感部落。"消费呈现出更多的公共和集体的特征——不再只是个人选择和偏好的事了，而是成为公众讨论和集体审议的话题；共享的兴趣通常会导致共享的知识、共同的视野和共同的行动"。

种草型消费是未成年人典型的交往型网络消费。据全球95后洞察报告，新一代消费者愿意使用社交媒体购物的比例比其他时代人群更高[①]。他们喜欢在抖音、快手、小红书和B站等平台浏览内容，愿意被意见领袖和熟人亲友种草。通过消费获得的积极情绪在"圈"中得到大规模的共振。这种愉悦来自在圈内被理解、被需要的强烈认同感，并反过来刺激消费。消费者在感性的共鸣之后还会为自己的消费行为寻求理性解释。无论是增进归属感和自我效能感，还是以实际行动支持所爱对象，都赋予了消费者无法在圈外实现的成就感。

3. 网络消费的文化属性明显，且具有鄙视链特征

消费文化综和了物质和精神双重消费领域。当代未成年人通过观看视频、接受KOL种草，进行分享、把消费主动应用于社交，是一种消费领域的社交转移和自我展现的途径。消费不仅成为未成年人在现实社会的交往途径，也体现了自我表现、自我赋值的需求。调查显示，许多未成年人从初中开始，对于互联网社交的消费诉求快速提升，饭圈、书友圈消费群体最大，游戏电竞圈、硬核科技圈、国风圈也有相当热度，文化属性的消费内容繁多。[②]

与此同时，平台经济下的亚文化圈层，依然需要通过消费进行趣缘的准入与身份的确认。各种趣缘圈表面上是乌托邦的寄托，是由共同的兴趣爱好而聚集的"为爱发电"；而这些看似美好、平等的圈层，需要以消费作为门槛和等级划分的依据。甚至在同一个圈子内，也有不同的阶层与身份区隔。消费金钱的层级在消费时间之上，鄙视链最高端依然由金钱主导。在粉丝的

① 埃森哲：《全球95后消费者调研中国洞察报告》，https：//36kr.com/p/1721936134145，2022年2月12日。
② 《2021未成年人互联网兴趣洞察报告：网络对未成年人影响深远》，https：//baijiahao.baidu.com/s？id=17013233253424470060&wfr=spider&for=pc。

等级体系中、在游戏的段位中，地位、层级和成就感均需要通过消费甚至巨额消费方能获得。因此，即使在未成年群体中，圈层消费也映射出经济实力的再现。

二 未成年人网络文化消费存在的问题

网络文化消费的种种现象映射了未成年人的网络精神生活现状与社会症候。互联网技术与媒介改变了未成年人的生活方式。尤其随着移动互联网大数据技术的运用，平台资本侵入亚文化，各种文化消费产业正在被平台资本所形塑。未成年人文化消费的逻辑，也不可避免受到平台资本的塑造。

（一）商业文化的影响：消费主义、享乐主义与算法的共同推动

消费主义思潮盛行对于未成年人消费观念的影响已经是老生常谈。从宏观方面看，全球资本主义生产体制从福特制向后福特制的转型，令消费社会在发达资本主义国家率先成型。随着消费成为人们生活方式风格化的基础，消费文化也跃升为学界理解消费社会的重要概念工具。

早在 10 年前，《人民日报》就针对新一代青少年的消费行为进行过相关调研，指出当代家庭对子女的消费投入日益增长；不乏各种月光族、卡奴等现象。[①] 当下新消费文化催生了大量新兴形态，给未成年人的消费提供了更多渠道。由于未成年人消费具有一定的脆弱性，较易受到各种新兴文化的诱惑，是许多新兴产业的目标，大量物质或非物质产品趋之若鹜，行业内同质化竞争加剧，基于流量逻辑的"挣快钱"网络文化产品迅速蔓延，可能伴随恶性竞争。行业的恶性竞争可能导致消费误区的产生。

从消费心态和心理机制方面看，网络中盛行的享乐主义思潮对未成年人消费心理产生影响，并且在数字时代，商业文化加入了新的变量，比如算法

---

① 《重视儿童财商教育 助其树立正确金钱观》，http://finance.people.com.cn/n/2013/0131/c70846-20389434.html。

对消费文化的影响;"种草"文化对消费机制的形塑等——消费文化的表层是符号,深层是价值。当下社会,价值本身开始变得更碎片化,这也就凸显了共识的重要性,当下消费文化的衡量应包含符号、价值、共识三方面内容。伴随人民生活品质进一步改善,未成年人消费文化在上述三个维度出现新的变化,也有"种草"和算法等新的变量介入,进一步影响新一代未成年消费者的思与行。

享乐主义不仅是一种思潮,也是平台机制、商业文化合谋诱导产生的所谓"新型生活方式",比起赤裸裸的"享乐",更加隐蔽,往往还可能打着"为爱埋单"的幌子。比如,不断出奇制胜的新体验可能诱发消费文化表象下的新型享乐主义。影视、游戏、动漫等文化产品的错误导向,都可能滋生享乐主义情绪,从传统的功能性消费到近些年的体验性消费、情绪型消费,很大程度与快感激活相连接。个体的偏好、感受、所在群体等个性因素都可能影响消费体验。如果这种消费方式得不到引导,未成年人就有可能跟着心情走、跟着刺激走,滑向"无意义的荒诞耗费"。

(二)资本驱动下的过度消费:网络消费方式相对隐蔽,部分家长存在网络文化认识盲区

根据相关调查,大量未成年人能正确认识精神财富与物质财富的关系,但部分未成年人自控能力较差、缺乏计划性、内在冲突与外在冲突明显、消费方式简单。[①] 而针对这些问题,大部分家长对孩子的财商教育匮乏,或方法简单,深度认知不足。比如部分家长控制孩子零花钱,一味地限制孩子消费,反而导致孩子失去培养消费自律的空间。另外,家长过于倚重自身经验,对各种网络新兴消费方式缺乏认知,不了解新一代未成年人的消费内容与规律;对互联网消费文化的认知存在盲区,自然难以发现孩子消费过程中潜在的问题。

网络中的超前消费与虚拟消费可能相对隐蔽,因此,如果家长不熟悉

---

① http://finance.people.com.cn/n/2013/0131/c70846-20389434.html。

网络中未成年人常见的消费领域和消费陷阱，很可能造成未成年人过度消费的不良后果。游戏社交 App 玩吧存在未成年人大额充值甚至涉嫌赌博问题。《证券日报》曾报道，消费者姚女士曾投诉其未满 18 周岁的儿子于 2020 年疫情期间在玩吧 App 平台上先后花了 100 多万元，家长开始时甚至不知情，发现时为时已晚。而类似的问题并非个例，关于未成年人在玩吧 App 上大额充值购买虚拟商品的投诉有多起，涉及金额少则数百，多则上万元。还有未成年人冒用家长身份充值游戏。① 此外，一些新兴消费模式，诸如盲盒等，目前没有清晰的边界限定，参与者可能在不自觉中就形成了冲动消费、过度消费，甚至潜在"赌博"行为，这也是潮文化消费当下的社会隐忧。

（三）网络漏洞与监管滞后：灰色地带与责任归属不明

消费圈层的新生态让监管产生了新的盲区。作为新兴事物，一些潮流消费迎合了年轻消费群体的心理需求，但在经济失范无序发展之下，也给消费者尤其是未成年人带来了负面影响。消费新圈层和新场景等的加快融合，不可避免地催生了新的市场监管漏洞。比如，随着流量竞逐赛的日趋激烈，一些商家开始提供擦边式的新玩法，依托兴趣市场提供处于灰色地带的消费方式。一些新的乱象由于刚刚出现，还可以钻法律和监管的空子。

据网络报道，有 12 岁的孩子偷用妈妈的手机注册了微信账户，将家里的 4 张银行卡捆绑在了这一账户上，并用这部手机先后多次在网上下单购买虚拟游戏产品。当家里发现时，4 张卡里的 6 万元已所剩无几。一些平台表示事前也与买家确认过成年人身份，且虚拟类的商品换绑成功后有不退款的规定，不能由商家承担责任，等等。② 近年来，类似的未成年人网络消费纠纷屡见不鲜，由于责任归属问题不明确，以致多方遭受损失。

---

① 《玩吧 App 上未成年人大额充值问题严重，消费者要求退款遭拒》，https：//new. qq.com/rain/a/20221021A03S8A00。

② 《扎紧未成年人网络消费监管篱笆》，https：//baijiahao. baidu. com/s？id = 1734955679400184490&wfr＝spider&for＝pc。

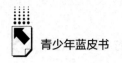

三　未成年人网络消费行为的引导策略

未成年人网络消费问题并非由单一性的因素导致，需要综合性的引导方案。专家指出，对于未成年人而言，宏观消费教育的相关内容包括广告甄别、消费者权利和责任、可持续消费等。微观方面包括理财知识、家庭消费、儿童消费教育和网络素养。

（一）学校需重视并了解未成年人网络文化消费状况

首先，学校需要进一步深入了解学生的网络文化消费状况。未成年人的消费状况，特别是网络消费，通常在学校教育的关注范围之外。学校难以掌控，甚至很难了解未成年人网络文化消费的具体内容，以及其中消费的具体状况。即使未成年人在网络消费中出现偏差，也很难被学校所知，因此难以得到及时的帮助。

建议学校先从了解学生日常偏好的网络文化入手，洞悉可能出现的消费盲区。可定期以匿名问卷等方式调查了解本校学生日常的网络消费，比如常用网站、App、会为哪些内容进行消费、常用的付费下载包括哪些内容、为哪些游戏进行氪金、为哪位偶像或主播进行打赏等，包括在网络消费中遇到过哪些问题与困扰，通过这些方法及时了解未成年人的网络消费动向。

在校未成年人求新、求奇的意识非常强烈，对教师教育的认同度很高，建议学校可以通过与消费者组织、金融机构等合作，举办网络消费教育主题讲座，以身边鲜活的案例，警示孩子们小心身边的消费陷阱，学会保护自己的合法权益。此外，学校可配合双减活动，或素质教育，开设与消费相关的讲座或建议教育部门和学校要加强"消费教育"工作，把消费教育纳入学校的教学大纲，使消费教育和消费引导持续化、规范化。

（二）家庭需要给予孩子早期消费教育和引导

一般情况下，未成年人仍依靠家庭生活，没有独立的经济来源。但年纪稍大的未成年人，有一部分可以自行支配的收入。在网络消费中，家长对未成年人消费教育的引导力仍显不足。

首先，家长需要在教育孩子的整体教育观中加入对孩子的财商教育。一般情况下，提到消费教育，许多家长认为孩子还没有独立的经济能力，接受理财和消费方面的教育为时尚早；或认为相关财富教育属于较为富有的家庭而不适用于普通家庭。事实上，网络中的各种文化内容以及消费已经渗透在不同阶层、不同年龄段的未成年人中，不仅可能构成消费陷阱，也可能影响未成年人的消费习惯和对于消费的正确认知。对未成年人提早进行消费的引导，可以帮助未成年人树立正确的金钱观。这种教育不仅要体现在网络文化消费中，也遍及学习和生活的诸多方面。

其次，新媒体时代，家长需要格外重视孩子的网络消费包括网络文化消费。网络文化消费不仅体现出孩子在网络中关注的内容，更与"为爱埋单"的兴趣消费、情绪消费紧密关联。一些家长关注孩子的日常开销，但没有对网络开支、网络文化消费给予足够重视，导致一些孩子虽然生活学习支出被家长严格管理，但其购买网络音乐、游戏皮肤及网络打赏、游戏"氪金"这些网络文化消费都在家长的关注范围之外，这不仅可能导致非正当消费、浪费金钱，也有可能导致家长忽视孩子的兴趣所在。

（三）政府、大众传媒和社区机构起到合力正向引导

新消费文化是我国迈向高品质生活的必然结果。现阶段，新消费文化之"新"表现为参与性的符号、感性化的价值、兴趣市场的共识。这些文化特质在平台机制、关键意见消费者、圈层化聚集的作用下，让未成年人形成了全新的消费理念。这些新消费观念和实践亟须得到更高维度的信念引导。针对目前未成年人文化消费的多元性与流动性，强制限制或机械引导的方式已不再适合，需要时尚性与实用性相结合、继承性与创新性相结合、树立合理的物质消费观与精神消费观。

政府要营造清朗的新消费空间，需对重点领域加以关注，谨防消费盲区。对新消费领域，相关部门要列出具体的问题、出台行业指导意见，基于

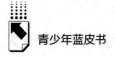

各级团组织的数字阵地，做好面向未成年人及家庭的消费风险警示。另外要压实平台责任。严管"种草"平台，惩处诱导借贷购物、冲动消费、高价接盘的失德博主。相关行政部门要警示经营者在经营过程中严格执行国家有关消费者权益、产品质量、价格、广告、合同、竞争以及未成年人保护等方面的法律法规，守法经营。加强对校园周边经营的管理，对有赌博倾向的商品，应予以严厉查处，优化网络消费环境。

顶层设计方面，网信办等部门需多方面、分步骤展开工作：将未成年人网络消费问题分类、聚焦。比如，针对饭圈打榜、控评等不当消费行为，不仅要清理有害信息，同时要发现和处置职业黑粉、恶意营销群组，对于纵容乱象的平台，也要出台相应管制，压实平台的主体责任。此外，针对特定的网络消费问题，网信办等部门需要具体问题具体分析，开展专项行动，比如，对"饭圈"行为模式进行研究，指导平台监督社群规则，从本源上解决问题。

随着新消费、新文化之间的作用关系日趋复杂，未成年人工作必须更密切关注消费新动态、新风险，警惕那些打着"沉浸式""数实共生""脱实向虚"幌子的享乐主义。在加强学校教育主阵地作用、重视家庭教育基础性作用的同时，把学校、家庭、社会等方面的对策整合起来，同向发力。引导未成年人摆脱消费主义。巩固思想政治教育成效。通过情景剧、典型案例、短视频教学等方式，使学生树立健康消费观。利用相关课程、讲座、拓展活动，揭开平台的隐蔽算法、盈利模式、诱导话术、成瘾机制等"黑箱"，填补学生的互联网知识空缺。或以线上线下融合的方式，多维一体协助学生走出盲目氪金、消费陷阱和流量认识误区，促使青少年养成文明理性的消费习惯、提升数字素养。

参考文献

李春玲：《改革开放的孩子们：中国新生代与中国发展新时代》，《社会学研究》

2019 年第 3 期。

刘建华：《论费瑟斯通的消费文化阶层区分》，《佳木斯大学社会科学学报》2015 年第 5 期。

杨可：《母职的经纪人化——教育市场化背景下的母职变迁》，《妇女研究论丛》2018 年第 2 期。

〔美〕约翰·费斯克：《理解大众文化》，王晓珏、宋伟杰（译），中央编译出版社，2006。

王宁：《情感消费与情感产业——消费社会学研究系列之一》，《中山大学学报》（社会科学版）2000 年第 11 期。

曾昕：《理性消费者，还是感性购物狂——"Z 世代"消费文化解析》，《教育家》2021 年第 23 期。

张琳、杨毅：《从"出圈"到"破圈"：Z 世代青年群体的圈层文化消费研究》，《理论月刊》2021 年第 5 期。

〔美〕亨利·詹金斯：《融合文化：新媒体和旧媒体的冲突地带》，杜永明译，商务印书馆，2019。

Pugh A. J., *Longing and Belonging*：*Parent and Children and Consumer Culture*, Berkley：University of California Press，2009.

保护治理

Protection and Governance

B.11
未成年人的互联网风险认知与行为呈现

陈玉真*

摘　要： 本文基于2022年"中国未成年人互联网运用状况调查"数据，研究了未成年人的互联网风险认知及行为呈现情况。分析发现，未成年人网络依赖的潜在风险较高，网络安全防护意识有待加强，网络交往中的风险感知与积极预期并存。未成年人的互联网风险认知与行为呈现情况与其安全知识了解程度、学习成绩、家庭关系、住宿方式、生活地域等有关。为提升未成年人互联网风险应对素养，建议着力激发其自我效能感、增强辩证意识、健全网络安全素养培育的制度机制、重视未成年人社会心理建设。

关键词： 互联网　未成年人　风险认知

* 陈玉真，中国社会科学院大学社会与民族学院博士研究生，主要研究方向为社会心理、青年世代。

作为全球性的信息交流平台，互联网已经渗入人们生活的方方面面，在新闻通信、商务交易、休闲娱乐、社会服务等各个领域发挥着不可替代的作用。第 51 次《中国互联网络发展状况统计报告》显示，截至 2022 年 12 月，我国网民规模为 10.67 亿，互联网普及率达 75.6%，网络已成为大多数人生活中不可缺少的部分。然而，互联网在给人们提供了极大便利的同时，也带来了一系列风险。截至 2022 年 12 月，19.6% 的网民在过去半年的上网过程中遭遇了个人信息泄露问题，16.4% 的网民遭遇了网络诈骗。①

信息化时代的变革不只是单纯的技术跃进，也意味着新的社会形态正在生成。同传统的社会交往途径相比，网络具有开放性、匿名性以及能够突破时空限制等特征，对个人生活、人际互动、群体关系、社会秩序等诸多方面产生了深远的影响，网络依赖、数字鸿沟等问题日益显现。德国社会学家乌尔里希·贝克（Ulrich Beck）曾提出"风险社会"的概念，指的就是在工业化和现代化进程中，随着科技、经济和社会的不断发展，人类社会面临愈加复杂的风险和危机。新技术日新月异，新现象层见叠出，不仅显示了网络时代的快速变化，也要求人们在变动不居的环境中做出预见和反应。

未成年人是活跃在网络世界中的重要群体。《2021 年全国未成年人互联网使用情况研究报告》显示，2021 年我国未成年网民规模达 1.91 亿，未成年人互联网普及率达 96.8%，已近饱和。② 认知和应对互联网风险③是未成年人必然要面对的课题，也关系到我国高素质数字公民的培养和网络强国建设。结合 2022 年第 11 次"中国未成年人互联网运用状况调查"数据④

---

① 中国互联网络信息中心：第 51 次《中国互联网络发展状况统计报告》，https：//cnnic.cn/NMediaFile/2023/0322/MAIN16794576367190GBA2HA1KQ.pdf，最后检索时间：2023 年 4 月 9 日。

② 《2021 年全国未成年人互联网使用情况研究报告》，https：//news.youth.cn/gn/202211/t20221130_14165457.htm，最后检索时间：2023 年 4 月 9 日。

③ 本报告中的"互联网风险"主要指互联网使用过程中可能产生的不利后果或影响，包括网络依赖风险、网络安全防护风险、网络交往风险。

④ 除注明外，本文引用的调查数据均出自 2022 年"中国未成年人互联网运用状况调查"的相关数据。

和相关文献，本报告将对未成年人的互联网风险认知及其行为的基本现状和问题进行分析，并提出增强未成年人应对互联网风险的素养培育的建议。

一 未成年人互联网风险认知及其行为的基本现状

（一）未成年人网络依赖的风险认知及行为呈现

1. 未成年人网络依赖的潜在风险程度较高，风险内容存在性别和教育阶段的差异

网络的过度使用是未成年人互联网运用领域的焦点议题，未成年人的主观认知对于了解其网络依赖风险具有参考意义。调查中，52.2%的未成年人"比以前更爱待在家里了，运动减少了"，47.2%的未成年人认为上网"分走了不少学习时间"，还有36.7%的未成年人发现"用电脑和手机太多，视力下降很快"，也有10.6%的未成年人表示自己"更孤独了，与人面对面接触减少"。可见，有相当大一部分的未成年人认为使用网络侵占了学习和运动时间，影响了用眼健康和现实交往，网络依赖的潜在风险程度较高。还有32.3%的未成年人表示"更爱玩手机、玩游戏了，难以自己控制"，32.2%的未成年人认为自己"更懒了，依赖网络，懒得自己想问题"。即使未到病理性成瘾的程度，对于网络的依赖心理和行为也容易使未成年人偏离正常的生活秩序。

未成年人网络依赖的风险存在性别差异。相比男生，女生更关注"影响学习""运动减少""思维依赖""视力下降"的问题，而男生相比女生更多地面临"游戏依赖""影响社交""信息干扰"的风险。

整体而言，高年级未成年人网络依赖的各类潜在风险普遍高于低年级的未成年人，只有"用电脑和手机太多，视力下降很快"一项的比例存在随教育阶段上升而下降的趋势。2020年的近视专项调查结果显示，小学阶段的近视率攀升速度较快，幼儿园和小学时期是我国近视防控重点阶段。[①] 未成年人的用眼健康和近视低龄化问题需要引起足够重视。

2.未成年人周末的网络依赖风险高于周中，高年级学生的长时间上网行为更多

周一至周五，半数以上的受调查者每天上网时间在半个小时以内，其中"从不玩"占比20.6%，"半小时以内"占比30.8%，但也有19.0%的受调查者每天上网时间达两个小时及以上。与周一至周五相比，未成年人在周末/节假日的上网时间大幅上升。调查中，仅有12.0%的未成年人在周末/节假日的上网时间少于半个小时，而有52.7%的未成年人每天上网两个小时及以上（见图1）。在校期间，高度规制化的时间安排和课业要求一定程度上阻断了未成年人对网络的长时间使用，假期可支配的自由时间增多，网络依赖的潜在风险也随之上升。

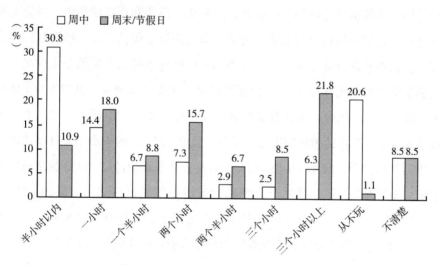

图1　未成年人周中和周末/节假日每天上网时长分布

资料来源：第11次中国未成年人互联网运用状况调查数据。

---

① 《2020年我国儿童青少年总体近视率为52.7% 近视低龄化问题仍突出》，http://www.gov.cn/xinwen/2021-07/13/content_5624709.htm，最后检索时间：2023年3月15日。

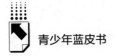

由于更严格的学校管理和更繁重的学业任务，高年级学生在周一至周五"从不玩"的比例明显高于低年级学生。但在周末/节假日，随着年级升高，未成年人长时间上网的比例明显增加。有33.6%的高中生在周末和节假日每天上网三个小时以上，远高于初中生（17.1%）和小学生（11.2%）。

（二）未成年人网络安全防护的风险认知及行为呈现

1. 未成年人对于个人信息的敏感程度较低，女生的隐私保护意识强于男生

个人敏感信息一旦遭到泄露或滥用，很可能危害人身和财产安全，导致个人名誉、身心健康受到损害。《中华人民共和国个人信息保护法》规定，14岁以下儿童的个人信息属于敏感信息。[①] 未成年人网络信息泄露风险和危害后果的严重程度都远高于成年人。

网络环境扩展了未成年人个人信息被采集的空间，个人信息被不当收集和使用的风险也随之增加。尽管在信息收集、使用和存储场景中，通常会有文件对信息填写及用户权利进行说明，但往往篇幅较长，且一般默认用户选择同意，这些都可能使未成年人在不知情的情况下提供大量的个人信息。提高隐私保护意识对于防止个人信息泄露至关重要。调查中，38.2%的未成年人在填写个人信息时"每次都会想到"保护个人隐私，但还有三成左右的未成年人对个人信息的敏感程度有待提升。其中，22.2%的未成年人只是"偶尔会想到"保护个人隐私，6.8%的未成年人"从来没想过"，6.6%的未成年人表示"不清楚"。女生对于个人隐私的保护意识稍高于男生。8.4%的男生"从来没想过"在填写个人信息时保护个人隐私，高于女生（5.4%）；女生"经常会想到"和"每次都会想到"保护个人隐私的比例均高于男生。

2. 未成年人对于信息安全的重视程度不足，高年级未成年人的安全防护意识更强

密码是保障网络和个人信息安全的重要防线，设置安全级别较高的密码

---

① 《中华人民共和国个人信息保护法》，http：//www.npc.gov.cn/npc/c30834/202108/a8c4e3672c74491a80b53a172bb753fe.shtml，最后检索时间：2023年3月15日。

可以有效抵御个人信息被泄露、篡改、盗用等网络安全问题。在调查中，分别只有 23.9%、24.2% 的未成年人能够"经常""总是"设置安全级别较高的密码，还有半数以上的受调查者对于网络密码安全的重视程度不足。在不同教育阶段的群体中，小学生"几乎不"和"较少"考虑设置安全级别较高的网络密码的情况明显多于初中生和高中生；能够"经常"和"总是"设置安全级别较高的网络密码的初中生和高中生也明显多于小学生。随着受教育程度的提升，未成年人的网络安全防护意识也有所增长。

3. 半数以上的未成年人遭遇网络安全问题时会告知父母，亲子关系显著影响沟通意愿

通过网络上的语言、信息、图片以及视频等形式进行的威胁、骚扰等行为属于网络欺凌，具有高度的匿名性和隐蔽性，未成年人在遇到此类情况后及时告知父母，有助于更好地应对网络欺凌和不良信息的危害，避免网络安全风险的进一步加剧。调查中，58.4% 的未成年人在网上被人威胁或收到不良图片或视频后"一定会"告知父母，只有 6.5% 的未成年人"从不会"告知父母，未成年人与父母沟通此类网络安全问题的意愿整体较高。

亲子关系显著影响未成年人遇到网络安全问题时告知父母的意愿，与父母关系更好的未成年人更愿意和父母交流上网情况。调查显示，在与父母"关系很好"的未成年人中，"一定会"告知父母的比例达到 67.0%，"从不会"告知父母的比例只有 4.9%。而与父母"关系不太好"和"关系很不好"的未成年人"一定会"告知父母的比例分别只有 34.2%、35.3%，"从不会"告知父母的比例达两成以上（见图 2）。

（三）未成年人网络交往的风险认知及行为呈现

1. 未成年人主要关注网络交往的时间成本和安全风险

网络交往已经成为信息化时代最活跃、最普遍的社会交往，网络交往也是未成年人除休闲娱乐和获取信息外使用最多的网络功能。[①] 对于网络交往

---

① 刘少杰：《网络交往的时空转变与风险应对》，《社会科学战线》2022 年第 4 期。

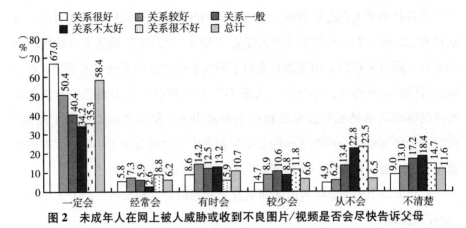

图 2　未成年人在网上被人威胁或收到不良图片/视频是否会尽快告诉父母

资料来源：第 11 次中国未成年人互联网运用状况调查数据。

最大的坏处，31.9%的受调查者关注时间成本，认为"太耗时间，耽误学习"，还有近五成的受调查者关注网络诈骗（14.6%）、不良信息（13.5%）、隐私泄露（19.3%）类的安全问题。许多研究认为网络交往容易导致未成年人的现实人际交流减少，但调查显示，由网络交往导致"现实交往减少，性格变孤僻"的情况占比较小，仅有 4.9%。

2. 未成年人网络交往中的自我表露程度与信息敏感性有关，表露程度存在性别差异

社会线索是指与个体所处的社会环境有关的信息，包括言语、肢体动作、外貌特征、观点、社会背景和社会角色等，是人们在社交过程中获取和处理信息的重要来源。不同于面对面的交流，网络环境的匿名性容易使人有较高程度的自我表露。自我表露是个体将有关自己的信息表露给他人的过程。有研究者将网络自我表露从内容和层次上分为三类。个人基本信息的表露是对姓名、性别、年龄、邮箱等与个体身份有关的一般性信息的自我表露；个人身体信息的表露是发布个人照片等与身体相关的自我表露；个人心理信息的表露是指爱好、态度、情感等有关个体人格和心理过程等心理信息的表露。[1]

---

① 谢笑春、孙晓军、周宗奎：《网络自我表露的类型、功能及其影响因素》，《心理科学进展》2013 年第 2 期。

在自我表露程度较低的个人基本信息方面，姓名（31.2%）、性别（66.9%）、年龄（40.5%）等低敏感性信息的公开比例较大，反映了未成年人自我表露和让他人了解自己的意愿。但在调查中，分别还有15.0%、32.9%、11.4%的未成年人公布了自己的照片、社交账号、真实手机号。此类高敏感信息的私密性较高，对个人的影响程度大，风险程度更高。

在个人身体信息和心理信息方面，未成年人也更倾向于在社交平台中发布敏感性较低的内容，隐私程度较低的"兴趣爱好"发布比例最高，为49.5%；敏感性较高的"感情麻烦"发布最少，只有8.2%（见图3）。未成年人在社交平台发布的内容具有性别差异。和男生相比，女生更为强调人际关系的亲密性，更加关注情绪情感的分享，在除"学习情况"以外的各个内容上的表达均多于男生，"自拍照"和"心情感想"的差异尤为显著。表露更多的个人信息有助于加深人际了解，但更多的公开分享也会带来更多的自我暴露风险，可能会造成信息泄露甚至现实生活中的安全隐患。

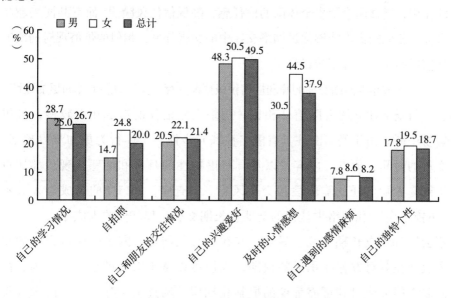

图3　未成年人在社交平台发布的内容

资料来源：第11次中国未成年人互联网运用状况调查数据。

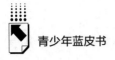

3. 未成年人网络交往以熟人为主，倾向于结识有共同好友和相似兴趣的新朋友

网络交往具有异步性的特征，即双方不需要同时在线或即时回复，因此不受时间和地点的限制，更加灵活和方便，拓展了社会交往的可能。但网络交往的匿名性、异步性也牺牲了对话的实时性和互动感，导致交往对象的不确定性，加剧了网络交往中存在的风险。调查中，绝大多数未成年人的网络交往对象仍是现实生活中认识的人（82.3%），线上交往成为线下交往的延伸。只有5.5%的未成年人以网络中认识的人为主要的交往对象，将网络交往主要作为线下交往的补充。

未成年人在网上认识新朋友的主要方式中，排前三位的分别是"一起聊天"（42.2%）、"朋友的朋友"（39.7%）、"一起玩游戏"（36.2%）。在网络中，未成年人更倾向于结交和自己有相似兴趣和共同语言、共同好友的新朋友。"第三方保障"和"兴趣和价值观的相似性"是形成网络人际信任的影响因素。通过熟悉的第三方作为中间桥梁认识他人，能够起到信任转移的作用，增强两个陌生个体间的信任感，降低信任风险。[1] 而有共同兴趣和目标、相似的需求能够促进网络交往中的交流分享，相似的价值观对网络人际信任的建立发挥了积极作用。

4. 未成年人网络交往的脆弱性与积极预期并存，女生对线下见面更加谨慎

与线下建立的人际信任相比，网络人际信任的形成相对较慢，且更容易中断。由于网络交往具有匿名性和异步性，个体行为更加难以预期，变动的时间、地点、内容，以及具有虚拟性的身份和情感呈现，都加重了网络人际信任的脆弱性和交往风险。调查中，25.1%的未成年人表示"可能不会"和网络中认识的新朋友长期交往，15.9%的未成年人"肯定不会"和网友长期交往。另外，和线下交往同理，网络交往过程中的双方也往往对对方存在积极的预期，人们可以基于对方的语言、行为、情感表露等形成对其可靠程度的概括化期望。调查中，有30.2%的未成年

---

① 赵竞、孙晓军、周宗奎等：《网络交往中的人际信任》，《心理科学进展》2013年第8期。

人选择"可能会"和网上认识的新朋友长期交往，还有 5.7% 的未成年人
"肯定会"和网友长期交往，这表明有很大一部分未成年人能够适应网络
交往的特点，互联网也在一定程度上成为未成年人满足社会交往需求的
途径。

网络扩展了未成年人与陌生人建立新的社交关系的可能。但 53.6% 的
受调查者与网上认识的新朋友止于网络交流，只有少数未成年人会将线上交
往向线下延伸。英国社会学家安东尼·吉登斯（Anthony Giddens）指出，信
任与在时间和空间中的缺场有关，对于一个行动持续可见且思维过程透明的
人，不存在对其是否信任的问题。而网络交往具有匿名性，交往过程中看不
到对方的"视觉匿名"和主体真实身份难以识别的"身份匿名"都对人际
关系中的信任带来了挑战。调查显示，只有约两成未成年人会和网上认识的
新朋友在线下见面，其中 9.0% 的未成年人和网友"在现实中见过几次面"，
12.9% 的未成年人和网友"在现实中经常见面"。"网友见面"存在遭遇诈
骗、身体伤害、个人隐私泄露等风险。相比男生，女生对于网友线下见面更
加谨慎，56.1% 的女生和网上认识的新朋友只在网上交流，高于男生
（50.9%）。20.0% 的女生和网上认识的新朋友在线下有过见面，低于男生
（24.0%）。

二　未成年人互联网风险认知存在的问题及影响因素

（一）未成年人对网络安全基本知识的了解程度较低，教育阶段、学习成绩均有一定影响

风险认知的"知识理论"认为，人们根据其所掌握的知识和信息来对
风险做出反应。[①] 知识结构是影响风险认知的重要因素，当有关知识和信
息表现出较大欠缺时，风险认知能力将受到影响。相对全面地了解网络安

---

① 王甫勤：《风险社会与当前中国民众的风险认知研究》，《上海行政学院学报》2010 年第
2 期。

全的相关知识，有助于未成年人更客观地看待互联网风险，辩证评价风险事件，提高风险认知能力。[①] 整体而言，未成年人对于网络安全基本知识的了解程度偏低，仅有 8.6% 的未成年人"非常了解"；23.4% 的未成年人"比较了解"；20.6% 的未成年人"不太了解"；还有 3.1% 的未成年人"很不了解"。

未成年人对于网络安全基本知识的了解程度存在受教育阶段的差异。调查数据显示，小学生对网络安全知识"非常了解""比较了解""了解一些"的比例整体低于初中生和高中生，"不太了解"和"很不了解"的比例高于初中生和高中生（见图4）。随着受教育水平的升高，未成年人对于网络安全基本知识的了解程度有所提高。但鉴于未成年人触网年龄呈低龄化趋势，近半数未成年人在 10 岁之前已经触网[②]，对小学阶段的网络安全教育需要更多关注。

不同学习成绩的未成年人对网络安全基本知识的了解程度存在差异。调查显示，学习成绩优等的未成年人，在"非常了解"和"比较了解"选项中的占比均高于其他未成年人；而学习成绩较差的未成年人相比其他未成年人更多地表示自己对网络安全基本知识"不太了解""很不了解""不清楚"。学业水平上的差异也反映在网络安全的知识结构中。

（二）未成年人互联网风险认知和行为存在成绩差异，成绩较差的未成年人网络风险程度更高

成绩较差的未成年人比成绩优等的未成年人面临更加严重的网络依赖风险。37.9% 的成绩较差的未成年人表示自己因使用网络存在"思维依赖"的问题，高于成绩优等的未成年人（28.9%）；还有 40.1% 的成绩较差的未成年人存在"游戏依赖"的情况，高于成绩优等的未成年人（30.7%）。周

---

① 刘金平、周广亚、黄宏强：《风险认知的结构、因素及其研究方法》，《心理科学》2006 年第 2 期。

② 方勇、季为民、沈杰主编《中国未成年人互联网运用报告（2022）》，社会科学文献出版社，2022，第 3~4 页。

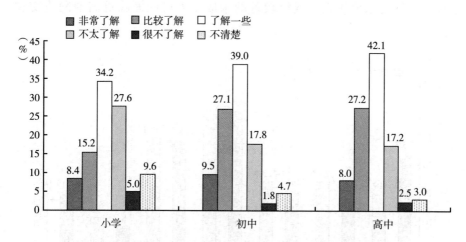

图4 不同教育阶段的未成年人对网络安全基本知识的了解程度

资料来源：第11次中国未成年人互联网运用状况调查数据。

末/节假日网络使用时间的调查数据也显示，学业成绩优等的学生与学业成绩较差的学生在网络使用时间管理方面存在差异。半数以上成绩优等的学生周末/节假日每天上网时间在两个小时及以内，而半数以上成绩较差的学生周末/节假日每天上网时间在两个小时及以上。

成绩较差的未成年人的隐私保护意识弱于成绩优等的未成年人。在上网或安装 App 填写个人信息时，成绩较差的未成年人"从来没想过"保护个人隐私的比例为 9.6%，高于成绩中等的未成年人（6.0%）和成绩优等的未成年人（7.9%）；成绩较差的未成年人"每次都会想到"保护个人隐私的比例为 33.1%，低于成绩中等的未成年人（38.6%）和成绩优等的未成年人（40.1%）。成绩较差的未成年人对个人信息的敏感性和保护意识有待提升。

未成年人的网络自我展示具有主观选择性，成绩较差的未成年人发布"自己的学习情况"的比例只有 19.3%，低于成绩中等的未成年人（25.7%）和成绩优等的未成年人（33.3%）（见图5）。但除学习相关的信息之外，成绩较差的未成年人在社交平台发布其他信息的比例均高

于成绩较好的未成年人。成绩较差的未成年人可能面临更高的网络交往风险。

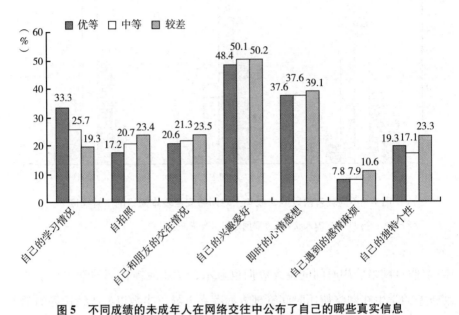

图5　不同成绩的未成年人在网络交往中公布了自己的哪些真实信息

资料来源：第11次中国未成年人互联网运用状况调查数据。

（三）家庭环境影响未成年人的互联网风险认知和行为，单亲家庭和亲子关系较差的未成年人网络风险程度更高

　　家庭不仅是未成年人上网的主要场所，也是未成年人社会化的重要场所，家庭环境是未成年人人格形成，特别是社会化过程中极其重要的影响因素。家庭中的亲密性越高，越有利于降低未成年人成长中的风险。[1] 调查显示，家庭成员结构和亲子关系显著影响未成年人的互联网风险认知和行为习惯。

　　在周末/节假日网络使用时长方面，单亲家庭的未成年人和与父母关系

---

① 杨江澜、王鹏飞：《未成年人犯罪的家庭影响因素分析》，《中国青年研究》2017年第3期。

较差的未成年人长时间上网的情况更严重。单亲家庭的未成年人上网时长达三个小时以上的占比为 27.8%，高于双亲家庭（21.3%）。亲子关系对上网时长的影响更加显著。与父母"关系很不好"的未成年人上网时长达三个小时以上的占比高达 47.1%，明显高于与父母"关系很好"的未成年人（18.0%）。

在网络安全防护方面，单亲家庭的未成年人和与父母关系较差的未成年人在上网或安装 App 填写个人信息时更少考虑隐私保护问题。11.1%的单亲家庭未成年人"从来没想过"考虑保护个人隐私，高于双亲家庭的未成年人（6.4%）；35.5%的单亲家庭未成年人"每次都会想到"，低于双亲家庭的未成年人（38.4%）。亲子关系对未成年人网络安全防护意识的影响更加显著。和父母"关系很不好"的未成年人"从来没想过"考虑保护个人隐私的比例达 17.6%，远高于其他类别的未成年人；"每次都会想到"保护个人隐私的比例只有 17.6%，远低于和父母"关系很好"的未成年人（42.8%）。

在网络交往方面，双亲家庭的未成年人和与父母关系较好的未成年人在网上更倾向于和现实生活中认识的人交流。单亲家庭未成年人的交流对象"大多是现实生活中认识的人"的比例为 76.7%，低于双亲家庭的未成年人（82.8%）。亲子关系对未成年人网络交往的影响更加显著。如图 6 所示，与父母关系越差，未成年人越倾向于和通过网络认识的人交流，网络交往风险越高。

（四）住宿方式影响未成年人的互联网风险认知与行为，寄宿的未成年人网络风险程度更高

寄宿制要求学生平时在校内住宿，保证学生有一个较为稳定的学习和生活环境，但家校合一的生活场景也会阻隔未成年人与父母的交流，造成未成年人家庭生活经验的缺失。① 调查数据显示，住宿方式对未成年人的互联网

---

① 杨春华：《农村留守儿童与寄宿制教育——试析生活经验缺失对未成年人的影响》，《南开学报》（哲学社会科学版）2018 年第 2 期。

风险认知存在影响。在影响学习、运动减少、思维依赖、游戏依赖、影响社交、信息干扰等方面，寄宿的未成年人的比例均略高于走读的未成年人（见图7）。

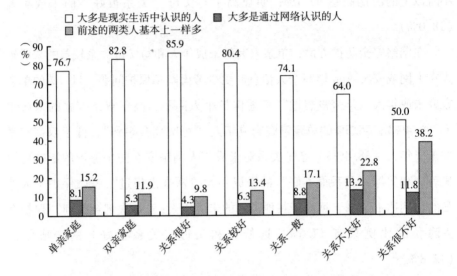

图6　不同家庭环境的未成年人网上交流的主要对象

资料来源：第11次中国未成年人互联网运用状况调查数据。

寄宿的未成年人往往需要更加独立地管理自己的时间和生活，但缺少约束更容易导致网络的过度使用。寄宿的未成年人周末/节假日每天上网"三个小时以上"的比例为32.3%，显著高于走读的未成年人（15.4%）。

在网络交往方面，寄宿的未成年人公布自己真实信息的比例整体高于走读的未成年人。寄宿的未成年人可能面临更高的网络交往和信息安全风险。

（五）未成年人的互联网风险认知和行为存在城乡差异，农村未成年人的网络风险程度更高

不同的文化背景和制度结构是影响风险感知的重要原因。相比农村地区而言，城市的现代化和工业化程度更高，接触网络资源和相关知识的机会比

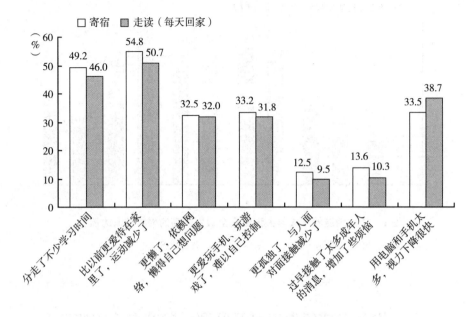

图7　不同住宿方式的未成年人对上网负面影响的认知情况

资料来源：第 11 次中国未成年人互联网运用状况调查数据。

农村更多。城乡差异对未成年人的网络风险认知和行为存在一定影响。在影响学习、运动减少、思维依赖、游戏依赖、影响社交方面，农村未成年人的比例均略高于城市和乡镇的未成年人。

农村未成年人相比城市未成年人在周末/节假日长时间上网的情况更多。26.8%的农村未成年人在周末/节假日每天上网三个小时以上，高于乡镇的未成年人（21.1%）和城市的未成年人（20.7%）。农村未成年人的网络依赖风险更高。

农村未成年人的网络安全意识有待提升。7.6%的农村未成年人"几乎不"设置安全级别较高的密码，高于乡镇未成年人（6.7%）和城市未成年人（6.8%）；"总是"设置安全级别较高的密码的农村未成年人只有 20.0%，低于乡镇未成年人（21.2%）和城市未成年人（26.1%）（见图8）。

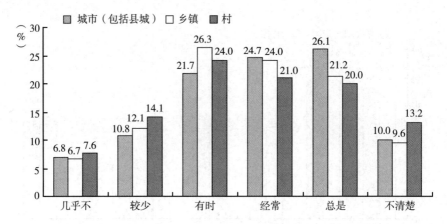

图 8 不同地域的未成年人设置安全级别较高的网络密码的情况

资料来源：第 11 次中国未成年人互联网运用状况调查数据。

三 提升未成年人应对互联网风险的素养的建议

风险代表潜在的危险，风险意识反映了人们对于负面后果的预见性。强调风险管理和风险意识的重要性，采取预防性行动以及相应的制度化措施，培养未成年人的风险认知能力和应对素养，有助于未成年人根据信息社会的本质特点和发展趋势调整思维方式和生活方式，以积极的行动适应互联网时代的深刻变迁。

（一）激发未成年人的自我效能感，增强其风险认知的敏感性和应对能力

自我效能感（Self-efficacy）是指个人对于自己能够完成某项任务的信念和判断，它来源于个体认知自身特质、能力和资源，及其对任务困难度和成功可能性的评估。激发未成年人在互联网使用中的自我效能感，需要对其提供充足的支持。

在学校教育中，应提供网络使用技术的相关培训，帮助未成年人积

累互联网使用技能和经验，提高其应对互联网风险的自信心。同时，学校应向未成年人提供全面的网络安全知识，使未成年人了解密码设置、身份验证、个人信息采集等环节的注意事项，认识到网络中存在的各种风险和威胁，增强其对于互联网风险认知的敏感性；教授可靠实用的信息安全技能和风险应对措施，包括如何识别网络威胁、如何保护个人隐私、出现网络安全问题时如何进行处理等，鼓励未成年人主动采取网络安全措施，如定期更新密码、使用杀毒软件、避免点击不明链接等，增强风险应对能力和信念。

在家庭教育中，除了对网络使用时间和内容进行约束外，家长也应加强与未成年人的积极沟通，倡导健康安全的上网习惯和社交行为，鼓励未成年人主动学习和实践；强化正面反馈，对未成年人在网络使用中的良好表现和优点给予肯定和鼓励，增强其在安全使用网络过程中的自我价值感和成就感；鼓励未成年人进行自我监测，加强对自身行为的评估和调整，提高未成年人的自我调适能力和对自身资源的认知与信任。

（二）提升未成年人的辩证思维能力，促进其互联网风险认知和应对素养的形成

辩证思维强调从多个角度看待问题，理解事物的本质，把握事物的规律，创造性地解决问题。对未成年人的抽象思维、辩证意识的培养有助于未成年人更好地理解和处理网络风险，促进其互联网风险认知和应对素养的形成。

重视未成年人网络信息素养的培养，增强未成年人对信息获取、处理、传播和安全方面的理解和掌握。向未成年人传递正确的信息价值观，使其认识到当代社会信息的重要性，积极了解信息传递的方式、特征和规律；为未成年人提供多元化的信息来源，如新闻资讯、学术图书、社交媒体等，帮助未成年人从不同角度了解问题，提升辩证意识，避免受到单一信息的误导；培养未成年人的信息搜索和筛选能力，使其能够熟练掌握信息检索工具和方法，知道如何从庞杂的信息中找到自己所需，并且能够判断信息的可信度和

真实性，养成判断信息价值的能力和习惯。

强调未成年人批判性思维技能的培养。鼓励未成年人自主思考，辨别信息真伪，加强批判性思维的训练；教授未成年人评估风险的知识和技能，了解做出决策和采取相应行动的安全原则，学会预见不良后果；通过实践活动进行素养训练，比如模拟虚假信息、网络威胁等情境，让未成年人在小范围内练习应对策略，进一步提升未成年人网络风险应对素养。

（三）完善制度机制，加强未成年人网络安全素养的培育工作

第 11 次中国未成年人互联网运用状况调查显示，网络素养课程在未成年人中的覆盖率尚未达到两成。[①] 未成年人网络安全素养的培育工作亟待加强。

政府应建立完整的网络安全素养教育体系和机制，将其纳入学校教育教学计划中，开展相应的教材编写、师资培养和教育评估工作；制定网络安全教育规范，明确网络安全素养课程的教学标准和要求，并监督学校开展网络安全教育的情况。网络安全素养课程应包括网络安全基础知识、个人信息保护、网络欺凌防范、网络游戏健康、使用时间管理等方面的内容，旨在提高未成年人对互联网和数字技术的认知和应用能力，更好地应对互联网风险，适应数字化时代的发展和变化。

开展家庭教育辅导，提升家长的网络素养水平和网络安全教育指导能力。家庭环境对未成年人的网络认知和使用行为具有重要影响。政府、学校和社区可以举办相关的网络安全教育课程和培训，向家长传授基本的网络安全知识和技能，帮助家长更好地了解网络风险和问题，加强家长对未成年人网络行为的监管和引导。政府、学校、家庭、社会各界应加强协作，共同推进未成年人网络安全素养的培育工作，提高整个社会的网络安全意识和风险应对能力。

---

① 方勇、季为民、沈杰主编《中国未成年人互联网运用报告（2022）》，社会科学文献出版社，2022，第 122~123 页。

（四）重视未成年人社会心理建设，将应对互联网的风险认知作为重要内容

党的十九大报告明确提出"加强社会心理服务体系建设，培育自尊自信、理性平和、积极向上的社会心态"。① 2023 年全国"两会"期间，共青团中央提交提案，建议加强青少年心理健康社会化支持体系建设。② 将应对互联网的风险认知纳入未成年人社会心理建设当中，有助于促进未成年人心理健康和素质全面发展。

（1）倡导营造良好的家庭和学校环境，强调家庭和学校对未成年人的关爱和网络使用方面的正确引导，为未成年人提供充足的社会支持资源，增强其在互联网风险环境中的抗逆力。（2）加强对未成年人心理健康的关注和保护，及时发现和处理可能危害未成年人网络安全的行为和事件，为未成年人提供有关互联网风险事件的心理咨询和干预服务。对于出现网络成瘾、遭受网络暴力等问题的未成年人，及时进行心理干预和辅导，将相关心理危机纳入未成年人保护和救助体系。（3）重视宏观层面的社会心理疏导和社会心态塑造工作，通过心理健康教育、媒体传播等形式宣传网络安全和心理健康知识，引导未成年人树立积极健康的网络使用心态，促进未成年人和社会大众对互联网及其风险的合理认知。（4）聚焦未成年人互联网使用中的主要需求和普遍问题开展研究，关注未成年人群体在互联网使用过程中的心理状态，探讨互联网使用和心理健康之间的关系、互联网使用与家庭教育之间的关系等，为进一步的心理干预工作和社会心理体系建设提供科学依据。

---

① 习近平：《决胜全面建成小康社会 夺取新时代中国特色社会主义伟大胜利——在中国共产党第十九次全国代表大会上的报告》，http：//www. gov. cn/zhuanti/2017－10/27/content_5234876. htm，最后检索时间：2023 年 3 月 17 日。

② 《共青团中央建议：加强青少年心理健康社会化支持体系建设》，https：//s. cyol. com/articles/2023-03/11/content_ ajn7x8Iz. html，最后检索时间：2023 年 3 月 22 日。

参考文献

方勇、季为民、沈杰主编《中国未成年人互联网运用报告（2022）》，社会科学文献出版社，2022。

刘金平、周广亚、黄宏强：《风险认知的结构、因素及其研究方法》，《心理科学》2006 年第 2 期。

刘少杰：《网络交往的时空转变与风险应对》，《社会科学战线》2022 年第 4 期。

王甫勤：《风险社会与当前中国民众的风险认知研究》，《上海行政学院学报》2010 年第 2 期。

谢笑春、孙晓军、周宗奎：《网络自我表露的类型、功能及其影响因素》，《心理科学进展》2013 年第 2 期。

杨春华：《农村留守儿童与寄宿制教育——试析生活经验缺失对未成年人的影响》，《南开学报》（哲学社会科学版）2018 年第 2 期。

杨江澜、王鹏飞：《未成年人犯罪的家庭影响因素分析》，《中国青年研究》2017 年第 3 期。

赵竞、孙晓军、周宗奎等：《网络交往中的人际信任》，《心理科学进展》2013 年第 8 期。

B.12
"青少年模式"的实践、困境与对策

杨斌艳　周锦瑞*

摘　要：　技术治理是国际通用的重要互联网治理手段，"青少年模式"是
　　　　　　我国在互联网技术治理方面的有益探索。自2019年国家网信办
　　　　　　指导短视频平台试点"青少年防沉迷系统"后，许多互联网应
　　　　　　用陆续发布了"青少年模式"。"青少年模式"多依赖互联网应
　　　　　　用平台的技术开发和保障，国际上部分跨国互联网企业也在开发
　　　　　　和探索未成年人网络保护模式，其技术治理方式值得借鉴学习。
　　　　　　本报告全面梳理和分析我国"青少年模式"的应用情况，剖析
　　　　　　其实际应用中存在的问题和挑战，并借鉴国际经验和我国国情提
　　　　　　出针对性的对策建议。

关键词：　未成年人网络保护　青少年模式　技术保护

一　"青少年模式"的缘起和国际惯例

　　技术治理是未成年人用网保护的重要路径，作为互联网运行核心的数字
技术，技术治理本身具有可调节、成本可控、效率高的优势，未成年人用网
的技术保护模式是国内外通用的技术治理思路。技术治理不能一蹴而就，互
联网发展过程中伴随新技术的产生不断出现新的问题，技术保护模式需要一

---

* 杨斌艳，中国社会科学院新闻与传播研究所副研究员，中国社会科学院新闻与传播研究所传
媒调查中心主任，主要研究方向为舆情与治理、新媒体与社会、青少年与互联网；周锦瑞，
中国社会科学院大学硕士研究生，主要研究方向为媒介技术、青少年与互联网。

个长期探索的过程,并伴随着技术的变革在动态中持续完善,以应对当下的问题和未来的挑战。

我国在未成年人网络保护领域,也以多种方式积极尝试和探索,"青少年模式"作为广泛被使用的概念成为互联网技术治理和未成年人网络保护的流行和最重要途径。"青少年模式"是专门为维护青少年身心健康而开发设计的互联网应用模式、上网模式,旨在通过技术保护未成年人用网,限制和调节未成年人用网的信息接触、服务功能、上网时长等,是保护未成年人安全上网的技术治理思路。用户开启"青少年模式",互联网应用将禁止未成年人金钱打赏,限制上网游戏时长,严格屏蔽不良内容,并在算法技术的基础上为未成年人推荐优质的教育内容。

(一)我国未成年人用网技术保护模式的发展历程

1. 未成年人用网保护的意识呈现

2002 年,国务院发布《互联网上网服务营业场所管理条例》,该条例第二十一条明确指出"不得接纳未成年人进入营业场所",且必须"在营业场所入口处的显著位置悬挂未成年人禁入标志",违者将面临警告、罚款或停业整顿的处罚,甚至可能被吊销《网络文化经营许可证》。该条例是最早可以追溯到的我国关于未成年人用网保护的政策及具体措施,该条例虽然不属于技术治理的范畴,但是体现了我国政府对青少年用网的保护意识,为2005 年开始陆续开发"防沉迷系统"技术保护奠定了基础。2005 年 11 月22 日,中国青少年网络协会发布我国首个有关青少年网瘾问题的调查报告《中国青少年网瘾数据报告(2005)》,调查显示,全国青少年网瘾比例为13.2%,青少年网络成瘾问题日渐严重,相关研究和报道引发了社会的广泛关注。

2. 未成年人用网技术保护模式的早期实践

2005 年 6 月,新闻出版总署组织多部门进行调研,广泛征求社会意见,制定出《网络游戏防沉迷系统开发标准》,向全国七家主要的网络游戏运营企业发出《关于开发网络游戏〈防沉迷系统〉的通知》,"防沉迷系统"的开发工作于 2006 年基本完成，同时还配套制定了《网络游戏防沉迷系统实名认证方案》。2007 年 4 月 15 日，新闻出版总署、教育部、共青团中央等多部门联合发布《关于保护未成年人身心健康实施网络游戏防沉迷系统的通知》，通知进一步细化"防沉迷系统"规则，要求在全国网络游戏中普及此项青少年用网的技术保护措施。"防沉迷系统"要求未成年人实名游戏，提出"累计游戏时间超过 5 小时"为"不健康"游戏时间，随着游戏时长增加系统会采取定时警示、减少收益等方法提示未成年人。

2008 年 8 月，工信部采购了北京大正公司的"绿坝-花季护航"软件，提供给网民免费下载、使用至 2010 年 5 月 20 日。"绿坝-花季护航"是一款保护未成年人健康上网的计算机终端过滤软件。可以有效识别色情图片、色情文字等不良信息，并对之进行拦截屏蔽，产品同时具有控制上网时间、管理聊天交友、管理电脑游戏等辅助功能。"绿坝-花季护航"软件为青少年网络成瘾这一迫切的现实问题提供了解决方案，是技术治理思路的一次实践探索，为技术保护模式的建设积累了宝贵经验，技术保护模式也在探索中不断完善。

2011 年新闻出版总署等多部门印发《关于启动网络游戏防沉迷实名验证工作的通知》，在全国网络游戏中启动网络游戏防沉迷实名验证工作。2014 年 8 月 1 日，国家新闻出版广电总局等八部委联合发布的《关于深入开展网络游戏防沉迷实名验证工作的通知》中提出："网络游戏防沉迷系统实施工作适用于除移动网络游戏之外的所有网络游戏。受硬件及技术等因素限制，网络游戏防沉迷系统实施工作暂不适用于移动网络游戏。"尽管这一时期移动网络游戏还不在防沉迷系统的建设范围内，但相关部门已经关注到未成年人移动网络游戏日益凸显的沉迷问题。综上，2005~2007 年开发、推广的"防沉迷系统"是我国最早的技术保护未成年人用网的措施，2008 年推出的"绿坝-花季护航"上网过滤软件是技术治理的初步实践，此类技术保护方案是当下"青少年模式"的雏形。

3. 网络保护与防沉迷工作持续推进

随着使用短视频平台、社交媒体和手机游戏的未成年人数量增多，设置

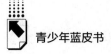

移动端应用的"青少年模式"的必要性上升，部分头部互联网企业对未成年人用网做出限制。2018 年，"抖音"启动了国内首个专注于未成年人健康成长的系统保护计划"向日葵计划"，组建未成年人专项内容审核团队，设置未成年人安全相关专项举报入口，并推出了时间锁功能。2019 年 3 月 28 日，网信办等多部门发布《国家网信办组织网络短视频平台试点青少年防沉迷工作》，从国家政策层面引导"青少年模式"的建设。在国家网信办的指导下，以短视频平台为主上线了"青少年模式"，随后该模式在其他类型平台也陆续推广上线。

2021 年 8 月 30 日下午，国家新闻出版署下发《关于进一步严格管理切实防止未成年人沉迷网络游戏的通知》，要求进一步引导社会各方共治、共管未成年人用网，多家游戏企业随之响应制定严格的防沉迷措施。"青少年模式"进入多方共治阶段，从政策上厘清了"青少年模式"的具体要求，平台要切实承担起技术保护的责任，家长也要承担对孩子的监督义务。2021 年 8 月，腾讯在《王者荣耀》《和平精英》等游戏试点并逐步面向全部游戏升级游戏时长及消费限制等举措，将未成年人于非法定节假日的游戏时长降至每日 1 小时，于法定节假日降至每日 2 小时。2021 年 6 月 1 日实施的新版《未成年人保护法》规定，每日 22 时至次日 8 时不得向未成年人提供网络游戏服务。2022 年 5 月，中央文明办、文化和旅游部、国家广播电视总局、国家互联网信息办公室发布《关于规范网络直播打赏 加强未成年人保护的意见》，要求互联网平台禁止未成年人参与直播打赏，优化升级"青少年模式"（见表 1）。

表 1　未成年人用网技术保护模式发展的时间节点

时间	未成年人用网技术保护模式的内容
2002 年 9 月	《互联网上网服务营业场所管理条例》，体现了我国政府对青少年用网的保护意识
2005 年 6 月	《网络游戏防沉迷系统开发标准》，打响预防未成年人网络沉迷第一枪
2007 年 4 月	《关于保护未成年人身心健康实施网络游戏防沉迷系统的通知》，细化"防沉迷系统"规则
2008 年 5 月	工业和信息化部采购"绿坝—花季护航"上网过滤软件，进行技术治理思路的初步实践

时间	未成年人用网技术保护模式的内容
2011 年 7 月	《关于启动网络游戏防沉迷实名验证工作的通知》,启动网络游戏防沉迷实名验证工作
2014 年 8 月	《关于深入开展网络游戏防沉迷实名验证工作的通知》,首次提及移动网络游戏防沉迷工作
2019 年 3 月	《国家网信办组织网络短视频平台试点青少年防沉迷工作》,引导"青少年模式"建设
2021 年 8 月	《关于进一步严格管理 切实防止未成年人沉迷网络游戏的通知》,引导社会各方共治、共管未成年人用网
2022 年 5 月	《关于规范网络直播打赏 加强未成年人保护的意见》,优化升级"青少年模式"

资料来源:由作者查阅相关资料整理而成。

(二)国外未成年人用网技术保护惯例

1. 未成年人用网保护的国际政策

美国通过立法对未成年人使用互联网进行保护,在未成年人用网保护的政策规制和技术治理方面有较多经验。美国联邦政府 1996 年制定的《通信规范法》首次通过立法明确对网络色情淫秽信息内容进行规制,以防止未成年人接触此类有害信息。之后在 1998 年出台的《儿童网络隐私保护法》(Children's Online Privacy Protection Act,以下简称"COPPA"),成为美国 20 多年来保护未成年人使用互联网的核心法案,当下许多互联网企业在美国被美国联邦贸易委员会(FTC)开出罚单就是依据"COPPA"法案。该法案禁止互联网网站和在线服务的运营商未经授权或不必要地在线收集儿童个人信息,来保护在线儿童的隐私安全。此后,美国陆续出台的《通信规范法》《梅根·梅尔网络欺凌预防法》等法案进一步完善青少年用网保护的法律群。社交媒体平台 YouTube 收集儿童信息未经家长同意,在 2019 年 9 月因违反"COPPA"法案被罚交 1.7 亿美元和解金。游戏平台 Epic Games 缺乏对儿童的隐私保护设置且有违规扣款行为(触发快捷支付后儿童可跳过密码自动支付游戏)被处罚,和解金与赔偿金共计高达 5.2 亿元。美国未成年人网络保护立法和监管主要发挥引导示范和事后处罚倒逼的作用,并

且有许多对国内外企业的处罚先例会对其他互联网企业有警示效果，进而促进行业自律，以此实现监管效率及效果最优化。

在青少年网络游戏防沉迷和内容审查上，美国娱乐软件定级委员会（Entertainment Software Rating Board，以下简称"ESRB"）源于 1994 年创建的非营利性独立机构"美国娱乐软件协会"，该委员会为所有游戏打上分级标签，以帮助家长或青少年甄别适宜的游戏产品。游戏产品的分级有 EC（幼儿：3 岁以上）、E（6 岁以上）、E10+（10 岁以上）、T（青少年：13 岁以上）、M（成熟：17 岁以上）、AO（成人：18 岁以上）、RP（待定）。分级系统可以帮助家长为孩子把关，为青少年提供健康且适宜的游戏。

国际上其他地区也都出台了与 COPPA 类似的法案。英国政府于 2022 年提出《在线安全立法》，该法案着重对儿童接触的信息进行严格规定，管制互联网中合法但存在危害的灰色内容，使世界观、人生观、价值观尚未成熟的未成年人避免此类灰色内容。日本政府制定了《网络服务商责任限制法》和《青少年网络规制法》等法案，要求通信商和网络服务商就不良信息设置未成年人浏览限制。韩国实行了以《青少年保护法》为依据的"青少年有害媒体物审议制度"，这种分级制度类似于美国的"ESRB"游戏分级制度。

2. 跨国互联网企业的技术保护模式

以社交媒体平台为代表的是美国 Meta 公司旗下的 Facebook，许多外国青少年都会在 Facebook 分享自己的生活，在该社交网站上结识新朋友，形成互联网上的朋友圈。2017 年 12 月，Facebook 发布免费的儿童社交软件 Messenger Kids，软件刚发布时广受争议，家长认为 Messenger Kids 存在未成年人被陌生人侵扰的风险。但随着该软件不断完善，目前该软件已成为最受欢迎的免费应用之一，截止到 2023 年 2 月 26 日，该软件在 App Store 上排名社交类软件下载排行榜第 26 名。Messenger Kids 的账户必须连接到家长的 Facebook 账户才能运行，其功能也与 Facebook 几乎没有差异，但是过滤了可能会出现的不良内容，并且防止潜在的陌生成年人对孩子社交媒体账户的侵扰。该程序还限制只能在傍晚和黄昏时分使用，在上学期间无法使用。

Messenger Kids 创造出了专属于未成年人使用的社交平台,为未成年人定制独立的软件或社交平台,也是技术保护的一种方式,但同时也需要互联网企业投入时间和资金成本。

以短视频平台为代表的是中国字节跳动公司旗下的抖音国际版 TikTok,该短视频软件多次登上美国、德国、印度、俄罗斯、印尼等国家的应用市场下载榜第一名,2022 年 10 月 TikTok 全球日活跃用户数突破 10 亿。2020 年 4 月,TikTok 推出了名为"Family Pairing"的"青少年模式",该模式允许孩子的家长远程控制孩子的账户,家长可以为孩子设定使用时间,启用该模式后的 15 岁以下青少年创作视频不得被下载。

以搜索引擎为代表的是美国 Google(谷歌)公司,该公司是全球最大的搜索引擎公司。所有未成年的 Google 账号用户登录后,都将自动启用"SafeSearch"模式,该模式自动默认过滤色情或暴力等露骨的内容。同样,美国 Microsoft(微软)公司开发的 Edge 浏览器也具有类似的功能,家长在浏览器中搜索该内容时,可以自动跳出"SafeSearch"的相关设置。

以基础操作系统为代表的是美国 Microsoft(微软)公司开发的"Windows"系列视窗化操作系统。"Windows10"系统内置"儿童模式",启用"儿童模式",家长可以查看孩子使用电脑的活动报告,限制可应用的程序及浏览的网页。新冠疫情流行期间,该模式可帮助青少年安心上网课,降低青少年在家上课时使用电脑进行娱乐的可能性。

3.独立第三方公司提供的技术保护方案

在跨国互联网企业提供青少年用网保护模式的同时,许多独立的第三方机构也参与其中,由于对未成年人用网进行技术保护和限制符合家长的利益,因此此类第三方机构开发的软件深得家长的认可。独立第三方提供的技术保护方案一般通过三种方式实现:在家长和孩子的移动终端设备中安装独立的应用;在浏览器中设置插件;硬件装置过滤网络信息提供安全防护。这些软硬件一般都具有家长远程控制、加密与隐私保护、网络监控和内容过滤等功能。

独立安装的家长控制软件会允许家长远程监控和管理孩子的在线活动,

软件会自动限制青少年浏览不适当的内容，并记录孩子的社交媒体活动。但该软件也会让青少年的个人隐私被透露给家长，从而产生潜在的家庭矛盾。西班牙公司"Qustodio"研发的家长管理类安全软件，允许家长设置时间限制、监控孩子的社交媒体并拥有远程锁定设备的功能。美国"Content Watch"公司发布的付费软件"Net Nanny"也具有类似的功能，该软件还可以监测孩子是否浏览色情、自杀、毒品等危险内容。"AdBlock Plus"是一款常被用于浏览器的广告拦截插件，其设计被用于改善用户的浏览体验，但同时还可以防止青少年接触到不适当的广告或链接。我国360公司研发的"360家庭防火墙"路由器相较于一般的网络插件更加便捷，该路由器中内置了防火墙功能，拥有更高的防护程度，从源头上切断了不良信息传递渠道。该防火墙具有游戏防沉迷、防诈骗网站、防病毒等功能，不同于一般应用的"青少年模式"或插件防护，该防火墙只能通过网站设置，关闭青少年保护设置的操作更加复杂。

二 网络平台"青少年模式"的发展现状

（一）当前我国"青少年模式"基本功能

从作者的观察和实际体验来看，各类平台和应用的"青少年模式"在功能上大同小异，一般主要包括以下基本功能：限制时长类功能、远程管理类功能、内容过滤类功能和禁止打赏类功能。"青少年模式"是技术治理思路的进一步推进和融合，随着互联网技术的快速发展，未成年人用网保护技术治理在不断完善，"青少年模式"中一系列针对移动端互联网应用的新功能是对技术治理模式的版本升级，如禁止未成年人打赏的功能，就是应对移动端快捷支付下未成年人的非理性消费现象，解决了未成年人被诱导消费这一现实问题。

1.限制时长类功能

在限制时长方面，视频平台"青少年模式"通常要求单次使用时长不能超过 40 分钟，22 点之后和次日早上 6 点之前不得使用，该限制在输入密码后可以解除。为方便家长进行个性化设置，一些短视频平台允许账号管理者进行个性化设置，例如"抖音"短视频平台"青少年模式"的"时间锁"功能允许家长管理使用时长，可以自由对应用使用时间和限制进行调整。移动端游戏通常限制未成年人玩家游戏时间为周五、周六、周日和法定节假日每日 20 时到 21 时。针对春节等长假期，游戏平台也会针对性地限制未成年人游戏时间，如网易游戏公司在 2023 年 1 月 10 日发布的《关于春节假期未成年人游戏限时的通知》中规定，未成年人春节假期只能在 20 时至 21 时进行游戏，整个春节游戏时间共计不超过 14 个小时。

2. 远程管理类功能

"青少年模式"是一个可以自己设定的控制程序，通过输入密码可以对控制程序进行开关操作或设置修改。未成年人在使用软件时如果浏览授权范围外的内容，或是使用超过时间，家长可以远程使用密码为孩子扩展权限或允许浏览适宜的内容。微信开启"青少年模式"后，家长可设置公众号访问、微信支付、小程序的访问权限，孩子如果有权限外的需求，可经过家长远程许可后进行浏览活动。抖音的"亲子守护"功能支持孩子和家长的账号绑定，在绑定后可远程管理使用。

3. 内容过滤类功能

内容过滤功能主要被用于短视频平台，如抖音、快手、B 站等，微信的视频号也会甄选青少年内容。通常内容过滤会采取人工审核和算法筛查两种方法相结合的方式，对暴力血腥、娱乐游戏、色情低俗等不适宜未成年人的内容进行甄别。信息推荐展示的内容大多为教育性短视频，该模式不支持相关视频推荐功能，也不支持评论区交流功能。根据《2020 年抖音未成年人保护透明度报告》，头部短视频平台"抖音"共有超过 54 万条短视频经过人工审核，进入"青少年模式"的内容池。[①]

---

① 抖音：《2020 年抖音未成年人保护透明度报告》，https：//mp. weixin. qq. com/s/IJPW 7DCVlKQAk30p6ZQCjA，2021 年 4 月。

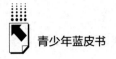

4. 禁止打赏类功能

开启"青少年模式"后，账户的使用者将无法享受付费服务以及打赏主播。禁止打赏功能旨在限制未成年人的网络消费，由于未成年人涉世未深，对于金钱的概念理解模糊，部分未成年人会在互联网进行大量游戏充值或对主播进行高额打赏，其行为与其年龄和智力水平不相适应。根据《关于规范网络直播打赏 加强未成年人保护的意见》的要求，平台应当甄别未成年人的网络消费并退还费用。2021年最高人民法院发布的未成年人司法保护典型案例中，未成年人刘某在2018～2019年使用其父母账户为平台主播打赏超过160万元，最终平台在调解下退还了全部费用。

表2 头部互联网应用的"青少年模式"主要功能

互联网应用类别	代表性应用	"青少年模式"上线时间	"青少年模式"主要功能
视频平台	抖音	2018年7月	1. 限制时长：单次使用时长不能超过40分钟，22点之后和次日早上6点之前不得使用 2. 远程管理：家长通过密码进行管理，可根据未成年人使用需要授权延长时间，并可以通过管理平台进行远程设置，定期了解孩子的使用时间和感兴趣内容 3. 内容过滤：为未成年人推送经过人工核查和算法过滤后的内容，并按照年龄进行针对性内容划分 4. 禁止打赏：关闭未成年人开启直播、充值、打赏、提现和私信的通道
	快手	2019年3月	
	B站	2018年11月	
社交媒体平台	微信	2020年10月	1. 限制时长：微信没有浏览时长的限制，微博限制未成年人单日使用时长不能超过40分钟，22点之后和次日早上6点之前不得使用 2. 远程管理：家长通过密码进行管理，微信允许管理者自由设定各项功能是否开放，输入密码可调整使用权限或延长"青少年模式"使用时间
	微博	2019年5月	
移动端游戏	王者荣耀	2017年7月	1. 限制时长：未成年人玩家游戏时间为周五、周六、周日和法定节假日每日20时到21时。在未成年人的寒假、暑假等长假期，一般限定游戏时间为每日20时到21时，并对假期总游戏时长进行限制 2. 内容过滤：严格控制游戏中涉及暴力、黄色、低俗的内容 3. 禁止打赏：禁止未成年人对网络游戏进行充值
	原神	2021年8月	
	和平精英	2020年6月	

互联网应用类别	代表性应用	"青少年模式"上线时间	"青少年模式"主要功能
搜索引擎	百度	2019 年 6 月	1. 内容过滤：采用白名单机制，文本、图文、语音搜索等场景有机器过滤和人工筛选把关 2. 禁止打赏：禁止使用支付、卡券和核销类功能

资料来源：作者根据各类互联网头部企业公开发布的信息及相关报道整理得来。

（二）当前我国"青少年模式"使用情况

"中国未成年人互联网运用状况调查"课题组对于"青少年模式"的实际应用情况进行了跟踪调查。从这些调查结果来看，当前我国青少年模式的使用呈现比较明显的几个特征。

1. "青少年模式"效果不显著，主动使用率仍旧较低

"青少年模式"从 2018 年陆续上线，到 2022 年已经过了 3 年的普及时期。2021 年 11 月发布的《2021 年全国未成年人互联网使用情况研究报告》显示，有 85.9%的未成年人和 91.6%的家长都知道"青少年模式"，但设置过"青少年模式"的未成年人和家长不到五成，四成家长认为"青少年模式"效果不够显著。①

尽管"青少年模式"已经被广大青少年熟知，但青少年仍然不会选择主动开启儿童模式、"青少年模式"。2022 年中国未成年人互联网运用状况调查数据显示，在抽取的 9087 份样本中，有 34%的青少年几乎不使用儿童模式或"青少年模式"，较少或有时使用儿童模式、"青少年模式"的占 37%，经常或总是使用儿童模式、"青少年模式"的只占 20%。可以看出，只有约两成的未成年人主动选择开启儿童模式、"青少年模式"，约八成的

---

① 共青团中央维护青少年权益部、中国互联网络信息中心（CNNIC）：《2021 年全国未成年人互联网使用情况研究报告》，2022 年，第 5 页。

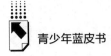

青少年并没有在儿童模式、"青少年模式"的保护下上网或使用 App，"青少年模式"的主动使用率较低（见图 1）。

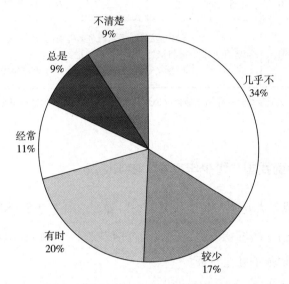

图 1　2022 年调查中未成年人主动使用儿童模式、"青少年模式"的情况

资料来源：第 11 次中国未成年人互联网运用状况调查。

2. 随着年龄增长，"青少年模式"主动使用率呈下降趋势

未成年人的年龄越小，越倾向于主动使用儿童模式或"青少年模式"，随着年龄的增长，青少年更不愿意使用儿童模式、"青少年模式"。小学阶段（6～12 岁）不经常主动使用（包括几乎不、较少、有时使用）儿童模式、"青少年模式"的比例为 56.6%，到初中阶段（13～15 岁）不经常主动使用儿童模式、"青少年模式"的比例上升到 72.5%，高中阶段（16～18 岁）不经常主动使用儿童模式、"青少年模式"的比例进一步上升至 81.5%。比较不同年龄青少年时常主动使用（包括经常、总是使用）儿童模式、"青少年模式"的比例，小学、初中、高中阶段分别为 30.1%、19.0% 和 13.1%，随着年龄的增长青少年主动使用儿童模式、"青少年模式"的比例显著下降。此外，研究发现处于小学阶段的青少年有 13.3% 不清楚何为主动使用儿童模式、"青少年模式",显著高于初中阶段的 8.5% 和高中阶段的 5.4%（见图 2），需要加强低龄青少年对于儿童模式、"青少年模式"的熟悉和认知。①

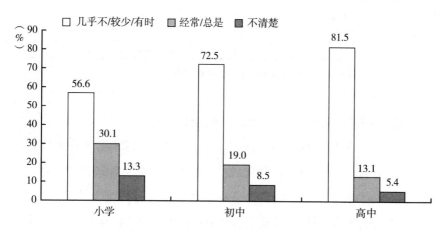

图 2　未成年人主动使用儿童模式、青少年模式的学历（年龄）分布

资料来源：第 11 次中国未成年人互联网运用状况调查。

3. 与家长的分歧、媒介素养教育程度会影响"青少年模式"使用率

未成年人是否主动使用儿童模式、"青少年模式"，与父母的管教以及自身受媒介素养培训的程度有关。研究发现，经常与父母在上网问题上发生争执的未成年人往往不会主动使用"青少年模式"，接受媒介素养培训课程越少的未成年人也不会倾向于主动使用"青少年模式"。2022 年中国未成年人互联网运用状况调查数据中的"在上网和使用各类 App 时，您会主动使用儿童模式或者青少年模式吗？"调查结果，与"您有没有因为上网的问题与父母发生过争执？""您上过专门的网络素养课程吗？"两个问题的调查结果呈现显著的正相关，即青少年与父母在上网问题上的分歧、媒介素养教育程度两项与青少年不主动使用"青少年模式"的频率呈现显著的正相关（见表 3）。

---

① 数据来自：第 11 次中国未成年人互联网运用状况调查，2022。

表 3　未成年人主动使用"青少年模式"的影响因素

调查问题	经常因上网问题与父母发生争执	没听说或上过网络素养课程	不主动使用"青少年模式"
经常因上网问题与父母发生争执	1	—	—
没听说或上过网络素养课程	.007	1	—
不主动使用"青少年模式"	.047 **	.324 **	1

** 表示在 0.01 级别（双尾），相关性显著（P<0.01）

资料来源：第 11 次中国未成年人互联网运用状况调查，2022。

4. 头部短视频平台"青少年模式"使用体验更佳

中国传媒大学媒体融合与传播国家重点实验室 2023 年 3 月 8 日发布的《短视频 App 青少年保护模式观察报告》对 27 个短视频 App 进行测评。测评满分为 100 分，发展指标"模式是否易于理解""模式是否符合产品定位""模式是否拓展产品边界""模式是否吸引青少年用户"四项占 40 分，采取加分制；基础指标"时间维度""交易安全""交友安全""内容安全""家长是否可控"五项占 60 分，采取减分制。最终"抖音""快手""咪咕视频"等头部短视频平台得分达到 90 分，头部短视频平台的使用体验相对更好（见图 3）。

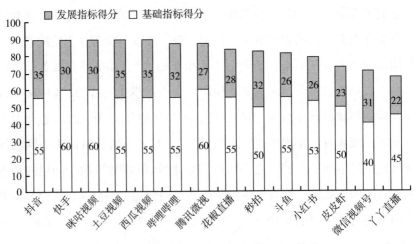

图 3　短视频 App "青少年模式"测评得分

资料来源：中国传媒大学媒体融合与传播国家重点实验室《短视频 App 青少年保护模式观察报告》，2023 年 3 月。

三　"青少年模式"实践中的问题与困境

我们通过梳理"青少年模式"运行后的反馈可以发现，该模式经过近五年的推广取得了一定成效，但同时也面临诸多挑战。

（一）平台自建设存在形式主义

2022年中国未成年人互联网运用状况调查结果显示，时常（经常/总是）主动使用"青少年模式"的未成年人只占受访者的20%，使用率处于较低的状态，低使用率下的"青少年模式"形式主义比较严重。开启"青少年模式"后，一些互联网应用常见的功能，如信息检索、评论交流、相关推荐等功能均消失，许多短视频平台在该模式下只剩下最原始的视频推送，推送内容只包括一些基础科学的教育讲解视频和益智类视频，"青少年模式"下的应用功能残缺不全。信息检索有助于青少年高效地查询到需要了解的信息，评论交流则是不同年龄段人群上网的核心需求之一，即与他人进行沟通从而融入适合自己的群体，相关推荐则帮助人们对感兴趣的内容做进一步的探索。信息检索、评论交流、相关推荐等功能是应用的核心功能，这些核心功能的缺失是"青少年模式"应用率低的主要原因之一。

网信办于2019年3月28日发布的《国家网信办组织网络短视频平台试点青少年防沉迷工作》以及国家新闻出版署于2021年8月30日下发的《关于进一步严格管理　切实防止未成年人沉迷网络游戏的通知》两份行政规章，是推动各大互联网企业设计"青少年模式"的主要文件，平台积极迎合政策，但在实际建设的过程中存在形式主义，出现加码限制、责任转嫁以及内容单一化等现象。加码限制下的"青少年模式"缺乏诸多基础功能，通过家长的密码设置将青少年上网管控的责任转嫁给家庭，"青少年模式"下只存在单一的内容。上海市消费者权益保护委员会在2023年3月对"青少年模式"的测试发现，西瓜视频、好看视频的限制时长功能形同虚设；秒拍、映客直播、皮皮虾开启"青少年模式"后内容极为单一；"快手"推

送内容无法做到与不同年龄层的未成年人相匹配。①

当前互联网应用"青少年模式"自建设形式主义较为严重，只提供给青少年家长两种选择，采用极为严格的控制措施或不设置控制措施。这种二级化的思维不能运用在技术保护未成年人用网的思路中，过严或过松的设置都会使未成年人保护成为形式，无法落到实处。

（二）身份信息识别机制存在漏洞

当前对青少年上网设置的身份信息识别机制存在许多漏洞，这些漏洞会导致青少年绕过身份信息识别机制进行互联网活动，使"青少年模式"形同虚设。例如"抖音"设置的使用时限虽然禁止青少年在晚上22点之后打开应用，但是如果输入四位密码进行解锁，这个限制就会被解除。移动端游戏《王者荣耀》虽然对成年人的账号进行人脸识别，防止未成年人使用成年人身份进行游戏，但人脸识别一般情况约两个月触发一次，未成年人可使用父母身份信息或其他成年人身份信息完成注册并通过识别，在相当长的时间内不会受到任何游戏时间、登录时限的限制。

此外，"青少年模式"完全根据年龄进行限制，对18岁以下采取"一刀切"的限定措施，这种"一刀切"的限制缺乏灵活变通，在实际操作中存在现实的困难。部分未成年人在16、17岁时考入大学，需要积极使用互联网进行课内外学习、参与网络社交活动，此时的"青少年模式"已不再适用于已经进入大学阶段的未成年学生，"青少年模式"在这种情况下反而成为限制青少年成长与发展的栅栏，身份信息识别机制在具体情况下需要完善与细化。

（三）"家长主义"下平台的服务意识不足

"平台家长主义"是指平台在内容治理上单方面发布规则、划定边界和

---

① 上海市消费者权益保护委员会：《说好的"深夜禁用"呢？"青少年模式"不能流于形式！》，https://mp.weixin.qq.com/s/GjolduRuc2OrWO9TJJfd0w，2023年3月。

实施惩罚,从而建立家长式权威的行为。[1] 在当下"青少年模式"的建设过程中,平台弱化了自身的服务性属性,呈现互联网平台与运营商对家长和未成年人使用者本身的身份不对等。平台在设计"青少年模式"时强化其管理属性而弱化其服务属性,会导致技术保护模式重形式而轻内容、"青少年模式"逐渐脱离实际使用的需要。部分家长会与孩子达成新的妥协,即家长在认证中使用成年人身份让青少年使用互联网,而未成年人则需要接受家庭范围内约定的"家庭规则"。这种"平台家长主义"下的服务属性弱化,源于平台作为"服务提供者"身份的异化,会导致平台的服务意识逐渐下降。平台本身的职责是协助学校和家长对未成年人用网进行管制或约束,互联网企业和网络服务运营商不应当以"平台管理者"或是"政策制定者"的身份来建设"青少年模式"。

(四)平台商业属性和技术保护公益属性的冲突

互联网企业控制下运行的应用或平台天然具有强烈的商业属性,应用及平台设计者在创作之初的目的就是将用户的使用转变为可视的商业收入。未成年人尚未形成健全的消费观念,容易受到互联网纷繁信息的诱惑,并在攀比心理的驱使下进行网上消费。因此,技术保护的公益属性从开始就与平台的商业属性相冲突,应用与平台从根源上缺乏建设"青少年模式"的动力,便采用消极的时长管理机制、"一刀切"式应用功能和单一身份验证系统,这种商业属性和公益属性的冲突延伸到"青少年模式"的执行过程中。当前各大平台的"青少年模式"主要是自建设的形式,对具体的技术保护措施设置的强制性规范较为匮乏,平台自建设动力不足。

(五)家长的监督容易被破解

在人与技术的关系中,作为主体的人是关系的核心,技术保护模式作

---

[1] 皇甫博媛:《"算法游戏":平台家长主义的话语建构与运作机制》,《国际新闻界》2021年第11期。

为技术工具，需要在人的协作下才能发挥最大效用。在实际的操作中，技术保护模式并非总是有效，未成年人可以向家长索要密码或账号，或者直接使用他人信息注册账号，以此跳过"青少年模式"的技术保护屏障。因此，要使"青少年模式"发挥其最大效用，就要发挥家庭中成年人的监督作用，家庭是未成年人用网保护协同共治中最重要的一环，对未成年人用网过程中的良性引导能帮助未成年人建立起健康的用网习惯，反之则会使未成年人沉溺于互联网中。家庭在监督孩子上网时，不能完全依靠技术保护模式来限制未成年人，导致和孩子面对面的沟通交流减少。此外，有些家长还会帮助孩子规避"青少年模式"，使技术保护模式的效用大打折扣。家庭在未成年人使用互联网方面的教育至关重要，技术保护模式只能起到辅助作用，最终还是要让未成年人理解互联网的利弊两端，从而使未成年人自发地科学用网。

（六）国外游戏平台的管控存在政策空白

尽管国家新闻出版署、网信办等管理部门对未成年人的游戏内容、时间等进行了严格的规定，但大部分对游戏的管控仅限于国内的游戏及平台，如腾讯游戏、网易游戏、米哈游游戏公司等，对国外游戏平台的管控暂时还未被纳入政策内。"Steam""Epic Game"等国外游戏平台不需要进行实名认证，未成年人可通过此类游戏平台购买大型游戏，如《荒野大镖客》《侠盗猎车手5》《赛博朋克2077》等需要大量时间进行通关的游戏，未成年人可以在没有"青少年模式"保护的情况下玩。此类国外游戏平台及游戏，需要有一定的分级管理措施，既要控制青少年游戏时间，也要给未成年人提供适宜的娱乐产品。

（七）过滤行为形成新的算法黑箱

"黑箱理论"源于控制论，指不分析系统内部结构，仅从输入端和输出端分析系统规律的理论方法，算法黑箱是对互联网平台和运营商算法不透明的隐喻。"青少年模式"采用不同于成年用户的信息过滤和推送方式，这种方式存在以下三个问题：其一，"青少年模式"下单一的信息会产生"信息回音室"，一旦错误的信息在青少年中间精准投放，会放大集体性的认知错误，纠正这种认知错误的成本较高。其二，通过算法过滤加人工审核的方式为未成年人提供浏览内容，会主观地将涉及暴力、犯罪、色情的信息几乎全部过滤，教育未成年人防范各类危险的内容也在矫枉过正下被划定到不良内容中，未成年人对于违法犯罪、欺骗欺诈等危害性行为没有足够的认识，对现实世界中的不良内容没有"免疫反应"，在现实中的危险应对能力会下降。其三，在技术保护模式下没有足够的算法纠偏行为来规避"信息茧房"，"信息茧房"会限制未成年人对世界全面的认识。2022 年 3 月 1 日正式施行的《互联网信息服务算法推荐管理规定》在算法治理领域为未成年人设置了保护专条，在一定程度上阻止了算法侵害未成年人。[1]

（八）未成年人隐私保护与监控的两难

未成年人的隐私保护是技术保护思路下的重要一环，未成年人的隐私保护是指对未成年人的具体信息如姓名、身材相貌、住址、学校等涉及未成年人生活的重要个人信息的保护。同时，未成年人也应当被视作独立的个体，在面对社会、学校、家庭成员时应当拥有独立的人格权，保护自己的隐私。"青少年模式"在保护青少年的隐私时起到了重要作用，未成年人上传的作品自动设定为他人不可见，陌生人也不能向未成年人发起对话聊天。但同时，网络上也存在很多未成年人使用家长的账号发布的信息，或是成年人的账号中大量涉及未成年人信息的内容，还需要平台和应用对未成年人信息进行整体性筛查。伴随着技术保护的介入，未成年人的隐私权在家庭监护人面前逐渐被剥夺，家长有时以监管为由窥探孩子隐私，容易衍生家庭内的代际矛盾。"青少年模式"进行技术保护的同时，也要协调好未成年人隐私保护与监控的两难问题。

---

[1] 李德嘉、李让：《省思与突破：防范算法侵害未成年人的规制进路》，《预防青少年犯罪研究》2022 年第 4 期。

四 优化和完善"青少年模式"的建议

青少年是网络世界的重要主体之一，也是网络文化建设的生力军，"青少年模式"对于未成年人互联网使用以及网络保护的意义不容小觑。国家互联网信息办公室副主任牛一兵在2023年3月28日举行的国务院新闻办公室新闻发布会上指出，今年将全面升级青少年模式，在丰富分龄内容的同时，对时间和功能进行科学限定，把使用难度降到最低，让模式真正成为未成年人健康上网的"保护盾"，筑牢青少年模式保护防线。当然，算法黑箱、隐私保护等在技术治理过程中普遍存在一些困境，也并非"青少年模式"所特有。但是，"青少年模式"作为从政府到企业、从平台到社会、从家长到未成年人都依赖的一种未成年人保护模式，理应在多个层面进行优化和完善。

（一）有益有效内容的高质量供给

建设低成本高效率的技术保护模式，关键在于服务好被保护者，使"青少年模式"的利用率得到提升，让青少年愿意主动启用"青少年模式"。要想真正建设低成本、高效的技术保护模式，就需要考虑青少年上网的社会活动、知识学习、娱乐社交需求，帮助他们融入互联网，但又要避免其与互联网不良信息的接触。更需要考虑网上对于未成年人群体的高质量有益内容的持续供给，加大普惠免费高质量内容建设力度，以及这些优质内容在青少年群体的影响力。一是主动提供有益的、有教育性的、趣味的、适合的内容，而不是只提供单一的说教性内容。二是重视青少年在课业压力下的游戏需求，宜疏不宜堵，青少年对信息和游戏的接触是必然的，根本在于控制青少年的游戏时间，提供适宜他们年龄的信息内容或游戏。三是积极引导青少年进行良性、适度网上活动，帮助青少年构建有益的兴趣社群，与成年人的兴趣社群相区别，打造以科学实验、体育运动、生活常识、影视剧、益智游戏等为兴趣的社群，让青少年在交流互动中丰富自我的知识，形成自己的"网络朋友圈"。

（二）"青少年模式"如何有效落地应用

当下"青少年模式"已经在各大平台广泛推广，而且政府加大力度进行推广，但是"青少年模式"的实际落地和应用程度较低。这已经成为"青少年模式"低效的重要原因，有关机构需要加强对于"青少年模式"的研究，尤其是对于家长和未成年人群体实际的想法、使用体验等的深度调研，摸清"青少年模式"落地效果差的原因，并针对问题提出实际有效的解决方案。这些除了对于技术平台、网站等企业层面的规范和规制外，更需要从使用者角度探索"青少年模式"能够被广泛接受和采纳的有效途径。而实践证明，单纯依靠政府对于企业和平台层面的命令式的工作部署，已经难以解决问题。

（三）"青少年模式"在算法黑箱、隐私保护方面的规定补充

除了"青少年模式"本身的用户友好性外，政府层面应该在算法黑箱、内容推荐技术、个人隐私保护、网络安全等方面对于当前的"青少年模式"进行一次摸底大调研，对于"青少年模式"技术本身存在的隐患以及潜在的风险，仔细进行评估。政府在法律层面对于技术风险的规避，需要通过大摸查的形式在"青少年模式"中贯彻落实，以确保要进一步大面积推广"青少年模式"的安全性、可靠性和价值立场在算法中的预置。

涉及知识问答、经验问答等方面时，需要在"青少年模式"下确保搜索、算法、推荐等给出回答，在涉及价值判断类的问题和解答时，能够按照社会主流价值、核心价值给出答案。避免给未成年人在多元价值下的多重选择式的答案，尤其是针对社会、生活经验等方面的问题。

（四）通过奖惩分明督促行业自律

行业自律，可以通过正反两个方面来促进互联网平台的良性治理。相关部门可以对互联网企业的"青少年模式"进行评估，将青少年模式的建设情况，列入互联网企业社会责任考核体系的重要指标，对"青少年模式"应用率高、反馈好的互联网企业，可以进行政策支持、典型宣传，使更好用

的"青少年模式"能够被青少年和家长所熟知，通过优秀的个案带动行业建设"青少年模式"。对于消极落实政策的互联网企业，以及"青少年模式"反馈不佳的社交媒体平台、短视频平台，可以采取提示、约谈等措施，对于违反法律法规的互联网企业及时进行处罚与公示，推动整个互联网行业积极建设"青少年模式"，形成行业自律良好氛围。

（五）加强全社会的数字素养教育

要在全社会加强数字素养教育，正确认识互联网的作用。互联网作为技术工具永远是中性的，要看是谁来使用以及怎样使用互联网。媒介环境学派著名学者尼尔·波兹曼教授认为："每一种技术既是包袱也是恩赐，不是非此即彼的结果，而是利弊同在的产物"，互联网可以成为青少年的"良师益友"。可以建立官方的数字素养培训网站、软件，效仿"国家反诈中心 App"的建设模式，让整个社会在数字素养教育的潜移默化中形成对网络的正确认识；通过新闻报道培养公众的网络素养，引导民众科学上网；学校要增加数字素养培训课程，使青少年掌握互联网使用技能，促进青少年科学使用网络工具。

应当破除社会对互联网应用"电子鸦片"的误解，使互联网回归其工具的本质，发挥互联网的正向功能，破除社会对青少年用网的恐惧症，打破人们对互联网应用"电子鸦片"的刻板印象，全面地提升公众的整体数字素养。

参考文献

方勇、季为民、沈杰主编《中国未成年人互联网运用报告（2022）》，社会科学文献出版社，2022。

共青团中央维护青少年权益部、中国互联网络信息中心（CNNIC）：《2021 年全国未成年人互联网使用情况研究报告》，2022 年。

中国传媒大学媒体融合与传播国家重点实验室：《短视频 App 青少年保护模式观察报道》，2023 年 3 月。

姜闽虹：《美国的网络管理与青少年保护》，《新闻与写作》2015 年第 2 期。

B.13
未成年人互联网运用中
个人信息保护状况

王　颖*

摘　要： 信息与数据是数字时代的重要资源，如何平衡个人信息的使用与保护是重要命题，尤其是未成年人的个人信息保护。近年来，我国未成年人个人信息保护进入强监管模式，立法、司法、行政机构与互联网平台协同发力。逐步实现法律保护体系化、专项治理行动常态化，司法保护模式具有创新性。同时，短视频、智能儿童产品、在线学习等新型应用与平台存在的未成年人个人信息侵害风险依然突出。对此，本文从法律保护、政府监管、企业平台、用户个体等角度提出未成年人个人信息保护的对策建议。

关键词： 未成年人　个人信息保护　个人信息侵权

2018年以来，我国未成年网民规模连续四年保持增长趋势。中国互联网络信息中心（CNNIC）发布的第51次《中国互联网络发展状况统计报告》数据显示，截至2022年12月份，我国网民规模达10.67亿。其中，10岁以下未成年人网民占比达4.4%，10~19岁网民占比达14.3%。共青团中央维护青少年权益部、中国互联网络信息中心发布的《2021年全国未成年人互联网使用情况研究报告》数据显示，2021年我国未成年人互联网普及

---

* 王颖，中国社会科学院新闻与传播研究所助理研究员，主要研究方向为新闻传播法、青少年在线保护。

率达 96.8%。因此，浸润、成长于互联网空间的未成年人，已成为互联网运用的重要群体。在以网络化、智能化、数字化为特点的新一代媒介技术变革中，数字信息技术重塑人与信息的关系，个人信息、数据成为当前新技术时代的重要生产资料。与之相应，个人信息权益保护问题日益凸显。其中，未成年人个人信息保护因权益主体特殊性、侵害行为易发性、损害后果严重性值得充分重视。

一 未成年人个人信息保护的状况

（一）法制建设进入快速发展期，逐步体系化

近年来，我国个人信息权益保护与未成年人保护领域的法制建设突飞猛进。未成年人个人信息保护的基本框架已初步搭建，形成未成年人个人信息保护的原则性、方向性规定。2021 年实施的《民法典》《个人信息保护法》，以及 2021 年审议通过的《家庭教育促进法》均有关于儿童个人信息保护的规定。2021 年 6 月 1 日，新修订的《未成年人保护法》[①] 和《预防未成年人犯罪法》正式施行，均对未成年人的隐私与个人信息保护作出专门规定。其中，《个人信息保护法》第二十四条、第二十八条、第三十一条及《未成年人保护法》第五章，对未成年人尤其是儿童的个人信息、网络安全保护予以明确规定。新修订的《未成年人保护法》还增设未成年人网络保护专章，对互联网企业平台使用、处理儿童个人信息予以原则性、指导性规定。《个人信息保护法》第二十八条明确规定，不满十四周岁未成年人的个人信息属于敏感个人信息，对于个人信息处理者处理不满十四周岁未成年人个人信息的，应当制定专门的个人信息处理规则。由此可见，我国个人信息领域进入强监管时代，未成年人个人信息的独立价值得以确认，进入专

---

① 为行文简便，本文中法律、行政法规名称中的前缀"中华人民共和国"一律省略，例如《中华人民共和国未成年人保护法》简称《未成年人保护法》。

业化保护阶段。

为落实、细化《个人信息保护法》《未成年人保护法》等相关法律中关于未成年人个人信息权益保护的规定，2022 年 3 月 14 日，国家网信办发布《未成年人网络保护条例（征求意见稿）》，该征求意见稿以此前的法律为基础形成。2016 年，国家网信办曾起草《未成年人网络安全保护条例（征求意见稿）》，并向当时的国家法制办报送该条例的送审稿；2018 年，共青团中央维护青少年权益部等部门就该条例（送审稿）组织专家研讨交流；2020 年，《未成年人保护法》《预防未成年人犯罪法》应发展之需，做出相关修订；随后《个人信息保护法》《家庭教育促进法》先后颁行。

2022 年 5 月，最高法、最高检、公安部、司法部下发《关于未成年人犯罪记录封存的实施办法》，该办法是我国关于未成年人隐私和网络保护的又一新举措，旨在帮助未成年罪犯刑满释放后消除"标签"、融入社会。根据法律规定，在升学、就业中，不得歧视有违法犯罪记录的未成年人。由于未成年人犯罪记录信息管理不当、信息泄露，未成年人因犯罪记录失密影响就业、入学的现象时有发生。隐私信息保护不力，不仅影响未成年人正常的生活、工作，还可能导致其因回归正常社会生活受挫而再次犯罪。据司法机关统计数据，2017 年 4 月至 2022 年 4 月，未成年人犯罪不起诉超过 8 万人、被判处五年有期徒刑以下刑罚逾 15 万人。[①] 2022 年全年，检察机关共批准逮捕未成年犯罪嫌疑人 1.5 万人、不批捕 3.4 万人，起诉未成年犯罪嫌疑人 2.8 万人、不起诉 4.1 万人。[②] 大量涉及未成年罪犯、犯罪嫌疑人的信息数据表明做好未成年人犯罪记录封存工作的重要意义。

针对算法基于海量个人信息创建未成年人个人画像带来的负面影响，2022 年 1 月 1 日实施的《深圳经济特区数据条例》明确规定：除了为了维护

---

① 《未成年人隐私信息须加强保护》，2022 年 6 月 6 日，https：//m. thepaper. cn/baijiahao_ 18447040。

② 《2022 年检察机关批捕侵害未成年人犯罪 3.9 万人》，2023 年 2 月 22 日，https：// www. spp. gov. cn/zdgz/202302/t20230222_ 603105. shtml。

未满十四周岁未成年人合法权益且征得监护人明示同意外，不得向其进行个性化推荐。有关部门规章也开始规制算法推荐技术，如国家互联网信息办公室、工业和信息化部、公安部、国家市场监督管理总局联合发布，2022 年 3月 1 日施行的《互联网信息服务算法推荐管理规定》对个性化推荐、生成合成等算法技术予以约束。这些法律法规标志着我国未成年人信息权益保护的精细化、科学化。

（二）专项治理行动与司法保护措施并举

2022 年国家网信办部署开展"清朗"系列专项行动，坚决遏制利用未成年人牟利、伤害未成年人权益行为。8 月 26 日，工信部通报违规收集个人信息等问题的 App 和 SDK 的相关情况，共有 635 款产品因个人信息相关问题被通报。其中，未成年人相关应用和苗儿童手表、小鲸鱼儿童手表涉及违规收集个人信息。① 2022 年 3·15 晚会曝光了部分儿童手表通过采用老旧版本的操作系统，以恶意程序调用手表使用者的定位、通讯录信息、人脸图像等个人信息的现象，存在未成年人个人信息泄露风险。②

2022 年 3 月 7 日，最高检发布首批未成年人保护监察公益诉讼指导性案例，其中涉及儿童权益保护，包括关于个人信息保护等侵犯未成年人公共利益的重要案例。未成年人保护公益诉讼的指导性案例和典型案例具有以案释法的指导引领作用。

2022 年 11 月，海南省高院发布五起利用信息网络侵害人身权益的典型案例，以启示、教育、引导社会。其中包括一则某网络账号发布未成年人违法案件信息侵犯隐私权的案例。该案例中，网络用户通过短视频平台发布未成年人违法犯罪信息，包括该名未成年人的肖像、姓名、处罚信息等个人隐私。该案例中，法院认为，该网络用户的行为构成侵权，短视频平台未尽到

① 《工信部通报 47 款侵害用户权益 App 和 SDK，涉违规收集个人信息等问题》，2022 年 8 月 26 日，https：//m.gmw.cn/baijia/2022−08/26/1303110492.html。
② 《央视 3·15 晚会曝光低配的儿童智能手表成为"行走的偷窥者"》，2022 年 3 月 15 日，https：//www.cls.cn/detail/959527。

平台监管义务需承担连带责任。该案例是严格落实"保护未成年人是全社会共同的责任"的实践探索。①

（三）互联网平台的个人信息保护水平不断提升

近年来，在法律规制和行政监管的双重作用下，未成年人个人信息保护受到足够重视，对网络平台履职尽责提出更高的要求。互联网平台企业的个人信息保护合规水平有所提升。例如，小红书在社区创作中心"规则中心"制定了《未成年人内容管理规范》《未成年人互联网隐私保护规则》，尝试探索治理未成年人网络隐私侵犯及其衍生的网络暴力。此外，还通过机器算法检测用户发布内容时是否包含未成年人隐私信息。近年来，各大网络平台如 QQ 安全团队、抖音、小红书等均成立未成年人及其隐私保护专项团队，强化未成年用户识别、保护模型的研究。2022 年 7 月"清朗"专项行动中，小红书未成年人保护团队就处置涉及侵害未成年人内容超过 2.5 万条。②

二　未成年人个人信息保护存在的问题

（一）未成年人个人信息保护的立法仍有待加强

近年来，我国未成年人个人信息权益保护的立法进入快速发展时期，初步构建起法律保护框架。2021 年以来，未成年人个人信息保护进入细化阶段。我国相继出台《儿童个人信息网络保护规定》《未成年人保护法（2020年修订）》《未成年人网络保护条例（征求意见稿）》《个人信息保护法》等法律法规，逐步形成未成年人个人信息保护的法律法规体系。在智能传播环境下，未成年人个人信息保护面临侵害形式更隐蔽、调查取证更困难的挑

---

① 《发短视频侵犯未成年人隐私需担责》，2023 年 1 月 19 日，https：//m. sohu. com/a/ 632196091_ 257321/。

② 《未成年人网络隐私保护成痛点》，2022 年 9 月 17 日，https：//m. thepaper. cn/baijiahao_ 19943823。

战，法律法规的调整需顺应实践之需、当务之急。总之，我国未成年人个人信息保护的相关立法已建立基本架构，具体规定与举措仍需进一步完善精细，司法实践对于此类案件的审理经验较为匮乏，学界的全面研究成果尚未形成，因此，未成年人个人信息保护的法律建设仍需多方投入。

（二）网络信息技术的发展与未成年人个人信息权益保护之间依然存在矛盾

为保护未成年人用网安全与网络权益，国内 App 推行未成年人身份识别与监护人同意机制。但实践中，存在某些机构因商业利益为未成年人提供破解青少年模式的途径，或无法识别未成年人的问题，导致青少年模式形同虚设。例如，颜某利用收集整理的 44 万余条个人信息，通过网络销售解除防沉迷系统的方法获利。并向同样以此谋利的唐某销售个人信息，唐某通过上述信息修改未成年网民的账户信息，逃避游戏平台的防沉迷系统监管。①

（三）新型网络应用与产品的个人信息侵害风险有所增加

目前，未成年人日常生活与学习、社交中接触较多的短视频、儿童智能手表、平板电脑、早教机、在线学习等新型网络应用与产品带来的个人信息侵害风险有所增加。

1. 通过短视频过度披露、分享儿童隐私信息

近年来，我国短视频用户激增，成为第二大网络应用，短视频成为人们网络使用时间最长的应用。与此同时，短视频亦渗透入数量不断增加的未成年网民的日常，短视频中的"卧室文化"（bedroom culture）和"流行文化"（pop culture）成为泄露儿童隐私的源头。例如，抖音开设的"人类幼崽成长计划"话题中，某位热度极高的儿童视频创作者的创作素材主要来自其卧室的监控摄像头，将儿童的私人空间展示于公共平台。此类展示儿童日常

---

① 《收集 44 万余条个人信息，帮未成年人绕过防沉迷系统，2 人被公诉》，2022 年 8 月 5 日，http://news.sohu.com/a/574419445_162758。

生活的作品将未成年人放置于摄像头与他人围观的看台中。在短视频平台上的萌娃系列视频中，观众在关注儿童的身高、体重、年龄等常规信息之外，逐渐对儿童的家庭环境、教养方式、日常生活起居、就学环境等隐私信息进行深挖，并逐步将碎片化信息整合为儿童画像。例如，在抖音网红"小臻来了"的评论区，观众对该儿童的外貌围观评价，对家长的教育方式多有指责。部分家长博主以谋利为目的，任由儿童隐私信息被过度分享或泄露。

过度披露儿童隐私信息的潜在风险已凸显，对热衷塑造网红儿童的各大短视频平台与家长亟待重视。2022 年，最高检公布的一起短视频 App 侵犯儿童个人信息权益案例极具代表性。该案中，北京某公司开发运营的短视频类 App 未征得监护人明确同意，且未以明显方式告知的情况下，允许未成年人注册账号，且未采取相应的区隔管理。因此，该应用用户可与未成年人账号私信联系，并获取其地理位置、面部特征等个人信息，最终导致三名儿童的隐私信息被泄露后遭到不法侵害。[1]

2. 儿童智能产品泄露儿童信息风险增加

智能硬件层出不穷，儿童智能产品也不断增加。以我国增长速度很快的儿童智能手表为例，有关数据显示，2020 年其市场规模达到 136 亿元，预估 2023 年有望突破 200 亿元。[2] 随着技术发展，智能手表功能多样化、高端化，一些儿童手表无须授权即可收集定位、人脸信息、录音等个人隐私信息。不同品牌儿童手表具有社交功能，且添加好友的方式简单易用。[3] 为规范儿童手表应用，2022 年 11 月，我国颁布实施国家标准 GB/T41411-2022《儿童手表》，规定使用儿童个人信息有关的安全标准，对个人信息的收集、使用、存储以及删除等环节予以明确和规范。

---

[1] 《优先保护！最高检发布典型案例》，2022 年 3 月 10 日，https：//www.thepaper.cn/newsDetail_forward_17079613。

[2] 《苹果版"小天才"没来，儿童智能手表就像"定时炸弹"》，2022 年 9 月 20 日，https：//app.myzaker.com/news/article.php？pk＝6329719c8e9f0920d94a1b47。

[3] 《功能冗余，诱导消费，侵犯隐私……儿童智能手表问题显露》，2023 年 2 月 7 日，https：//m.gmw.cn/baijia/2023-02/07/1303275575.html。

3. 教育类 App 收集、使用学生个人信息不规范

新冠疫情以来，应教学之需，各类网课 App 与平台等教育类网络应用发展迅速。教学类应用亦需要学生使用个人信息注册，使用中涉及处理大量的学生个人信息数据，实践中，存在大量的泄露个人信息、过度索取信息、不给信息权限不让用、擅自收集个人信息、超范围收集个人信息等现象。部分学习类 App 采用线上答题、网络课件的方式，未经用户许可即采集用户隐私信息。例如，2022 年 7 月，浙江省消保委通过对 30 多款 App 的个人信息保护比较测试发现，学习教育类 App 的技术标准符合率较低，存在个人信息泄露风险。如，叫叫 App 在收集 14 岁以下儿童的敏感信息时，未予特殊说明或增强告知。①

（四）未成年人对个人信息的自保意识不足

我国未成年网民规模逐年扩大，未成年人的自保意识尚未得到全面发展，未成年人网络运用中个人信息受到侵害现象依然存在。根据第 11 次中国未成年人互联网运用状况调查（2022）的数据，未成年人具有一定的隐私保护意识。其中，分年龄层看，37.8%的小学生、41.4%的初中生和 36.1%的高中生表示，自己每次在网上填写个人信息时，都考虑过保护个人隐私信息。相较而言，小学生的隐私信息保护意识较弱，有 10.2%的小学生表示从没想过保护个人隐私，19.1%的小学生则偶尔会想到要保护个人隐私（见图 1）。②

调查数据显示，未成年人设置高安全性密码的比例有待提高。有 6.9%的未成年人表示，几乎不设置高安全性的密码，11.6%的未成年人则较少设置高安全性的密码，仅有 24.2%的未成年人总是设置较高安全性的密码（见图 2）。可见，采取积极个人信息保护方式的未成年人数量占比不高，未成年人对自身个人信息保护的能力与意识均有待提高。③

---

① 《30 款手机 App 测评发现，叫叫等教育类 App 存在个人信息泄露风险》，2022 年 7 月 28 日，https://i.ifeng.com/c/8IOziwskZup。

② 数据来源：第 11 次中国未成年人互联网运用状况调查。

③ 数据来源：第 11 次中国未成年人互联网运用状况调查。

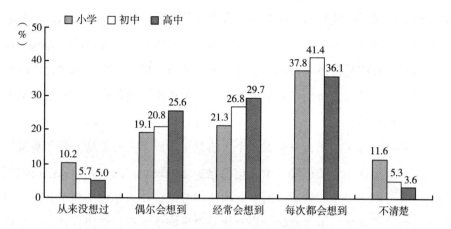

图 1 上网或安装 App 遇到要填写个人信息时，是否考虑过保护个人隐私

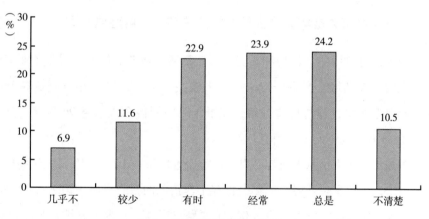

图 2 是否设置高安全性密码

（五）父母或其他监护人对未成年人个人信息保护认识不足

社会生活与日常交往中，经常出现需要提供、使用未成年人个人信息的场景。家长的个人信息安全意识不强，导致或因无意识泄露隐私信息，或因意识淡漠暴露信息，或被诱骗泄露隐私信息的现象屡见不鲜。例如，社交平台中的晒娃照、视频是未成年人信息泄露的重灾区。随着短视频的兴起，影像传播更加便捷、快速，不少家长在社交平台分享亲子时光或儿童生活，日

常生活的记录与晒娃行为存在未成年人隐私信息泄露的风险。又如，许多家长参加儿童网络评选活动，投票环节需要大量转发分享，往往涉及未成年人的诸多信息被广泛传播。再如，参加各种兴趣班或推广宣传活动时，常以小礼物利诱家长填写大量的儿童个人信息，未经严格审核就填写各种信息报表极易造成信息泄露。

家长需引导未成年人自觉保护个人信息。未成年人特别是低龄儿童接触网络早，但年龄小、阅历浅，个人信息保护意识较弱，因个人信息泄露遭到网络骚扰、网络欺诈等的案件时有发生。部分未成年人在家长并不知情的情况下，将手机号码、电子邮箱的信息提交各类网络平台或应用，且对平台将如何使用、存储自己的个人信息往往是一知半解。

（六）侵害未成年人个人信息的主体较多，且后果严重

个人信息的收集、使用和买卖已形成黑灰产业链。目前，黑灰产业链已侵入未成年人领域，严重侵害未成年人权益。例如，2022年杭州法院判决的一起典型案例，被告自建网站，仅半年时间销售个人信息96万条，其中95万余条为未成年人个人信息。①

未成年人个人信息泄露容易引发严重侵害后果。2022年10月，最高检发布的关于人民检察院开展未成年人检察工作情况的报告指出，2018~2021年，未成年人被侵害犯罪持续上升。例如，"隔空猥亵"侵犯未成年人案件频发，未成年人非常容易成为不法分子的网络猎物。区别于传统性侵犯的身体接触，"隔空猥亵"具有隐蔽性、心理伤害与尊严侮辱性，通过网络强迫未成年人发送身体私密部位的照片、视频，提供裸聊等，构成对儿童人格尊严与心理健康的严重侵害。此外，侵害未成年人个人信息与隐私的主体多元，包括网络服务提供者、技术黑客，以及未成年人在内的部分个体用户。犯罪分子利用非法取得的个人信息对受害人进行精准诈骗或者实施其他违法犯罪行为的现象亟待关注。

---

① 《建网站出售未成年人个人信息 半年卖了95万条 检方提起公益诉讼》，2022年2月17日，https://new.qq.com/rain/a/20220217A07N1J00.html。

三　加强未成年人个人信息保护的思考与建议

（一）基本理念：平衡未成年人数字权利与信息保护需求

随着信息传播技术与社会经济的发展，未成年人的个人信息保护问题成为数字时代世界各国要共同面对的治理难题。一方面，我国法律机构参与未成年人信息问题治理的起步较晚；另一方面，我国互联网产业发展速度较快，二者叠加使得我国未成年人个人信息保护面临的问题尤为突出。

因此，一方面，我们需深刻认识到网络信息技术变革对未成年人发展的促进作用，充分尊重未成年人的数字权利，包括获取信息和自由表达的权利、参与数字化社会生活的权利。另一方面，互联网与信息传播技术的运用确实增加了未成年人的种种风险与挑战，我们需要维护和保障一个安全可靠的网络环境，在数字化、网络化、智能化生存中，保护未成年人免受不当内容侵犯。据此，司法保护需要在保障未成年人的数字权利与建立安全环境之间审慎地平衡。在审理未成年人网络保护类案件时，司法机关需秉持的基本理念是，充分尊重未成年人对新兴媒介技术的需求，尊重科技进步带来的数字权利，同时保障未成年人使用网络信息技术可能面临的风险。

（二）侵权救济：优化完善公益诉讼制度

党的二十大报告明确提出要完善公益诉讼制度。随着时代发展，具有公共属性的社会问题越来越多，通过公益诉讼保障公共利益成为发展趋势。未成年人个人信息安全问题是具有公共属性、符合社会公共利益的集体性议题，因此，需要在目前公益诉讼制度的基础上，进一步完善未成年人个人信息保护公益诉讼制度。

目前，我国《未成年人保护法》明确规定人民检察院对未成年人合法权益的法律监督权和公益诉讼。司法实践中，对未成年人保护采用公益诉讼的实践探索越来越普遍。近年来，各地检察机关纷纷践行公益诉讼，受理了不少有代表性的未成年人个人信息保护公益诉讼案件。典型案例以案释法，有效地推动了公益诉讼制度发展。例如，浙江省杭州市余杭区人民检察院诉某知名短视频平台未成年人个人信息保护民事公益诉讼案；浙江省杭州市拱墅区人民检察院提起的关于邓某、肖某某未成年人保护、个人信息保护民事公益诉讼案等案件。此外，公益诉讼制度尚存诸多待完善之处。司法实践中，限于案件数量较少，司法机关对此类案件的审理还处于起步探索阶段，对诸多疑难问题需进一步细化。例如，互联网平台对未成年人用户的识别责任、平台如何保证获取监护人的有效明示同意、平台能否对未成年人用户基于画像进行个性化推荐，以及平台如何对未成年人隐私信息采取主动保护等，亟待司法实务探索。

（三）企业合规：促进企业未成年人信息保护的规范化

互联网平台治理方式主要为他律和自律两种并行。自律是互联网平台实施的自我约束，包括与非政府组织等机构合作成立保护联盟、根据自身经营方式制定管理规范。目前，我国互联网平台企业多采用制定相应的管理规范模式自律，相关规范以国家颁布的权威性法律法规为基准。

随着互联网行业高速发展，各种互联网新业态形成。线上教学、智能设备、网络游戏等应用的使用者年龄不断降低，未成年人已成为互联网企业的重要用户群。但是，未成年人保护领域尚未形成体系完善的互联网平台规范，各平台在未成年人保护方面表现参差不齐。例如，有研究对比各大应用的隐私政策、保护策略后指出，游戏平台的隐私和个人信息保护较为完备，三七互娱等游戏平台设置了单独的《儿童隐私保护指引》，帮助未成年人和监护人进一步了解收集、使用、管理、共享未成年人个人信息的具体情况，以及其享有的相关权利。而一些直播平台的隐私条款着重于解释如何收集、保护未成年人个人信息，更多的是要求家长开启青少年模式。因此，完善互联网企业的隐私政策与自律机制、构建体系完善的平台规范是提高未成年人信息安全水平的路径之一。

（四）自我保护：提升未成年人及监护人个人信息保护的素养与技能

鉴于未成年人的身心发展特征，父母及监护人是未成年人个人信息保护的关键角色。我国多部法律法规明确规定，网络运营者在收集、存储、使用未成年人个人信息时需征求未成年人父母及其监护人的同意。因此，父母及监护人对未成年人的网络安全保护负有义务与责任，需不断提高对未成年人网络隐私保护的认知理念与防御能力。对此，一方面，要加大相关法律法规、政策措施的宣传，提高未成年人与监护人的法律认知与保护意识。另一方面，我国正在逐步展开全民数字素养培育，国家发布的《提升全民数字素养与技能行动纲要》提出公民数字素养培育的目标，即"到 2025 年，伴随数字经济不断壮大，国民数字素养达到发达国家平均水平"。个人信息保护素养是公民数字素养培育中的重要内容，因此，应充分重视家长及社会公众的网络素养教育，提高未成年人及其监护人个人信息保护能力，在全民发展数字素养与技能中推进未成年人信息安全保护。

参考文献

季为民、沈杰主编《中国未成年人互联网运用报告（2021）》，社会科学文献出版社，2021。

方勇、季为民、沈杰主编《中国未成年人互联网运用报告（2022）》，社会科学文献出版社，2022。

邱饰雪：《民事公益诉讼的新发展——兼论未成年人个人信息保护》，《南都学坛》（人文社会科学学报）2023 年第 1 期。

孟晓丽：《我国儿童信息权益保护的历史进程与未来展望》，《大庆师范学院学报》2023 年第 1 期。

B.14
未成年人互联网运用的治理与保护

叶 俊　雷紫晶*

摘　要： 本报告从短视频、网络直播、网络沉迷、网络社交四个方面分析
了国家关于未成年人网络保护的法律法规和政策规定。梳理了平
台治理的潜在漏洞：一是政策法规落实不够，监督机制有待完
善；二是平台主体责任被动，新技术加大治理难度；三是关联主
体较为多元，主体间联动有待加强。提出了未成年人网络保护和
平台治理的建议措施：一要完善法律法规，加强未成年人用网保
护；二要强化主体责任，优化未成年人用网平台生态；三要建立
联动机制，提高未成年人用网能力。

关键词： 未成年人　网络保护　平台治理

　　随着互联网与移动智能终端的发展，网络已经成为未成年人娱乐和社交
的主要工具，也逐渐成为学校学习之余未成年人获取知识、解决问题的助
力。其中，网络直播、网络游戏、短视频、网络社交等应用，成为未成年人
上网的日常运用。《中国未成年人互联网运用报告（2022）》① 显示，短视
频是未成年人使用网络的主要应用。与此同时，未成年人由于网络素养不
足，对网络上流传的信息的甄别能力较弱，容易轻信他人、受到侵害；未成

　＊　叶俊，中国社会科学院新闻与传播研究所副研究员，硕士生导师，新闻学研究室副主任，
媒介传播与青少年发展研究中心执行主任，主要研究方向为马克思主义新闻传播理论、媒
介与社会发展；雷紫晶，中国社会科学院大学新闻传播学院2021级本科生。
　①　方勇、季为民、沈杰主编《中国未成年人互联网运用报告（2022）》，社会科学文献出版
社，2022。

年人对参与短视频、游戏等娱乐活动的自律能力较弱，容易沉迷其中，给学习和生活带来巨大的危害。对此，加强未成年人用网保护十分重要。2021年，《中华人民共和国未成年人保护法》① 修订后正式实施，其中增设了未成年人网络保护部分，对未成年人网络安全、信息保护等各方面作出全面规范，标志着我国在构建有益于青少年成长的网络环境、设立保护未成年人网络安全的政策措施等方面已经取得阶段性成果。但就目前未成年人互联网使用现实情况来看，相关保护措施仍需进一步加强。

一　未成年人互联网运用治理的现状

随着互联网的普及，短视频、网络直播、网络游戏和网络社交等未成年人常用的应用出现各种问题，对未成年人的学习、生活乃至价值观养成都带来了负面影响。为此，有关部门和互联网平台纷纷采取措施，对未成年人互联网运用开展治理。本报告从四个主要方面分析未成年人互联网运用治理的现状。

（一）未成年人短视频运用的治理

《2021年全国未成年人互联网使用情况研究报告》② 显示，经常在网上看短视频的未成年人比例为47.6%。有部分未成年人对短视频的依赖性较强，在日常的学习之余仍要留出3小时以上的时间来观看短视频。未成年人正处于学习和成长的关键时期，过多地将时间花费在观看短视频上会压缩未成年人学习和睡眠时间，给未成年人增长知识和健康成长带来危害。因此，未成年人短视频保护的相关政策和平台治理的相关措施成为呵护未成年人成长的重要保证。

随着短视频的迅速发展，未成年人在使用短视频中面临的内容、安全等

---

① 《中华人民共和国未成年人保护法》。
② 共青团中央维护青少年权益部、中国互联网络信息中心（CNNIC）：《2021年全国未成年人互联网使用情况研究报告》，2022年12月1日。

问题，急需出台政策予以保护。2021年6月，《中华人民共和国未成年人保护法》修订后正式实施，其中增设未成年人网络保护部分，对未成年人网络安全、信息保护、网络娱乐等各方面作出全面规范，在短视频等方面，鼓励和支持有利于未成年人身心健康和成长的网络内容的创作，大力推进以未成年人为主要服务对象、促进未成年人健康成长类短视频的创作。《2021年全国未成年人互联网使用情况研究报告》显示，搞笑类题材是未成年网民最常看的内容，占66.4%；学习类题材占39.6%。① 一些帮助未成年人拓宽视野、提高未成年人技能水平的科普知识类和技能学习类的短视频能够在一定程度上促进未成年人健康成长。

国家网信办和其他相关部门加强对损害未成年人网络安全行为的监督和检查，依法惩处利用网络危害未成年人的活动，力求为未成年人提供安全、健康的网络环境。针对短视频等涉及未成年人的网络传播内容，国家加强审查、制定了一系列内容审核标准，实现了"前审"和"后查"。2022年3月，国家网信办就未成年人网络保护起草《未成年人网络保护条例（征求意见稿）》，其中第三章网络信息内容规范部分要求通过网络信息的传播，利用短视频等多种网络传播形式，营造有利于未成年人健康成长的清朗网络空间和良好网络生态。

与此同时，行业协会也积极行动，参与到未成年人短视频政策保护中。2021年12月，中国网络视听节目服务协会组织有关短视频平台对2019版《网络短视频内容审核标准细则》进行了全面修订，并发布了《网络短视频内容审核标准细则（2021）》（以下简称《细则》）。《细则》要求短视频节目及其标题、名称、评论、弹幕、表情包等，其语言、表演、字幕、画面、英语、音效中不得出现的内容达100条。其中要求"不得宣扬不良、消极颓废的人生观、世界观和价值观的内容；不得渲染暴力血腥、展示丑恶行为和惊悚情节"② 等损害未成年人健康的内容。有一部分特意列出要求不

---

① 共青团中央维护青少年权益部、中国互联网络信息中心（CNNIC）:《2021年全国未成年人互联网使用情况研究报告》，2022年12月1日。

② 中国网络视听节目服务协会:《网络短视频内容审核标准细则（2021）》。

得出现不利于未成年人健康成长的内容，如："表现未成年人早恋的，以及抽烟酗酒、打架斗殴、滥用毒品等不良行为的；人物造型过分夸张怪异，对未成年人有不良影响的；利用未成年人制作不良节目的；侵害未成年人合法权益或者损害未成年人身心健康的"内容。《细则》相关标准的制定有力地遏制了危害未成年人身心健康的内容的出现，在一定程度上净化了网络空间，为未成年人健康成长创造了安全的网络环境，为未成年人网络安全和健康成长提供了政策保护。

短视频平台作为一项社会性产品，借助"出卖"社会大众营利，也需要承担相应的社会责任。作为短视频服务的直接提供者，短视频平台积极响应国家号召，建立了一系列保护未成年人网络安全和提高未成年人网络素养的措施，为未成年人成长营造良好的环境。

作为国内短视频的头部平台，抖音平台响应国家的号召，提供以未成年人为主要受众群体的网络短视频服务。2021 年 1 月 1 日，抖音正式上线了"萌知计划"，建立优质的未成年人社区生态。面向青少年的短视频内容以广泛学习知识、重点突出教育、关注技能活动、激发实践兴趣为主，以娱乐为辅，将"泛知识型内容"加上一些娱乐化的因素以短视频形式放置在以未成年人为目标受众的"知识区"下。同时，抖音也与专业的文化知识型机构联合向未成年人提供更为专业的知识文化类服务，比如联合少年儿童出版社推出《十万个为什么》系列短视频，与故宫博物院联合推出"抖来云逛馆"计划。除此之外，抖音官方还推出"抖音青少年"账号，发布"暑假安全第一课""科普·《少年科学说》""天文科普系列"等抖音自制的科普性内容。2022 年 5 月，抖音发布的《2022 年抖音未成年人保护数据报告》统计并详细分析了其在优质内容建设、平台治理、未成年人保护以及青少年模式升级等方面的建设成果。报告显示，抖音青少年模式内平均每天新增优质视频数量为 9146 条，内容囊括语言学习、国学诗词、心理健康等。① 同时，抖音也加强对内容的审核和对已上架短视频作品的

---

① 抖音：《2022 抖音未成年人保护数据报告》，2022 年 6 月 4 日。

监督，通过技术、人工等手段持续治理侵犯未成年人权益的内容。数据显示，抖音平台日均下架 8 万余条危害未成年人身心健康的信息，日均封禁337 个青少年不友好账号，对侵犯未成年人的网络行为"零容忍"。抖音短视频平台通过构建优质内容社区和积极审核监督为未成年人提供安全的短视频服务。

快手平台也推出了与抖音相似的优质内容池机制和平台扶持措施。同时，快手平台正在建立严格的平台审核和视频分类制度。一方面精选内容标签划分下的未成年人短视频社区会放大未成年人兴趣，另一方面未成年人短视频社区仍然以"泛知识型内容"为主。在快手青少年模式中，未成年用户可以"单向关注"感兴趣的账号的最新内容。除此之外，快手采取了多重防护措施保护未成年用户在短视频使用过程中的网络安全。例如，快手平台与监管部门联动，随时更新未成年人短视频相关标准，及时更新禁用关键词和违规样本；使用大量人工甄别出的违规样本对机器进行多次重复训练，对海量有关未成年人的视频内容进行标签标准和初步筛选；设立专门的未成年人内容专项审核团队，建立未成年人审核标准和应急措施，对视频进行人工审核。同时，平台还专门组建客服团队，就未成年用户的不当行为进行沟通教育。

表 1　未成年人网络平台治理相关举措

平台	举措
抖音	青少年模式升级并设置了退出漏洞防范机制 推出最严防沉迷模式：用户每天默认只能使用 40 分钟，且晚上 22 点至次日早上 6 点不能使用 优化亲子平台使用体验，与未成年人监护人互动引导 限制直播及打赏功能：青少年也无法使用私信聊天和直播功能，更不能充值、打赏 建立优质内容池：以泛知识、重教育为主，轻娱乐为辅，兼顾知识体系化和适配年龄的要求 加强内容监管，持续治理侵犯未成年人权益的账号和内容 对疑似未成年人直播消费问题进行严防死守，推出了"事前预防—事中拦截—事后退款"的机制 设置青少年守护客服专线，持续为家长和未成年人提供服务 发布《2022 抖音未成年人保护数据报告》

平台	举措
快手	升级青少年模式至 4.0 版本,持续控制未成年人沉迷行为 优化精选内容标签以方便未成年人自主选择,提供"体育""才艺""音乐"等多元内容 进一步加强内容审核与限制:算法推荐和自主选择的内容都为适合青少年观看的内容 多重防护隔绝不适宜内容:设立了未成年人内容专项审核团队,和监管部门联动,专门组建客服团队 关注隐私安全:搭建了"人工+技术"的双保险 与外界联动以加强未成年人引导:邀请教育行业专家、青少年心理问题专家、电视台主持人等制作节目 建立公益基金会,开展针对未成年人的专项救助 发展爱心接力活动,提高未成年人实践参与度 联合有关部门及研究机构发布《2022 快手未成年人保护报告》
哔哩哔哩	发布未成年人个人信息保护指引:引导阅读未成年人监护须知和未成年人特殊说明 青少年模式结合监护人授权,并实行特殊的未成年人信息保护,搭建亲子平台,建立线上空间亲子关系 公示未成年人信息储存、保护、管理和公开披露的特殊情况
斗鱼	专设青少年模式,为未成年人提供纯净的观看模式 专属内容限定:不展示广告内容,除正能量、科技、教育相关板块外,其他内容全部屏蔽,且不展示弹幕 防沉迷功能:每天 22 时至次日 6 时为禁用时间,在此时间段外青少年模式时间锁默认40 分钟,超过该时长则需要家长输入 4 位密码才行
QQ	在原有学习模式的基础上升级更新为青少年模式 进行高级功能设置:在屏蔽大部分的娱乐和广告类内容基础上,提供"青少年模式高级设置"以及"聊天消息显示拼音开关"等功能隔绝"有害"陌生人:可以设置该 QQ 账号是否能被陌生人搜索到、是否能被陌生人拉入群、是否可以通过搜索添加好友 自主内容限制:内容方面,可以设置音乐、兴趣部落等娱乐功能的开启和关闭

(二)未成年人网络直播运用的治理

《2021 年全国未成年人互联网使用情况研究报告》显示,经常在网上看直播的未成年人比例为 16.7%,看网络直播的比例与年龄呈现正相关关系,且中等职业教育学生网民观看网络直播的比例高达 31.1%(见图 1)。[①] 在一些直播间中,假冒伪劣产品横行,假信息、谣言乱飞,低俗表演吸引未成

[①] 中国互联网络信息中心(CNNIC):第 50 次《中国互联网络发展状况统计报告》,2022 年。

年人高额打赏，粗俗游戏话语吸引未成年人疯狂模仿。未成年人对信息的甄别能力较弱，容易受到直播间主播的引诱，致使其权益受到损害。为了保护未成年人权益免受损害，有关部门颁布了一系列未成年人网络直播保护政策，同时网络直播平台也积极跟进平台治理、为未成年人构建"保护屏障"。

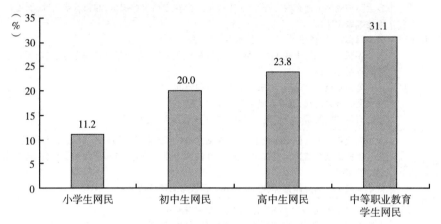

图1　不同年龄阶段的学生观看网络直播的比例

资料来源：第50次《中国互联网络发展状况统计报告》。

随着未成年人参与网络直播行为的增多，相关问题不断增多，引发社会广泛关注，加强政策保护的呼声日益高涨。2021年6月新修订的《中华人民共和国未成年人保护法》（以下简称《保护法》）第五章网络保护的第七十六条强调，"网络直播服务提供者不得为未满十六周岁的未成年人提供网络直播发布者账号注册服务"等。第七十六条对网络直播发布者账户的申请人年龄进行限制，并要求年满十六周岁的未成年人监护人对该部分未成年网络直播发布者的直播行为进行监护，旨在保护未成年直播发布者，保护未成年人的身心健康和个人信息安全。

2022年5月国家广播电视总局、国家互联网信息办公室等部门联合发布了《关于规范网络直播打赏 加强未成年人保护的意见》①（以下简称《意

---

① 《关于规范网络直播打赏 加强未成年人保护的意见》，http：//www.cac.gov.cn/2022-05/07/c_1653537626423773.htm。

见》），对未成年人参与直播打赏的行为进行规范和限制。《意见》要求禁止未成年人参与直播打赏，要求网络直播平台禁止为未成年人提供现金充值、"礼物"购买、在线支付等各类打赏服务。除了对打赏行为进行明令禁止之外，《意见》还从多个方面对网络直播进行限制。《意见》要求规范重点功能应用，要求在一定时间内取消打赏榜单，并禁止将打赏额度和礼物总数作为对网络主播排名、引流的主要依据，禁止对直播观众的打赏金额进行排名。这在一定程度上遏制了网络直播主播和直播观众的攀比心理。除此之外，《意见》还要求加强高峰时段管理，对未成年人上网高峰时期的"连麦 pk"等行为进行限制，以减少未成年人帮助主播 pk 的打赏行为。

2020 年 11 月，国家网信办和教育部颁布了《关于进一步加强涉未成年人网课平台规范管理的通知》（以下简称《通知》）。《通知》以切实保障优质线上教育资源供给、推动涉未成年人网课平台健康有序发展、营造未成年人良好网络学习环境为目标，对涉及未成年人网课等教育类平台，特别是网络直播教育进行规范管理。《通知》要求涉未成年人网课平台不得传播违背社会主义核心价值观的内容，不得散布色情低俗、血腥暴力等违背公序良俗的内容。未成年人还处于认识世界、建立认知标准的关键时期，涉及不良信息的广告会建立起未成年人对自身和社会的不良认识；教育直播中的游戏广告可能会分散未成年人的注意力，令其无法关注直播中的知识信息，甚至导致未成年人沉迷游戏，影响未成年人的发展。就此，《通知》还要求平台管理好页面生态，要求各地网信办紧盯涉未成年人网课平台页面周边生态，将弹窗、边栏、悬浮框、信息流加载等环节纳入重点管理范畴。①

对网络直播的治理是保护未成年人免受网络直播不良影响的重要基础。2021 年，国家网信办、国家广播电视总局等七部委联合发布《关于加强网

---

① 中央网信办：《关于进一步加强涉未成年人网课平台规范管理的通知》，http：//www. cac. gov. cn/2020-12/03/c_ 1608562096397737. htm。

络直播规范管理工作的指导意见》（以下简称《意见》），明确强调要督促落实网络直播规范管理工作的主体责任，压实平台主体责任。网络直播平台提供互联网直播信息服务的同时，要严格履行法律规定的网络直播平台的权责义务，要求"对照网络直播行业主要问题清单建立健全和严格落实总编辑负责、内容审核、用户注册、跟帖评论、应急响应、技术安全、主播管理、培训考核、举报受理等内部管理制度"。①

为响应政策法规要求，抖音进一步完善青少年模式。第一，青少年模式下，抖音用户无法开启和观看直播，更无法使用充值、打赏等功能。第二，为了向未成年人用户提供更好的保护，抖音对青少年模式推出了漏洞防范机制。第三，针对未及时开启青少年模式而出现的未成年人直播消费问题，抖音推出了"事中拦截"和"事后退款"的机制配合"事前预防"形成了全流程严禁未成年人开播和打赏的制度。当系统检测到消费账号为疑似未使用青少年模式的未成年人时，系统会对该账号进行弹窗警示并要求实名认证。若用户拒绝认证或认证进入青少年模式，当时的消费将会被系统拦截和禁止。在事后退款方面，抖音已经建立未成年人退款流程。未经监护人允许的未成年人进行的打赏消费行为，平台在进行核实之后会在24小时内完成全额退款，目标是实现未成年人在抖音直播平台"零打赏"。抖音直播设置了专人对接未成年人打赏的返还机制，开辟未成年人客服专线，全天24小时人工客服对接为用户的退款流程提供指引。《2022抖音未成年人保护数据报告》显示，抖音系统日均拦截疑似未成年人消费账号超过12万个；从申请到核实、退款平均用时约21小时，其中97%可以在24小时内完成。

在未成年人直播打赏和消费环节建立较为系统的治理流程的同时，抖音也积极应对直播内容低俗等问题，并开展了专项行动，进行直播内容治理，致力于为未成年用户创造安全的网络环境。2021年10月抖音启动打击低

---

① 《关于印发〈关于加强网络直播规范管理工作的指导意见〉的通知》，http：//www. cac. gov. cn/2021-02/09/c_ 1614442843753738. htm。

俗、不良价值观内容专项活动，发布治理公告 4 期；2022 年 1 月启动青少年保护寒假专项治理行动，重点治理"诱导未成年人打赏"违规行为；2022 年 5 月发布"关于规范网络直播打赏 加强未成年人保护"的公告，建立七大措施来保护未成年人合法权益。

（三）未成年人网络沉迷的防范与治理

网络缩短了人与人之间的距离，突破了地理空间的限制，为未成年人提供了多种多样的娱乐方式。与此同时，网络沉迷现象成为未成年人互联网使用的突出问题。《2021 年全国未成年人互联网使用情况研究报告》显示，58% 的未成年网民认为自己对互联网存在依赖心理，5.6% 的未成年网民认为自己对互联网非常依赖（有空闲就要上网）（见图 2）。未成年网民上网玩游戏的比例为 62.3%，仅次于网上学习（88.9%）与听音乐（63.0%），

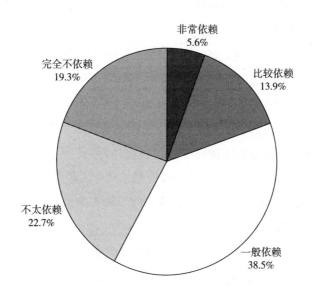

图 2　未成年网民对互联网的主观依赖程度

资料来源：第 50 次《中国互联网络发展状况统计报告》。

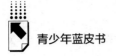

且高中生网民上网玩游戏的比例高达 78.4%。① 由于未成年人处于身体成长、智力发展、构建认知的关键时期，他们涉世不深，意志力不足，容易沉迷于网络娱乐中，阻碍自身健康成长。为此，有关部门出台以降低未成年人网络沉迷为主导的通知，官方媒体多次发表有关未成年人网络沉迷应引起重视的文章，网络平台也不断更新青少年模式，以期为未成年人健康成长提供保障。

在网络游戏沉迷的基础上，短视频、网络直播的使用加剧了未成年人网络沉迷问题。如何防范未成年人网络沉迷，成为摆在面前的重要议题，而法律法规的完善是解决问题的重要基础。《保护法》第七十四条指出，"网络产品和服务提供者不得向未成年人提供诱导其沉迷的产品和服务"。《保护法》强调网络产品和服务提供者积极践行保护未成年人的社会责任，要求作为网络服务提供者的平台对未成年人网络使用进行管理，通过时间管理限制未成年人使用网络服务的时间，通过权限管理限制未成年人接触到容易使其沉迷的网络服务。

2021 年 11 月审核通过的《互联网信息服务算法推荐管理规定》（以下简称《规定》）强调，"算法推荐服务提供者向未成年人提供服务的，应当依法履行未成年人网络保护义务，并通过开发适合未成年人使用的模式、提供适合未成年人特点的服务等方式，便利未成年人获取有益身心健康的信息"，"不得利用算法推荐诱导未成年人沉迷网络"。② 《规定》从算法推荐的角度，要求平台不得以算法为借口侵犯未成年人权益，要求平台使用的算法必须符合未成年人保护标准，不得推荐不利于未成年人身心健康的信息，不得通过持续推荐诱导未成年人沉迷网络。

除此之外，有关部门还针对特定的网络娱乐项目制定相关的防沉迷管理细则。2021 年 8 月，针对未成年人沉迷网络游戏的问题，国家新闻出版署

---

① 中国互联网络信息中心（CNNIC）：第 50 次《中国互联网络发展状况统计报告》，2022 年。
② 国家互联网信息办公室：《互联网信息服务算法推荐管理规定》，http：//www.gov.cn/zhengce/2022-11/26/content_ 5728941. htm。

发布《关于进一步严格管理切实防止未成年人沉迷网络游戏的通知》①，就未成年人网络游戏的使用时间、未成年人网络游戏服务的实名注册和登录要求、各地部门对网络游戏平台的监督和管理、家庭和社会关于未成年人保护的责任等方面进行了规定和建议。

2022年国家互联网信息办公室起草了《未成年人网络保护条例（征求意见稿）》（以下简称《条例》）。《条例》特别从防网络沉迷的角度对未成年人保护相关举措进行了规定。《条例》从多个方面提出了对未成年人沉迷网络现象的预防和干预的建议。《条例》要求提高教师对未成年学生沉迷网络的早期识别和干预能力，提高教师和监护人对学生的引导和教育能力；要求网络产品和服务提供者建立健全防沉迷制度；要求各部门定期开展预防未成年人沉迷网络宣传教育，监督网络服务提供者履行义务，对未成年人网络使用多方面制定管理标准；要求有关部门开展未成年人沉迷网络所致精神障碍和心理行为问题的基础研究和筛查评估、诊断、预防、干预等应用研究。

防范未成年人网络沉迷，平台具有重要的主体责任。随着网络沉迷对未成年人影响的日益增大，各大平台也纷纷采取行动。抖音升级未成年人保护模式，用户进入App搜索栏目输入"抖音守护中心"便可快捷开启青少年模式。此外，用户每天首次启动抖音App都会收到抖音官方发送的青少年模式引导页的弹窗推送，引导未成年人及其监护人顺利进入青少年模式。对尚未进入青少年模式的未成年人，抖音在检测到该类用户时会弹出弹窗要求实名认证。在青少年模式下，未成年用户默认每天最多使用40分钟，晚上22点至次日6点无法使用，防止未成年人沉迷短视频和直播等网络娱乐活动。同时，抖音也为未成年人的监护人提供了管理未成年用户的服务，共同保护未成年人网络安全。在青少年模式下，未成年人的监护人可以进行亲子绑定，从而为未成年人提供个性化的休息提醒、内容偏好以及时间锁等服务。

2019年，在国家互联网信息办公室的指导下，快手将"家长控制模式"

---

① 新闻出版署：《关于进一步严格管理切实防止未成年人沉迷网络游戏的通知》，http：//www.gov.cn/zhengce/zhengceku/2021-09/01/content_ 5634661. htm。

全面升级为"青少年模式"，是快手青少年模式 1.0 版。2020 年，根据第十三届全国人大常委会第二十二次会议表决通过的《中华人民共和国未成年人保护法》，快手青少年模式 2.0 版本上线，进行内容池迭代、审核流程优化。2021 年 3 月，《中华人民共和国未成年人保护法》正式施行，快手青少年模式 3.0 上线，优化推荐算法，在算法层面防范未成年人沉迷网络的现象。2021 年 10 月，《中华人民共和国家庭教育促进法》正式通过，快手青少年模式 4.0 版本上线，平台与未成年人监护人联动，对未成年人沉迷网络行为进行干预，守护未成年人健康成长。

多家游戏服务提供商在国家部门的引导下，积极上线网络游戏防沉迷系统。腾讯游戏中，如《王者荣耀》《和平精英》等游戏都需要进行身份验证才能登录，同时还会弹出防沉迷提示。其中《王者荣耀》在登录之前，就会弹出未成年用户每日 22 点到次日 8 点不得登录的提示。针对部分年级较低的未成年人，游戏在进行未成年人实名认证后，会要求提供监护人姓名和手机号码等相关信息，并向监护人发送"腾讯游戏健康系统"的提醒和短信验证码。在未成年人网络游戏防沉迷系统中最重要的是游戏的使用时间。《王者荣耀》要求未成年人法定节假日每日限制使用 2 小时，其他时间限制使用 1 小时，在到达限定时间前 10 分钟会有弹窗下线提示，达到限定时间会被强制断开，且当日无法再次登录游戏。

（四）未成年人网络社交运用的治理

网络社交是未成年人网络使用中较为频繁的行为。《2021 年全国未成年人互联网使用情况研究报告》显示未成年网民经常在网上聊天的比例为 53.4%，使用社交网站的比例为 34.5%。未成年人进行网络社交的现象较为普遍。[①] 由于未成年人年龄较小，自我保护意识较弱，分辨虚假信息的能力较弱，容易轻信陌生人的话，且部分未成年人正处于叛逆时期，逆反心理较强，保护个人信息的意识不足，更容易被陌生人欺骗从而受到侵害。为加强

[①] 中国互联网络信息中心（CNNIC）：第 50 次《中国互联网络发展状况统计报告》，2022。

对未成年人的网络社交保护，有关部门以个人信息保护为出发点，联合网络社交平台着力保护未成年人网络社交生态，保护未成年人的个人信息，提高未成年人的防范意识，保护未成年人健康成长。作为未成年人最为常用的互联网使用行为之一，网络社交对未成年人既带来了交友的便利，也存在诈骗、欺凌等各种风险隐患。为此，有关部门推出了相应的保护措施。

《中华人民共和国未成年人保护法》（以下简称《保护法》）从个人信息保护的角度对未成年人网络社交进行保护。未成年人在进行网络社交的过程中，自我防护意识低，容易轻信陌生人的话、将自己的个人信息发送给对方，给予了骗子可乘之机。《保护法》要求网络服务提供者在未成年人发送个人信息时增加提示确认环节，提醒未成年人不要向陌生人发送自己的个人信息，提高自我防范意识，并在特定的情况下采取必要的保护措施，比如阻止未成年人向陌生人发送自己的身份证号码、个人照片等私密信息。《保护法》第七十二条指出，信息处理者通过网络处理个人信息时应当谨遵法律法规要求，以保护未成年人权益为前提；在处理未满十四周岁的未成年人个人信息时，应当先征得监护人同意，并根据监护人的要求对未成年人信息进行处理，但法律、行政法规另有规定的除外。此条旨在保护未成年人个人信息安全，禁止其他无关机构调取未成年人个人信息，防止未成年人因个人信息外露、在社交过程中轻信他人而导致个人权益受到损害。

针对未成年人网络不良社交突出问题，国家多部门联合整治不良亚文化、网络欺凌暴力、侵犯他人隐私、诈骗勒索等不良网络社交现象，要求平台加强监督、管理和惩处措施，为未成年人营造一个良好的网络社交环境。同时，严厉打击即时通信工具群圈、社交平台诱导未成年人自残自杀和教唆未成年人犯罪的信息和行为。如教育部等六部门联合开展未成年人网络环境专项治理行动①。公安部门牵头，网信、电信、市场监管等部门配合整治不良网络社交行为和专项处理低俗有害信息，"加大对'饭圈''黑界''祖安文

---

① 《教育部等六部门关于联合开展未成年人网络环境专项治理行动的通知》，http：//www. moe. cn/srcsite/A06/s7053/202008/t20200826＿ 480306. htm。

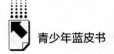

化'等涉及未成年人不良网络社交行为和现象的治理力度,对涉及未成年人网络社交中出现的侮辱谩骂、人身攻击、恶意举报等网络欺凌和暴力行为,以及敲诈勒索、非法获取个人隐私等违法活动予以查处。对相关 QQ 账号、群组等通报相关企业,依法依规采取关闭群组、关闭账号等处置措施"。

在未成年人网络社交保护方面,社交平台看似只提供了平台、没有提供具体社交活动,但在准入门槛、内容监测等方面具有非常重要的主体责任。随着社会各界对未成年人网络社交的关注,各大社交平台纷纷采取措施,对社交行为进行规范。

作为国内重要的社交媒体平台,微博持续关注未成年人在平台上的使用情况,不断地对产品进行优化更新,将未成年人保护作为长线工作稳步推进。2018 年 10 月,新浪微博发布社区公告,暂停对不满 14 周岁的未成年人开放注册;2018 年 12 月,微博发布了适合其自身特性的第一代青少年模式;2019 年 5 月微博新一代青少年模式上线;2020 年开始,微博每周通过管理员账号公布未成年人保护进程信息,积极公示可能损害未成年人健康的信息和行为,加强惩处涉嫌危害未成年人网络安全的账户,建立适合未成年人网络社交的健康环境;2021 年,微博在青少年模式中加强家长引导和管理的功能,比如时间锁功能允许家长管理未成年人使用微博社交的每日时间,宵禁模式用来限制未成年人夜间使用社交媒体的情况。2021 年施行的《微博社区公约》①开始建立损害未成年人网络安全的信息内容标准,限制不良信息发布、传播和接收的全流程,保护未成年人隐私信息,禁止引诱未成年人进行违法犯罪的信息和行为的传播,建立未成年人相关投诉优先处理渠道等。

二 未成年人互联网运用治理中存在的问题

近年来,以国家网信办为代表的政府部门,以中国网络视听节目服务协

---

① 《微博社区公约》,https://service.account.weibo.com/roles/gongyue。

会为代表的行业协会和以微博、微信、抖音、B站为代表的互联网平台对未成年人互联网运用予以高度关注，采取了诸多治理措施，但仍然存在一些问题。

（一）政策法规落实不够，监督机制有待完善

短视频方面，2022年国家颁布了5份未成年人保护和短视频治理的相关文件，报告了2021~2022年短视频发展态势，并从短视频传播内容、短视频内容广告、短视频审核标准、平台管理监督和各部门落实等角度对短视频网络治理作出了新的规定，重点从网络暴力方面加强短视频审核与监管，强化短视频网络暴力治理措施。治理上，2022年我国开展了4项涉及短视频的治理行动，其中三项为"清朗"专项行动，分别聚焦网络环境、短视频领域乱象、网络暴力行为和电信诈骗，加强短视频监管和审核。

表2　2022年政府短视频保护相关文件及行动

文件（行动）主体	名称	重点内容
国家互联网信息办公室	"清朗·2022年春节网络 环境整治"专项行动	加大春节期间短视频领域相关违法行为的惩处力度
国家互联网信息办公室	"清朗·整治网络直播、短视频领域乱象"专项行动	从严整治"色、丑、怪、假、俗、赌"等网络短视频违法违规内容呈现乱象
国家互联网信息办公室	"清朗·网络暴力专项治理行动"	加强部署网络暴力治理尤其是短视频平台的工作
国家互联网信息办公室	"曝光一批涉未成年人电信网络诈骗典型案例"	提高人民群众特别是未成年人在网络短视频等方面的识骗防骗能力
国家广播电视总局	《北京网络视听平台企业 合规手册（2022版）》	紧扣文娱治理工作要求，细化短视频等领域治理标准
国家广电总局建管中心	《2021短视频行业发展分析报告》	总结了网络视听监听监看业务中积累的数据，并进一步展开客观分析点评
国家互联网信息办公室	《关于切实加强网络暴力 治理的通知》	加强短视频内容审核，强化短视频网络暴力治理措施
国家广电总局网络视听节目管理司	《关于进一步加强网络微短剧管理实施创作提升计划有关工作的通知》	加强对网络微短剧等新兴短视频的监督和管理
国家广电总局电视剧司	《关于加强网络视听节目平台游戏直播管理的通知》	强调短视频等网络视听节目中不得为各类平台的违规游戏内容进行引流

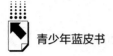

　　网络直播方面，2022 年国家颁布了 8 份未成年人保护和网络直播治理相关文件，强调应用程序提供者、应用程序分发平台和监督管理落实主体监管责任，紧扣文娱治理工作要求和网络信息规范从未成年人保护的角度制定了更为严格的网络直播内容审核标准，加强对网络直播平台盈利行为的监管，重点规范和限制未成年人网络直播打赏功能，强调加强网络直播相关法治建设，从多个方面对网络直播治理进行了新的规定。治理上，2022 年国家开展三项网络直播治理相关"清朗"专项行动，分别聚焦春节期间网络直播违规行为的惩处力度，平台功能失范、账号治理、直播打赏和非法营利等不法行为，以及网络直播违法违规行为的乱象，加强网络直播监管和审核。

表 3　2022 年政府网络直播保护相关文件及行动

文件(行动)主体	名称	重点内容
国家互联网信息办公室	《移动互联网应用程序信息服务管理规定(征求意见稿)》	从应用程序提供者、应用程序分发平台和监督管理三方面对网络直播等互联网信息管理进行规定
国家互联网信息办公室	"清朗·2022 年春节网络环境整治"专项行动	加大春节期间网络直播相关违法行为的惩处力度
国家互联网信息办公室	《未成年人网络保护条例(征求意见稿)》	从网络信息规范的角度,严格网络直播内容审核标准
国家互联网信息办公室、国家税务总局、国家市场监督管理总局	《关于进一步规范网络直播营利行为促进行业健康发展的意见》	强调在网络直播治理过程中落实平台责任,建立严格的监督标准
国家广播电视总局政策法规司	《关于 2021 年度法治政府建设情况的报告》	推进网络视听领域法律法规建设和提高执法工作水平
国家互联网信息办公室	"清朗·整治网络直播、短视频领域乱象"专项行动	从严整治平台功能失范、账号治理、直播打赏和非法营利等活动
国家互联网信息办公室	"清朗·网络暴力专项治理行动"	加强部署网络暴力治理尤其是短视频平台的工作
中央文明办、文化和旅游部、国家广播电视总局、国家互联网信息办公室	《关于规范网络直播打赏 加强未成年人保护的意见》	从工作举措和组织领导两方面加强网络直播治理

续表

文件(行动)主体	名称	重点内容
国家互联网信息办公室	《重拳整治网络直播、短视频领域乱象》	从严整治"色、丑、怪、假、俗、赌"等网络直播违法违规内容呈现乱象
国家广播电视总局	《北京网络视听平台企业合规手册(2022版)》	紧扣文娱治理工作要求,细化直播等领域治理标准
国家互联网信息办公室	《关于切实加强网络暴力治理的通知》	加强网络直播内容审核,强化网络暴力治理措施

网络沉迷方面,2022年国家颁布了4份防范未成年人网络沉迷相关文件,分析了未成年人网络沉迷相关危害,从提高未成年人网络沉迷的防范意识、禁止网络服务提供者向未成年人提供引诱沉迷服务和要求平台设置网络防沉迷功能三方面对防范未成年人网络沉迷提出了新要求,并聚焦人工智能算法模型,落实平台责任,建立全方位的防范未成年人网络沉迷机制。治理上,2022年国家开展了1项网络沉迷治理行动,要求各监管部门严管诱导未成年人网络沉迷问题。

表4　2022年政府防网络沉迷相关文件及行动

文件(行动)主体	名称	重点内容
国家互联网信息办公室	《移动互联网应用程序信息服务管理规定(征求意见稿)》	要求程序提供者不得以任何形式向未成年用户提供诱导其沉迷的相关产品和服务
国家互联网信息办公室	《未成年人网络保护条例(征求意见稿)》	从部门监管、平台落实和各组织宣传等方面提高未成年人网络使用意识
国家互联网信息办公室	"清朗·2022年暑期未成年人网络环境整治"专项行动	要求各监管部门严管诱导未成年人网络沉迷问题
国家互联网信息办公室	《互联网弹窗信息推送服务管理规定》	强调禁止使用引诱未成年人沉迷网络的相关信息推荐算法模型
国家广电总局电视剧司	《关于加强网络视听节目平台游戏直播管理的通知》	指导督促各游戏直播平台或开展游戏直播的网络平台设立未成年人防沉迷机制,落实实名制要求

网络社交保护方面，2022 年国家颁布了 1 份未成年人网络社交保护相关文件，要求网络社交服务提供者采取措施，抵制不良价值倾向，控制不合理消费，防止未成年人沉迷，保护未成年人个人信息安全。治理上，2022年国家开展了两项网络社交治理专项行动和 1 项"曝光一批涉未成年人电信网络诈骗典型案例"行动，聚焦谣言传播和网络暴力现象，以社交、群组等环节为重点严防网络暴力信息扩散，提升社交群组辟谣能力，缩小谣言传播规模，提高未成年人网络诈骗防范意识，要求社交网站平台积极履行信息内容管理主体责任，保护未成年人个人信息。

表5　2022 年政府网络社交保护相关文件及行动

文件(行动)主体	名称	重点内容
国家互联网信息办公室	《未成年人网络保护条例(征求意见稿)》	要求网络社交服务提供者采取措施,抵制不良价值倾向,控制不合理消费,防止未成年人沉迷
国家互联网信息办公室	"清朗·网络暴力专项治理行动"	以社交、群组等环节为重点严防网络暴力信息扩散
国家互联网信息办公室	"曝光一批涉未成年人电信网络诈骗典型案例"	要求社交网站平台积极履行信息内容管理主体责任
国家互联网信息办公室	"清朗·打击网络谣言和虚假信息"专项行动	提升社交群组辟谣能力,缩小谣言传播规模

综上，2022 年政府发布的未成年人网络安全保护相关文件和政策重点关注短视频、直播、网络沉迷、网络社交四个领域，涉及广泛但仍不充分，政策法规落实不够，相关行动较为缺乏且不够聚焦，审核标准更新较慢、难以适应新技术发展，监督机制有待完善。特别是网络沉迷与网络社交领域相关政策数量较少，规定较为笼统单一，尚未根据未成年人网络保护形势变化做出调整，落实未成年人网络安全保护政策法规尚有困难。有多项相关政策涉及监督机制，但政策规定不够深入，多停留在表面，难以落实到行动中，给多项以监督审查为核心的行动带来困难。

（二）平台主体责任意识弱，随着新技术的发展治理难度加大

除了政府在未成年人网络保护方面进行的法律支持和行动保护之外，一些网络服务提供者也在积极进行平台治理，但仍然存在许多问题。

第一，部分平台缺乏主体责任意识，未成年人网络保护相关措施尚未落实。特别是一些社交平台在未成年人社交方面存在较大问题。据央视新闻2021年9月报道，有小学生家长在"小红书"App上探索亲子乐园时发现，平台不时推荐大量未成年人生活的视频和推文，包含一些泄露未成年人身体隐私的视频。2022年小红书关联公司行吟信息科技（上海）有限公司违反未成年人保护法，被上海市黄浦区文化和旅游局罚款30万元。除此之外，小红书在平台治理方面尚有多项举措未被完善。2022年1月，小红书再度出手治理"虚假营销"，封禁39个涉嫌违规营销的医美机构和医美用品品牌。小红书的平台治理从线上延伸到线下，但没有关注到未成年人领域，尚未建立健全保护未成年人网络社交安全的制度。在抑制虚假信息传播、保护未成年人隐私、建立与时俱进的青少年模式等领域，小红书的平台治理仍需加强。许多平台在未成年人网络保护方面创新力不足，互相复制粘贴相关措施，难以实现网络平台治理的新突破。

第二，新技术发展加大了网络平台治理难度。随着新技术的快速发展和应用，一方面，一些平台的违法违规行为变得更加隐蔽，或者打"擦边球"，逃避法律监管。另一方面，新技术也为平台的用户生产内容提供了更多违法违规渠道，一些用户利用新技术生产内容，逃避平台监管。因此，平台需要不断更新相应的治理措施。相关政策方针难以跟上新技术发展速度，平台主体责任更加凸显，"平台治理"需要走在更前面。

（三）关联主体较为多元，主体间联动有待加强

未成年人网络使用治理涉及政府、网络服务提供者、未成年人、未成年人的监护人、学校、新闻媒体、社会公众等多个方面。在治理中，政府和平

台受到关注，但有的主体却被忽视了。如，对于网络游戏沉迷问题，一些人把责任推给游戏服务提供商，甚至主张关闭游戏平台，却很少考虑家长在防网络沉迷中的首要责任。不仅如此，这些主体之间关于未成年人网络保护的联动也较为单一，多为政府、网络服务提供者和未成年人之间任意两者的二元关系，其他主体间的联动大多呈现缺失状态。

新修订的《未成年人保护法》（以下简称《保护法》）第五章网络保护的第六十八条强调，"新闻出版、教育、卫生健康、文化和旅游、网信等部门应当定期开展预防未成年人沉迷网络的宣传教育，监督网络产品和服务提供者履行预防未成年人沉迷网络的义务"等。《保护法》要求多方定期开展预防未成年人沉迷网络的宣传教育，通过宣传教育的方式从未成年人用户出发，让未成年人充分认识到沉迷网络的危害和提升意志力的重要性。同时，新闻出版的宣传教育也能在一定程度上警醒未成年人的监护人，加强监护人对未成年人的教育和管理。

在未成年人互联网运用的网络保护中，平台要积极与未成年人的监护人、学校、政府机构进行联动，共同保护未成年人网络安全。尽管目前有一些联动，但相关的措施仍然存在一些问题。在联动的过程中，平台容易丧失自己的主体意识，将未成年人保护的主要责任交给联动一方；联动停留在表面，难以深入进行；家长对自身的作用认识不到位，教育方式不科学，自制力不够，或因忙碌而很少关注子女互联网使用问题，等等。

三 未成年人互联网运用保护建议

未成年人互联网运用关系到未成年人的健康成长，加强这方面的治理和保护是现实形势的必然要求。针对未成年人用网及用网保护存在的问题，本文从法律法规、平台责任、联动机制三个方面提出建议。

（一）完善法律法规，加强未成年人用网保护

由于未成年人用网涉及的平台多，内容复杂，现有法律法规从大方向上

对未成年人用户作出保护，但仍未根治相关问题。为进一步加强未成年人用网保护，应根据未成年人用户情况不断完善法律法规。

第一，通过政策细化法律条文。目前，以《保护法》为主体的法律保护体系已经建立，为未成年人用网保护提供了法律依据。下一步，要根据互联网平台发展情况、互联网应用平台变化、未成年人用网特点等，不断细化相关法律条文。要根据未成年人用网情况及存在的问题，有针对性地通过政策法规弥补法律漏洞，切实夯实未成年人用网保护的法律基石。

第二，适时开展专项整治行动。针对一些长期积压的问题或问题较为集中的领域，要择机开展专项整治行动，特别是对一些长期存在的问题可以考虑定期开展专项整治行动。同时，对网络平台落实法律法规情况，可以建立督查、评估机制，建立由政府、专家、行业协会构成的督查组、评估组，对有关平台进行评估和督查，确保各项政策落实到位。

第三，提高针对未成年人的违法违规成本。色情及低俗信息、网络诈骗等违法行为，隐藏深，分布广，还随时改头换面，这些问题治理起来难度较大，其原因之一是惩罚力度不够。有必要提高相关领域的违法成本，以此对心存侥幸者起到威慑作用。

（二）强化主体责任，优化未成年人平台生态

在未成年人用户保护工作中，短视频、直播、游戏、社交等应用平台，既是服务的提供者，更是第一责任人，必须切实履行主体责任，主动投入未成年人用网保护工作中。

第一，要完善功能设置。平台的功能设置对未成年人用网具有引导和限制作用，特别是青少年模式这种机制化的功能，要根据实践中出现的问题，不断调整和完善，避免留下漏洞，防止这些保护功能停留于形式。

第二，要优化算法推荐。目前，人工智能、大数据等算法技术被广泛运用于各大平台的内容推送中，满足了未成年人对感兴趣内容的需求。与此同时，也正是这些算法，导致未成年人一旦反复接触不良信息，就会接触越来越多的不良信息。有必要针对未成年人的用网特点，完善未成年人用网的算

法推荐。

第三，加强互联网平台治理。互联网平台作为主体责任的承担者，要积极主动地根据自身存在的问题，开展日常的监测、治理，完善举报、治理措施，为网民监督提供便利条件。

（三）建立联动机制，提高未成年人用网能力

未成年人用网问题，既是网络生态问题，也是社会问题，更是家庭教育问题，用网保护需要社会各界和家庭联动起来，建立多方联动机制，提高未成年人用网能力和自我保护能力。一方面，加强政府部门、行业协会与平台的互动，建立日常沟通机制，及时发现问题、反映问题、解决问题。另一方面，加强平台、学校和家庭的联动，及时沟通未成年人用网问题和解决办法，预防和干预未成年人沉迷网络或陷入用网问题，共同呵护未成年人身心健康。

网 络 素 养

Internet Literacy

B.15

未成年人互联网运用与科学素养

杜智涛　张新俏*

摘　要： 新一轮科技革命背景下，我国未成年人科技素养面临总体水平不高，发展结构失衡，城乡、区域间差异明显等问题。互联网运用已成为影响未成年人科学素养的重要因素，未成年人网络素养、网络内容偏好、网络依赖程度与其科学素养密切相关。针对未成年人网络媒介素养教育滞后、科普资源供给失衡、网络沉迷等问题，应顺应"双减"趋势，推动信息教育与科学教育相结合，探索政、产、学、研协同的科学素质培养体系。同时，进一步提升农村未成年人互联网运用能力，从整体上提高我国未成年人科学素养水平。

关键词： 未成年人　互联网运用　科学素养

---

* 杜智涛，中国社会科学院大学新闻传播学院教授，主要研究方向为网络传播与新媒体；张新俏，中国社会科学院大学新闻传播学院硕士研究生，主要研究方向为网络传播与新媒体。

　　科学素养的概念源于 20 世纪 50 年代的美国，最早由学者赫德提出，用于描述公众对科学的理解。在我国，科学素养是一个包容性很强的概念。我国《全民科学素质行动计划纲要（2021—2035 年）》对公民科学素质的最新定义是："公民具备科学素质是指崇尚科学精神，树立科学思想，掌握基本科学方法，了解必要科技知识，并具有应用其分析判断事物和解决实际问题的能力。"科学素养是现代社会中不可或缺的一部分，它不仅是国民素质提升的重要组成部分，也是推动科技创新和社会进步的重要基础。未成年人是创新型人才的储备军，加快提升未成年人的科学素养已成为全球共识。当前互联网高度嵌入未成年人的日常生活，网络已经成为未成年人科普的"第二课堂"，未成年人的科学素养与其网络接触的关系愈发密切。了解未成年人网络使用对其科学素养的影响，发挥互联网在未成年人科学素养培育上的积极作用，具有重要意义。

一　未成年人科学素养的基本状况与主要特征

（一）未成年人科学素养水平有所提升，发展仍不均衡

1. 未成年人科学素养水平总体不高，呈渐进提升态势

　　最早对科学素养作出定义并进行度量的是美国学者米勒，他将科学素养定义为："科学知识、科学方法和科学对社会的作用，具体是指具有足够的可以阅读各种不同科学观点的词汇量和理解科学技术术语的能力，理解科学探究过程的能力，关于科学技术对人类生活和工作所产生的影响的认识能力。"基于此，科学素养可以包括以下三个层面：（1）科学概念及科学知识；（2）科学世界观和方法论；（3）科学能力和技术能力。[①] 目前国际上比较著名的科学素养评测有 TIMSS（国际数学与科学趋势研究项目）、

---

① 张喆、韩斌、徐畅：《大学生科学素养与通识教育关系的实证分析》，《复旦学报》（自然科学版）2012 年第 4 期。

NAEP（美国国家教育进步评价）和 PISA（国际学生评估项目）三大评测系统。2000 年以来，我国的高校和研究所一直在探索和推广公民科学素质评测体系。此外，一些省份和城市也对小学生、初中生和高中生进行了各种形式的科学素养调查和测评。这些测评在一定程度上反映出我国青少年科学素养水平的变化。据 2021 年青少年互联网使用与科学素养调查数据，未成年人"科学素养水平"为 44.5%，即有超过四成的被调查者的科学素养达到合格水平①，未成年人科学素养有待进一步提升。其中，小学、初中、高中学生的科学素养水平分别为 33.5%、37.4%、55.8%（见图 1）。

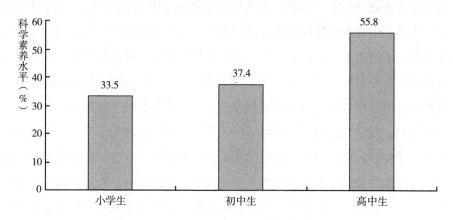

图 1　未成年人受教育程度与科学素养水平

资料来源：2021 年青少年互联网使用与科学素养调查数据。

2. 科学知识、科学方法、科学态度三者相对失衡和割裂

科学知识、科学方法、科学态度作为衡量青少年科学素养的三个维度，很早就被纳入青少年科学素养的国际评测体系之中。科学知识主要考察未成年人对科学术语以及科学观点的掌握程度。科学方法主要考察未成年人在解决问题时是否能够运用科学的方法及思维去认识问题，具体包括他们是否能够理解科学探究问题，掌握比较实用的方法。此外，科学态度的考察主要集

———————

①　科学素养包含科学知识、科学方法和科学态度三个维度，"科学素养水平"是指每百人中科学素养指数达到合格水平的人数比例。

中在未成年人对科学与社会的关系、科学对社会的作用等方面的认知，以及他们是否能够正确认识科学与迷信之间的差异。据调查，科学知识方面有66.1%的被调查者达到合格水平，科学方法方面有45%的被调查者达到合格水平，科学态度方面有48.9%的被调查者达到合格水平。

总体来看，未成年人的科学知识、科学方法、科学态度三者相对失衡。未成年人对于基本科学知识掌握良好，尤其是针对"垃圾被填埋了对人类的危害也就不存在了""父母是高个子，孩子也一定是高个子"等贴近生活实际的科学问题，回答正确率高达85%以上。在科学方法与科学态度层面，未成年人普遍对观察、归纳、类比等基础研究方法掌握良好，但对科学推理、科学证伪等方法理解和运用比较薄弱。人工智能时代，对创新型人才、复合型人才的需求逐渐提升，传统的科学教育也面临挑战和革新。在联合国教科文组织发布的《新冠疫情后世界的教育：公共行动的九个思路》中就提到后疫情时代应加强科学素养教育，并且科学教育将不局限于科学知识与理解层面，而是向能力与技能层面深入延展。针对我国未成年人科学素养的现状，需要以问题为导向，重点关注未成年人在科学方法、科学态度和科学知识等方面的薄弱环节，同时注重强化优势、补齐短板。加强未成年人与科学的互动，不断创新和改进教育方式和手段，为提升未成年人的科学素养提供有力的保障和支持。

3. 男生科学素养略高于女生，城乡、区域间差异明显

2021年青少年互联网使用与科学素养调查数据显示，未成年人科学素养呈现一定的性别差异，男生的科学素养水平（47.1%）略高于女生（41.1%）。其中，在科学知识层面，男生比女生高出4.9个百分点；在科学方法层面，男生和女生的差异很小；在科学态度方面，男生的比例（34.8%）略高于女生（31.5%）（见图2）。综合来看，男生具备基本科学素养的比例比女生高4.9个百分点。这可能是因为男生相对于女生对科学更感兴趣，更倾向于上网主动了解科普知识。调查显示，男生运用互联网了解科普知识的比例为51.34%，女生为38.57%。

此外，未成年人的科学素养水平在不同地区之间存在显著差异，这种差

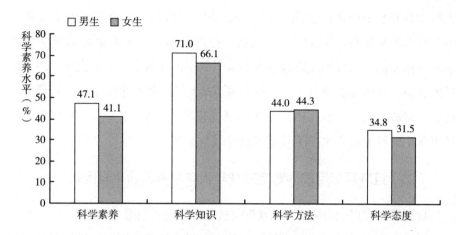

图2 未成年人性别与科学素养水平

资料来源：2021年青少年互联网使用与科学素养调查数据。

异往往与经济社会发展水平密切相关。从抽样分布来看，此次调查共涉及陕西、四川、山西、湖北、湖南、北京等18个省份。从我国东中西部地区划分来看，东部地区、中部地区和西部地区的未成年人科学素质水平分别为49.3%、44.1%、38.3%，可以看出东部地区未成年人科学素养水平较高，超过未成年人总体科学素养水平（见图3）。东部地区中，广东省的未成年

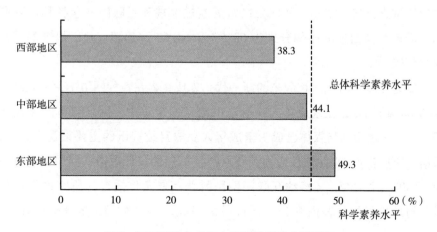

图3 不同区域未成年人的科学素养水平情况

资料来源：2021年青少年互联网使用与科学素养调查数据。

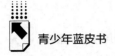

人科学素养水平最高，达到了 54.3%；而在中部地区，湖南省的未成年人科学素养水平最高，为 52.8%。然而，在西部地区，未成年人的科学素养水平整体较低。未成年人的科学素养水平呈现东部最高、中部次之、西部最低的状态。在城市类型上，呈现省会城市最高、一般城市次之、农村最低的特点。城市和农村（含乡镇）学生的科学素养水平分别为 47.2%、27.8%，城市学生的科学素养水平明显高于农村（含乡镇）学生。

（二）互联网运用成为影响未成年人科学素养的重要因素

1. 网络媒体已成为未成年人获取科技资讯的主要渠道

媒体有力推动了未成年人的科学教育和科学传播。媒体通过发布科学新闻、科学解释和科学实验等内容，帮助未成年人增长科学兴趣和理解科学知识，在科学教育与科学普及方面发挥了至关重要的作用。科学知识和科学概念作为一种抽象信息，不易于被青少年直接理解和接受，往往需要依附于一定的载体和媒介。传统媒体时代，报纸、广播和电视作为人们信息获取的重要渠道，一直肩负着科学传播的重任。然而，随着信息技术的不断发展和移动设备的广泛普及，以数字化、交互性、个性化为特征的新媒体逐渐成为人们获取科技资讯、学习科学知识的主要渠道。2018 年《第十次中国公民科学素质调查报告》显示，我国公民每天通过电视和互联网（包括移动互联网）获取科技信息的比例分别为 68.5% 和 64.6%，远超广播、报纸等其他大众传媒。[1]

作为互联网时代成长起来的新一代，未成年人在各种网络平台上表现十分活跃。据调查，在未成年人获取资讯信息的渠道中，网络媒体的占比达 80.9%。这表明网络媒体已成为未成年人获取科技资讯的主要渠道。其中，微信、QQ 等社交媒体往往成为其获取科技信息的首选渠道，使用比例分别为 72.8%、73.5%。《移动互联网网民科普获取及传播行为研究报告》显示，超过 86% 的科普内容分享通过微信完成，其中 47.3% 是分享给好友，

---

① 中国科学技术协会：《第十次中国公民科学素质调查报告》，2018 年 9 月。

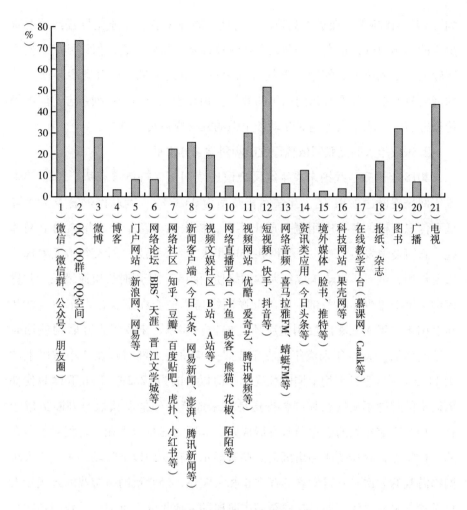

图 4　未成年人获取资讯信息的渠道

资料来源：2021年青少年互联网使用与科学素养调查数据。

39.3%是分享至微信朋友圈。[①] 其次，抖音、快手等短视频平台也成为未成年人获取科技信息的主要渠道，使用比例高达51.83%。短视频与中视频逐渐成为科普产业发展的重要阵地，从抖音启动"DOU 知计划"、B 站发布"知识分享官"活动，到快手推出"快手新知播"以及知乎推出"海盐计

---

① 中国科普研究所科学媒介中心：《移动互联网网民科普获取及传播行为研究报告》，2016年。

划"，新媒体科普产业进入高速发展时期。总体来看，专业化科普网站对青少年的影响力低，这类科普网站虽然专业性强、权威性高，但访问率和使用率较低，未成年人的使用比例仅有 4.45%。由此可见，针对青少年而建立的网络科普平台并没有起到预想的效果。相较于电子书、报纸杂志、广播等传播渠道，未成年人更偏好互动性更强的社交媒体传播方式。

2. 未成年人的互联网依赖程度影响科学素养水平

2018 年以来，我国未成年网民规模连续四年保持增长态势。2021 年未成年网民规模达 1.91 亿，互联网普及率为 96.8%。① 互联网的普及大大降低了信息门槛，各类应用服务层出不穷，极大地丰富了未成年人的上网体验。新冠疫情发生以来，互联网在未成年人学习、娱乐、社交等方面发挥了重要作用，进一步推动未成年人的网络使用频率、使用时长快速增长。共青团中央维护青少年权益部、中国互联网络信息中心在京联合发布的《2020年全国未成年人互联网使用情况研究报告》显示，未成年人互联网使用时长不断增加，2020 年未成年人在工作日平均每天上网时长在 2 小时以上的为 11.5%，节假日平均上网时长在 5 小时以上的为 12.2%。② 互联网时代扑面而来的各种不良信息和广告推送易对未成年人的信息获取与判断造成干扰，加之未成年人的心智尚未发展成熟，其网络信息行为在一定程度上存在非理性特点，容易造成网络沉迷。调查显示，在初中以下阶段，未成年人玩网络游戏的频次与其科学素养存在正相关关系，经常玩网络游戏的未成年人科学素养水平总体不高；初中至高中阶段的未成年人，玩网络游戏的频次与科学素养水平并无明显的相关关系（见图 5）。这表明随着受教育程度的提高，未成年人的心智水平和自律能力有所提升，玩网络游戏的频次对其科学素养水平并无显著影响。

此外，相较于城市未成年人，农村未成年人对手机上网依赖程度较高，

---

① 《2021 年我国未成年网民规模达 1.91 亿》，https://news.cnr.cn/native/gd/20221130/t20221130_ 526080799.shtml，2022 年 12 月。

② 共青团中央维护青少年权益部、中国互联网络信息中心（CNNIC）：《2020 年全国未成年人互联网使用情况研究报告》，2021 年 7 月。

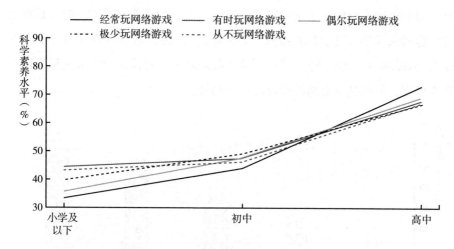

图5 不同阶段未成年人玩游戏的频次与科学素养水平的关系

资料来源：2021年青少年互联网使用与科学素养调查数据。

乡镇未成年人上网时间更长。从统计数据来看，农村未成年人每天在家上网6小时以上的比例为7.14%，省会城市的该比例为2.43%。从整体上看，农村未成年人长时间使用网络的比例要比城市未成年人高出4.71个百分点。乡村未成年人在玩游戏、看网络视频或直播等休闲娱乐方面的时间明显更多，这也从侧面表明乡村未成年人普遍缺乏科学用网的指导，进一步导致了未成年人科学素养的城乡差异。

3. 互联网内容偏好对未成年人科学素养水平有一定影响

未成年人在使用互联网的过程中，因上网的动机和需要不同，他们经常使用的网络服务和浏览的网络内容也有所不同。互联网内容偏好指的是网民在使用网络时所表现出来的对特定内容的喜好和偏好。调查显示，未成年人的互联网使用除了搜索信息、了解时事的信息偏好外，也显示出对视听和社交方面的偏好。上网时选择听音乐、搜索信息、交友聊天的未成年人比例分别为66.3%、53.69%、49.1%。在性别上，女生偏好社交内容，男生则更偏好游戏等娱乐内容。在互联网使用过程中，上网倾向于"了解新闻时事"与"了解科普知识"的未成年人科学素养水平较高，分别为48.5%和47.2%。此外，浏览科普内容的频次正向影响未成年人的科学素养水平，平时总是看科普内容的未成年人科学素养最高（71.0%），远超于从不看科普内容的未成年人（18.5%）（见图6）。可见，关注新闻时事和科普知识的未成年人科学素养更高，他们具有更高的好奇心和求知欲。

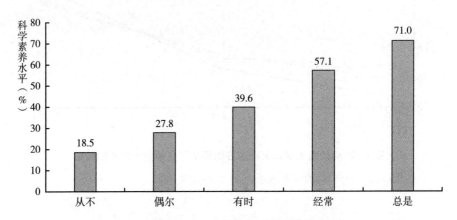

图6 观看科普内容的频次与科学素养水平情况

资料来源：2021年青少年互联网使用与科学素养调查数据。

在节目类型的偏好上，偏好科教类节目和新闻节目的未成年人，相较于偏好综艺娱乐、电视剧、电影类节目的未成年人，科学素养水平更高（见图7）。这可能是因为电视剧和电影类节目通常更加注重娱乐性和情感体验；相比之下，科教类节目和新闻节目本身知识性较强，其内容通常包含有关科学、环境、健康和技术等方面的信息，同时更加注重事实和证据的支持，可以让未成年人更加深入地了解事物的本质和真相，让他们在日后的学习和生活中更加注重逻辑思考和证据支持，从而形成更加科学和客观的思维方式。

（三）网络素养教育与科学教育是提升未成年人科学素养的抓手

1. 良好的网络媒介素养是提高未成年人科学素养的关键

美国网络媒介素养研究中心1992年对网络媒介素养作出定义：人们面对媒介各种信息时的选择能力、理解能力、质疑能力、评估能力、创造和生

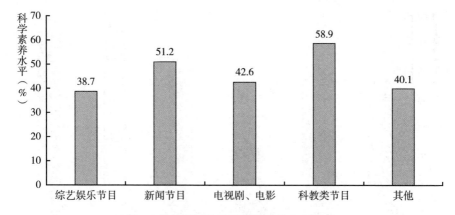

图 7　节目类型偏好与科学素养水平情况

资料来源：2021 年青少年互联网使用与科学素养调查数据。

产能力以及思辨反应能力。① 可以说，网络媒介素养是一种对互联网的综合使用能力，包括信息识别能力、信息获取能力、网络参与能力。对于未成年人而言，良好的网络媒介素养与提高其自身科学素养密切相关。面对信息的海洋，未成年人增强信息获取与识别能力、更好地利用网络来获取科学知识对于提升科学素养水平至关重要。

调查发现，面对似真似假的消息，倾向于"经过查证后，将查到的资料告诉身边的人""查证资料，自己明白就好"的未成年人的科学素养水平明显高于选择"不追究来源及其真实性，转发给其他人"的未成年人的科学素养水平。这表明查证和思考这两种辨识行为是具备高科学素养的未成年人面对存疑信息时常用的应对方式。新媒体时代，大量的伪科学泛滥、"假"科学横行。虚假信息和谣言的形式和内容越来越多样化，有些甚至使用专业术语和科学原理来迷惑受众，进一步加大了其误导性，对未成年人的信息辨识能力提出了更高的要求。如图 8 所示，未成年人对网络存疑信息的处理与其科学素质水平有很强的相关关系，信息识别能力与网络参与能力较高的未成年人体现出较高的科学素养，良好的网络媒介素养是提高未成年人

① 　张玲：《媒介素养教育——一个亟待研究与发展的领域》，《现代传播》2004 年第 4 期。

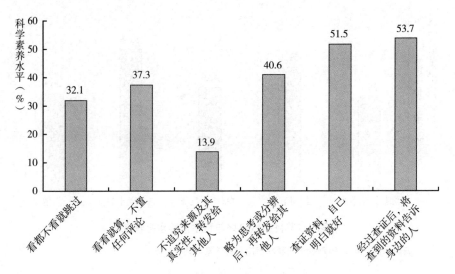

图8　未成年人面对存疑信息的表现与科学素养水平情况

资料来源：2021年青少年互联网使用与科学素养调查数据。

科学素养的关键。

2. 家庭资本与教育投入影响未成年人科学素养的发展

家庭作为社会中的一个子单位内嵌于社会关系网络之中，在一定程度上也影响着未成年人科学素养形成和发展。社会资本理论认为，社会资本能够形成社会资源，这种社会资源是实际存在而且可以利用的。[①] 皮埃尔·布尔迪厄（Pierre Bourdieu）在研究社会资本理论时首次提出了家庭资本的概念，认为家庭资本是由家庭的经济资本、社会资本和文化资本共同构成的。[②] 家庭资本可以视为家庭所拥有的资源，包括家长的教育水平与职业、家庭生活条件、家庭关系与家庭结构等在内的为未成年人科学素养提供支持的全部资源的总和。

家庭资本对未成年人科学素养的影响体现在父母受教育程度、亲子间的沟通话题、家庭氛围与亲子关系等方面。家庭是未成年人的"第一课堂"，

---

① 张学敏、林宇翔：《家庭资本对大学生成长型思维水平的影响》，《重庆高教研究》2022年第10期。

② 〔法〕皮埃尔·布尔迪厄：《文化资本与社会炼金术：布尔迪尔访谈录》，包亚明译，上海人民出版社，第192~194页。

未成年人科学素养水平难免会受到家庭文化资本的影响。周世军等学者基于CGSS调查数据对父母学历和子女教育进行了分析①，揭示出家庭内部结构和父母分工对子女的影响。2021年的一项关于未成年人科学素养的调查表明，父母间受教育水平的差距对未成年人科学素养水平存在显著影响。当父母的受教育水平在大专以下时，父母的受教育程度越高，子女的科学素养水平越高；但当父母的受教育水平更高时（父亲在研究生以上、母亲在本科以上），反而会使子女的科学素养水平更低。其原因大致是：父母学历高，则其职业角色更重，在工作中承担的责任更大，照料家庭生活的精力降低，从而导致其陪伴子女的时间减少，导致子女科学素养的培养缺位。② 值得注意的是，父亲的受教育程度会影响未成年人对成为科学家的职业期待，据调查，父亲受教育程度越高，其子女希望成为科学家的比例越高，但是母亲在这方面影响甚微。在亲子间的沟通话题上，经常同父母讨论科技话题的未成年人科学素养表现良好（50.4%），超过未成年人总体科学素养水平5.9个百分点。这体现出家庭内部环境，即良好的亲子关系对未成年人科学素养水平有着重要影响。

此外，家庭对未成年人的科学教育投入对提高未成年人科学素养水平有着显著的促进作用。如图9所示，经常去科技馆的未成年人与同龄人相比往往具有更高的科学素养水平，小学阶段经常去科技馆的未成年人比从不去科技馆的未成年人科学素养水平高出25.8个百分点。这表明在小学阶段，家庭教育能够有效弥补学校教育的不足，帮助未成年人有力地提升科学素养。因此，具有家庭文化资本优势的父母应加强与子女间的沟通，营造科学讨论的良好氛围。家庭文化资本较弱的父母更应当注重家庭内部关系的和谐，同时加强对子女的教育投入，充分利用家庭外部的学校资源提高孩子的科学素养水平。

---

① 周世军、李清瑶、崔立志：《父母学历与子女教育——基于CGSS微观数据的实证考察》，《教育与经济》2018年第3期。

② 季为民、沈杰主编《中国未成年人互联网运用报告（2021）》，社会科学文献出版社，2021。

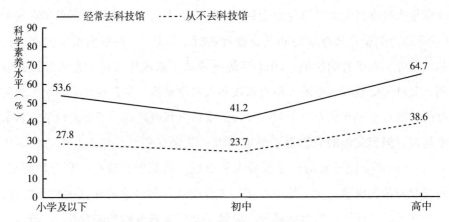

图9　不同阶段未成年人去科技馆的频次与科学素养水平间的关系

资料来源：2021年青少年互联网使用与科学素养调查数据。

3. 学校基础教育是提高未成年人科学素养的重要保障

在科学教育体系中，系统性、规模化、正规化的学校教育具有无可比拟的优势。提高未成年人的科学素养水平，学校教育既是基础又是关键。调查数据显示，对数学、科学类课程的喜爱程度越高的未成年人，其科学素养水平也越高。同时，未成年人的学习成绩与其科学素养水平也呈现正向关系，这表明学校的基础教育水平对未成年人的科学素养水平有着显著影响。

此外，教师在提高未成年人科学素养水平上也扮演着关键角色，经常与老师探讨科学知识的未成年人科学素养水平为66.7%，显著高于与父母（50.4%）、同学/朋友（44.9%）、兄弟姐妹（41.7%）探讨科学知识问题的未成年人（见图10）。这表明教师对未成年人正确认识与看待科学问题起到了关键的引导作用。

二　存在的问题及原因分析

（一）网络媒介素养教育普遍滞后于未成年人现实用网需求

作为长期浸润在互联网中的"网络原住民"，未成年人无论是娱乐还是

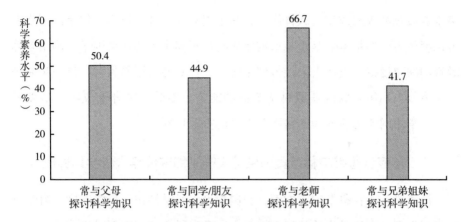

图 10　与不同对象讨论科学知识的未成年人科学素养情况

资料来源：2021 年青少年互联网使用与科学素养调查数据。

学习都离不开网络和电子设备，大部分从小学就开始接触互联网。共青团中央维护青少年权益部、中国互联网络信息中心（CNNIC）等联合发布的《2021 年全国未成年人互联网使用情况研究报告》显示，小学生在上小学前首次使用互联网的比例达到 28.2%，初中、高中、中等职业教育学生在上小学前接触互联网的比例都在 20% 左右。[①] 新冠疫情突发后，全国各地中小学落实"停课不停学"精神，开始推进线上教学工作，使得未成年人触网、用网频率大幅上升。

在儿童"触网"低龄化的新形势和大背景下，我国网络素养教育往往滞后于未成年人用网的现实需求，普遍存在脱节、滞后情况。网络素养教育是提升未成年人科学素养的关键，但在未成年人基础教育中仍然是"低洼带"，甚至空白区。据第 11 次全国未成年人互联网运用调查数据，只有14.4% 的未成年人正在上或上过专门的网络素养课程；33.8% 的未成年人听说过但没上过专门的网络素养课程；没听说过也没上过网络素养课程和不清楚的未成年人分别占比 34.8% 和 16.9%。由此可见，大部分学校尚未把网

---

① 共青团中央维护青少年权益部、中国互联网络信息中心（CNNIC）：《2021 年全国未成年人互联网使用情况研究报告》，2022 年 11 月。

络素养教育纳入未成年人教育体系，尚未建立起系统、科学、规范的网络素养课程体系。网络素养是影响未成年人科学素养水平的重要因素，网络素养教育的缺位使得未成年人未能得到系统化、针对性的用网教育，进一步制约了未成年人利用互联网获取科学知识的能力。因此，提升未成年人适度触网、科学用网能力应成为网络素养教育的重要目标。

（二）应试思维与科普资源供给失衡制约未成年人科学素养提升

调查显示，在科学素养方面，我国青少年科学知识、科学态度、科学方法相对失衡。在科学素养的三个维度中，只有科学知识有超过六成的人数达到合格水平，科学方法和科学态度这两个指标的合格人数均未过半。这一现象与我国未成年人科学教育方式有着密切的关系。目前，我国学校主要通过科学、物理、化学、生物等基础课程来培养未成年人的科学素养。然而，这些课程的教学目标大多局限于掌握科学知识，而对于科学思维、科学方法、科学伦理、科学对社会的影响等方面涉及很少。以功利驱动、重复记忆为主的应试教育虽然能够加强未成年人对科学知识的掌握，却不利于形成良好的科学态度和科学方法。在科学领域，核心的科学素养包括科学观念及应用、科学思维及创新、科学探究及实践、科学态度及责任这四个方面，这都指向对未成年人发散式思维、辩证式思维、创造性思维的培养和运用。当前，部分学校和家长存在应试思维，在对升学考试等目标的过度追求下忽视对未成年人批判性思维、创造性思维的培养，造成科学知识理解的浅层化。

科学普及作为学校科学素养教育的重要补充，对于提高未成年人的科学素养至关重要。目前，我国科普资源配置仍不平衡。首先，区域、城乡间的科普资源仍然存在较大差距。我国科普资源配置总体上呈现行政区层级越高、科普资源供给越优、覆盖率越高的层级供给特征。[1] 同时，西部地区科

---

[1] 秦广明、张正瑞：《科普供给侧结构改革机制研究》，载中国科普研究所编《中国科普理论与实践探索》，科学普及出版社，2019，第376~385页。

普设施匮乏、经费投入严重不足、科普服务能力薄弱，这些问题亟待解决。其次，在内容供给上，优质科普内容供给不足，针对未成年人的高水平科普内容匮乏。一方面，科技工作者和专业科普人作为科普内容的生产权威，参与科普内容创作的积极性不高。新媒体时代下科普内容呈现社交化、娱乐化、游戏化的特征，大众更需要能够将科学知识"翻译"得更加通俗易懂的专业科普人。虽然在各大平台涌现出越来越多的面向未成年人的科普创作者，但为博眼球、赚流量的"伪科普"也随之泛滥，不仅严重扰乱当下的科普生态，还容易对未成年人产生误导，阻碍未成年人科学素养提升。另一方面，当前科普内容的传播载体仍以科技展馆、少儿杂志和图书为主，尽管短视频、有声读物中的科普内容越来越多，但这些平台上的内容缺乏系统性和针对性，而且这些平台的未成年人保护机制还不够完善，使这些新的传播载体在提升未成年人科学素养上还未能发挥出足够的作用。

（三）"双减"政策下未成年人科学教育与培训体系仍待完善

2021 年 7 月，中共中央办公厅、国务院办公厅印发了《关于进一步减轻义务教育阶段学生作业负担和校外培训负担的意见》，减轻学生过重的作业负担和校外培训负担、加强素质教育导向，培养学生创新精神、创新能力和综合素质已成为共识。科学教育作为素质教育的重要内容，对青少年的重要价值已不言而喻。同时，国务院在《全民科学素质行动规划纲要（2021—2035 年）》中提出要"实施青少年科学素质提升行动"，提升基础教育阶段科学教育水平、推进高等教育阶段科学教育和科普工作、建立校内外科学教育资源有效衔接机制、实施教师科学素质提升工程等一系列任务目标。

随着"双减"时代的到来，学校作为科学教育的主阵地，尚未形成有效的科学教育体系与评价体系，也亟须开发各地区科学教育的课程和资源，形成专业的科学教师队伍，以促进学生科学素养教育的落地实施。2017 教育部颁布了《义务教育小学科学课程标准》《中国学生核心素养》等一系列重要课程文件，规定全国中小学全面开设科学课程，但学校对教学大纲制定

和课程安排都重视不够，科学教育流于形式化，也缺乏专业的教师队伍。据调查，我国小学阶段的师生比为1∶19，专职科学教师在全体教师中占比不足3%，科学教师专职化率不足30%。除北上广深和省会等一线城市的核心区及沿海发达地区外，其他大部分地区的小学缺少专职科学教师，县级以下专职化率仅为16%。① 另外，国内的科学素养教育普遍层次较浅，教育内容缺乏深度，教育形式缺乏创新，多是以传统的课程、讲座、培训为主，亟须进一步加强校内校外科学教育的融合。各地各校应通过引进科普资源到校开展课后服务，丰富青少年的科普类课后服务活动项目，切实提高未成年人科学素养水平。

（四）未成年人网络沉迷问题凸显，阻碍其良好科学素养形成

随着触网日趋低龄化，在网络助力未成年人信息获取、提升认知、休闲娱乐的同时，未成年人"信息迷航"与网络沉迷问题也愈发凸显。"信息迷航"指学习者在利用网络搜索信息过程中，被无关信息吸引难以回到学习状态，沉迷在网络之中。短视频、直播、游戏等网络应用成为引发未成年人"信息迷航"的直接诱因，未成年人容易被这些网络应用中所呈现的视觉刺激和奖励机制所吸引，从而产生网络沉迷。《2021年全国未成年人互联网使用情况研究报告》显示，62.3%的未成年网民会经常在网上玩游戏。其中，玩电脑游戏的比例为26.8%，玩手机游戏的比例为53.2%。②

从个体特征方面来看，青少年的自我认同、自我控制能力、自尊心、压力承受能力等因素会影响他们对网络的使用方式和对信息的处理方式。有些青少年为了获得成就感及满足自己的社交需要、缓解压力等心理需求，会过度地使用网络或沉迷于网络游戏中，容易导致网络成瘾。从网络环境方面来

---

① 《全国政协委员、中国科学院院士周忠和：加强小学科学教师队伍建设》，http：//www. kepu. gov. cn/www/article/27edefd86a3348ee930404f851b4c1d5/401bf9efffff84b0ba130311b92dd7 a01，2022年3月。

② 共青团中央维护青少年权益部、中国互联网络信息中心（CNNIC）：《2021年全国未成年人互联网使用情况研究报告》，2022年11月。

看，互联网上的信息鱼龙混杂、参差不齐，青少年面临着海量信息的冲击，他们的信息素养和信息处理能力有限。很多未成年人缺乏正确的信息获取、处理、评估和使用的能力，在上网过程中很容易沉浸在有害的垃圾信息和游戏娱乐中，以致在网络中浪费大量时间，阻碍他们形成良好的科学素养。

调查发现，在小学至初中阶段，玩游戏的频次越高，未成年人的科学素养越低。因为青少年阶段是大脑的神经发育和认知发育的关键期，如果沉迷于网络虚拟空间，会造成对现实世界的认知偏差，从而不利于科学思维的形成。现实与虚拟的反差会导致未成年人更加逃避现实生活，以致沉迷于虚拟的游戏世界中，导致价值观念的模糊，影响正常的学习生活。因此，家庭和学校在控制未成年人上网时间的同时，要注重培养未成年人的信息素养，在潜移默化中提高未成年人信息判断、分析能力，从而帮助未成年人更好地利用互联网获取科学知识，提高科学素养。

三　对策建议

（一）推动信息技术与科学教育结合，倡导启发式、探究式教学

对青少年而言，丰富多彩、形式各异的科学教育活动，可以使其切身参与到科学观察、体验、实践等科学探索的全过程，更好地激发学生好奇心、求知欲和想象力，增强学生的科学兴趣。学校应开展信息技术与科学教育整合的教学实践，在体验式、探究式教学中激发未成年人科学探究的好奇心和兴趣。一方面，更加注重青少年学习科学的自主性和主导性，引导青少年从功利导向的被动学习转向志趣导向的主动学习。另一方面，鼓励教师改进科学教育教学方法，运用场景式、体验式、沉浸式、探究式的教学方式，借助XR、AR、VR 等高科技教学手段，在教学展示技术、展示载体、展示内容等层面实现全面升级，增强科学教育对青少年的吸引力。因此，建设智能教学环境，建设与网络技术相接轨的课堂教学模式，是推进科学教育创新的必要条件。2017 年，国务院印发的《新一代人工智能发展规划》指出，应逐

步开展全民智能教育项目，在中小学阶段设置人工智能相关课程、逐步推广编程教育、建设人工智能学科，倡导在基础教育阶段开展少儿编程教育。

目前，全国各地区中小学科学教师水平参差不齐，甚至没有专门的科学教师。面对科学教育师资紧缺问题，学校应培育专业的科学教育教师队伍，加强对现有的科技教师和科普辅导人员的培训，推进科学教育专业职称评价体系建设。同时，吸纳更多科技工作者、业界专家、高校教授加入科普教育队伍，举办专题讲座、科学实践等多方合作的科技活动，共同打造具有学校特色的科学课程。积极拓宽科普队伍专业化成长渠道，提升科学教师教学地位。

（二）分级分类丰富和优化内容供给，进一步提升科普信息化水平

2001 年科技部等五部门发布了《2001—2005 年中国青少年科学技术普及活动指导纲要》，指出应根据青少年生理和心理发育特征及接受教育程度，由浅入深、由表及里、由形象到抽象地开展科普活动。这就要求科普工作者面对不同年龄段的青少年，提供分阶段、多层次、系统化的科普内容，建立分级科普管理机制。

针对年龄段在 3~6 岁的未成年人，应加强科普游戏的开发和推广，通过科普游戏丰富科普知识，培养对科学探究、科学实验的兴趣，满足其好奇心，引导儿童理解科学事物。9~12 岁是培养未成年人学习能力、学习思维和学习习惯的最佳时期，视频作为更直观、立体和形象化的科普形式，能够帮助这一年龄段的未成年人理解、记忆科学知识，形成朴素的科学观，激发学生对科学课的兴趣，训练和提升未成年人的科学思维、创新思维。13~15 岁的未成年人转向青春期，情感丰富，独立意识强，但由于对社会认知不充分，心智尚不成熟，信息鉴别和判断能力不足，容易轻信谣言、"伪科学"等不良信息。因此，提供优质专业的科普知识可以帮助这一阶段未成年人养成良好的信息判断与鉴别能力，构建起科学知识体系的基本轮廓，加强对科学观念和科学精神的认识。16~18 岁的未成年人处在知识体系完整的高中阶段，掌握必要的科学知识、科学方法，形成严谨、求实的科学态度有利于

未来从事或参与科学技术活动，因此应着重培养高中生的动手实验能力、综合应用能力和高阶思维能力。

要进一步拓展"互联网+科普"的新载体和新形式，不断推进报纸、杂志等科普作品数字化、移动化、视频化，以适应新媒体的传播环境。同时吸纳更多专业科普人，助推"专业科普网红化"，以接地气传播的形式，增强科普知识的感染力和趣味性。同时，结合未成年人互联网使用特点，创新科学教育传播形式。例如，基于未成年人对 QQ 和微信等社交媒体的使用特征，推出科教微信公众平台、微信小程序、视频号等新形式，打造未成年人专属的科教学习平台，扩大优质科普内容在未成年人群体中的影响力。

（三）加强未成年人网络素养教育，提升农村未成年人互联网运用能力

随着疫情以来全国各地区中小学对线上教学形式的全面推广，互联网强势介入未成年人的学习生活，也引发了未成年人网络沉迷、隐私泄露、不良信息诱导等诸多问题。为加快网络素养教育在各地区、各学校全面落地，应夯实学校教育主阵地地位，建立完善以网络素养课程为依托，网络素养实践基地为拓展，家校企联动、辐射城乡的网络素养教育体系。

一方面，做到网络素养课程应开尽开，打造网络素养教育云课堂。围绕安全上网、理性识网、科学用网等主题，设计网络素养相关课程，切实提高未成年人互联网运用能力。打造品牌教育活动。聚焦未成年人游戏沉迷、不良用网等社会关注的热点问题，组织开展网络素养培训。通过专题讲座、实践展示等形式加强传播力，使得网络素养教育不断入脑、入心。此外，加强与家庭教育的相互联动，实施家庭网络素养教育计划，积极召开以"提高孩子网络素养"为主题的家长会，鼓励家长对未成年人用网行为进行干预、陪伴和引导，帮助未成年人绿色上网、科学用网。

另一方面，推进网络素养教育城乡一体化，深入实施"网络公益工程"，推动教育资源向乡镇倾斜。通过开展乡镇教师网络技能培训、组织教

师专题交流会、建设乡村网络素养教育基地等多渠道，提升网络素养教育活动的覆盖率与有效性。此外，在全国层面设立网络素养教育的专项资金，通过项目申报、定点扶持等方式，对网络素养教育薄弱地区开展对口联建活动。在教育资源匮乏地区，通过网络录播、直播等新媒体教育方式，推动数字文化资源进偏远乡村。如北京师范大学建立凉山州网络素养教育实践基地，通过对口支援，不仅建设了青少年网络素养教育资源平台，还通过定期开展信息网络知识学习、网络使用能力建设、网络教学技术应用等培训，利用信息化手段促进网络素养教育资源共建共享，整体提升了凉山师生网络素养。

（四）探索科学素养提升新模式，推进政、产、学、研相协同的培养体系

从全球范围来看，STEAM 和创客教育已成为培养创新能力和科学思维的有效模式。STEAM 是整合了科学（Science）、技术（Technology）、工程（Engineering）、艺术（Art）和数学（Mathematics）的跨学科融合性的教育方式，旨在培养青少年发现问题、分析问题、解决问题的能力。如今，STEAM 教育在美国、韩国、日本等国家发展较为成熟，国内 STEAM 教育仍有很大的发展空间。2021 年我国 STEAM 教育市场规模 422 亿元，其中机器人编程类 259 亿元，软件编程类 147 亿元，科学素养类 16 亿元。① 如果说STEAM 教育着重强调的是跨学科思维，那么创客教育则更侧重于实践创新。正如其英文单词"Maker"所要求的，创客教育旨在通过科学方式，借助电子、机械、机器人、3D 打印等工具实现创意落地。可以说，创客教育是STEAM 教育在实践基础上的延伸。

教育部在《关于"十三五"期间全面深入推进教育信息化工作的指导意见（征求意见稿）》中提出要探索 STEAM 教育。我国应在借鉴国外科学素养培养模式的基础上，立足当下"双减"的教育现状，在模式和机制上

---

① 艾瑞咨询：《2022 年中国青少年 STEAM 教育研究报告》，2022 年 2 月。

探索出"政府主导、专家引领、市场参与"的政、产、学、研协同培养体系。实践证明，STEAM 和创客教育的有机结合，可以有效弥合我国学生科学素养中科学知识与科学方法、科学态度之间的鸿沟，弥补传统科学教育中对学生动手实践能力、创造思维能力培养的不足，是提高青少年的科学素养的重要途径。一方面，政府要加大对科学素养教育的推行力度，在经费、师资、课程体系建设方面提供政策支持，如"国家青少年 STEAM 教育体系建设及应用实践研究"课题项目就是依托政策支持，以项目合作为着力点，结合机器人教育实践，综合数学、物理、智能控制、3D 打印、电子传感器以及人工智能等课程，培养学生的科学探索能力和创造思维能力。另一方面，以赛促教，加快产、学、研的互学互鉴、互惠共享。目前，依托各高校科学营、中国科协、中国少年儿童发展服务中心等机构的积极推动，各级各类青少年科技创新实践活动广泛开展。如中国青少年机器人竞赛、全国青少年科技创新大赛、全国青少年人工智能创新挑战赛、全国青年科普创新实验室暨作品大赛等。通过科技赛事平台，建立校内外科学教育资源有效衔接机制。为了激发青少年对科学的兴趣并培养其追求科学的精神，应加强科技馆、天文馆等场馆与学校的合作，共同开发精品科普课程和教育活动。此外，也需要让科技教育"走出去"，将科教资源引进社会，从而营造一个热爱科学、尊重科学的社会氛围。

参考文献

张喆、韩斌、徐畅：《大学生科学素养与通识教育关系的实证分析》，《复旦学报》（自然科学版）2012 年第 4 期。

张玲：《媒介素养教育——一个亟待研究与发展的领域》，《现代传播》2004 年第 4 期。

张学敏、林宇翔：《家庭资本对大学生成长型思维水平的影响》，《重庆高教研究》2022 年第 3 期。

周世军、李清瑶、崔立志：《父母学历与子女教育——基于 CGSS 微观数据的实证考

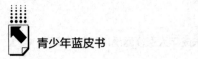

察》,《教育与经济》2018 年第 3 期。

〔法〕皮埃尔·布尔迪厄:《文化资本与社会炼金术:布尔迪尔访谈录》,包亚明译,上海人民出版社,1997。

秦广明、张正瑞:《科普供给侧结构改革机制研究》,载中国科普研究所编《中国科普理论与实践探索》,科学普及出版社,2019。

B.16
未成年人与家长数字互哺的现状

王实荻　刘艺琳　党生翠*

摘　要： 本文根据第 11 次"中国未成年人互联网运用情况调查"数据，分析了未成年人与家长之间的数字互哺现状。研究发现，未成年人与家长之间的数字互哺情况受家庭结构与学校教育等因素影响。同时，城乡未成年人之间的数字素养鸿沟仍然存在，数字反哺并未消除城乡数字鸿沟的代际复制，全国数字教养教育标准亟待提高。基于此，本文从开展乡村数字振兴、制定数字素养课程国家标准、激发社会组织参与、扶助特殊家庭等角度提出对策。

关键词： 数字互哺　数字反哺　城乡差别　数字鸿沟

随着互联网普及率的不断提高，青少年正成为网络空间的应用主体之一。2000 年至 2022 年，网民数量从 890 万增至 10.51 亿，未成年网民数量也从 21.36 万增至 2 亿。2021 年，我国城镇未成年人互联网普及率为 96.7%，农村未成年人互联网普及率为 97.3%。2022 年，未成年人上网率达 99%，显著高于全国互联网普及率 73%。[①] 城乡未成年人在互联网普及率上的差距已基本弥合。网络接入、网络使用与网络素养是数字素养的三个层

---

* 王实荻，北京师范大学社会学院 2020 级本科生；刘艺琳，北京师范大学 2019 级本科生；党生翠，北京师范大学社会学院副教授，主要研究方向为网络社会学。

① 中国互联网络信息中心（CNNIC）：第 50 次《中国互联网络发展状况统计报告》，https://www.cnnic.net.cn/NMediaFile/2022/0926/MAIN1664183425619U2MS433V3V.pdf. 中国互联网络信息中心（CNNIC）：第 5 次《中国互联网络发展状况统计报告》，https://www.cnnic.net.cn/NMediaFile/old_ attach/P020120612485128368004.pdf。

次，家庭是数字素养教育的重要场所。家长通过力所能及教授子女上网技能、制定网络家庭公约等形式，加强网络使用管理以防止网络沉迷。同时，数字反哺作为青少年反向社会化的过程，在城乡家庭中日益普及。

本文利用 2022 年"中国未成年人互联网运用状况调查"（下文简称"调查"）数据进行分析，探究了城乡未成年人家庭数字教养与数字反哺的现状、影响因素及问题，并从政策视角提出了相应建议。

一　爱的双向奔赴：数字教养与数字反哺并存

在互联网时代，亲子之间围绕数字教育的互动构成了文化传承的重要途径。家长在孩子入网初期及相对年幼阶段会为孩子上网提供指导，此类数字教育构成了家庭教育的有机组成部分。随着孩子成长，朋辈交流与学校课程等为其提供了数字素养教育的路径。数字反哺逐渐成为家庭数字社会化的主要方向。

（一）数字教养：城乡家长对孩子力所能及的教育

由于未成年人年龄较小，经验、阅历有限，在研究这一群体的数字反哺能力时，家长的角色不容忽视。随着家庭在网络素养教育中从"第二课堂"向"第一课堂"转变，家长因具有亲和力和接近性优势，能够扮演"学习者""计划者""示范者""参与者""引导者""管理者"等多重角色[1]。研究发现，积极的家长干预对未成年人的数字素养有正向预测作用[2]，家长个人数字素养高有利于未成年人较早理解互联网使用的相关规则、规范未成年人上网时间、帮助未成年人提升数字素养。

---

① 陈钢：《父母在儿童网络素养教育中的角色分析》，《青少年研究（山东省团校学报）》2013 年第 3 期。

② 贺晶、何亭、牛更枫等：《家庭社会经济地位与数字素养的关系：父母网络干预的中介作用》，载中国心理学会《第二十三届全国心理学学术会议摘要集（上）》，2021，第 219～220 页。

事实上，大部分家长会对未成年人早期接入互联网进行引导。本次调查中，城乡家长中"经常"和"有时"会教未成年人上网的分别占比67.4%和61.6%①。缘于城乡二元结构中城市家长较高的网络使用水平，城市家长在教授未成年人网络知识或技能方面略胜于农村家长。研究同时发现，城乡家长的互联网接入水平仍存在一定差距，农村中有8.3%的未成年人表示家长从不上网，城市该比例仅为4.1%。

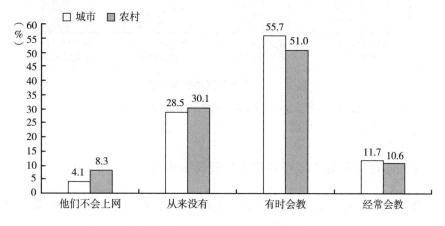

图1 城乡家长的数字素养差异

资料来源：第11次中国未成年人互联网运用状况调查数据（2022）。

由于未成年人自我约束能力较弱，家长会以管理者身份规定孩子的网络使用时间和内容，以防止网络沉迷，降低网络带来的不良影响。调查显示，受到自身精力和数字素养的制约，城乡家长制定的上网规范差异不大，仅有23.7%的农村家长和20.0%的城市家长对上网时间和内容都没规定，但在具体的网络管理方式上，都呈现"重时间轻内容"的取向。只"规定时间，没规定内容"的农村家长和城市家长都在30%或以上②。

---

① 资料来源：第11次中国未成年人互联网运用状况调查数据。
② 资料来源：第11次中国未成年人互联网运用状况调查数据。

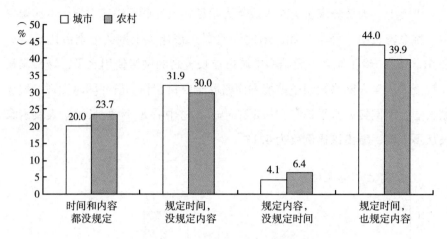

图2 城乡家长的网络管理方式

资料来源：第11次中国未成年人互联网运用状况调查数据（2022）。

（二）数字反哺广泛存在且农村反哺率更高

数字反哺是文化反哺在数字化时代的特有表现，指年轻世代在数字接入、使用和素养上对年长世代的教辅行为。"数字"既是反哺的形式，也是反哺的内容。

1. 城乡未成年人数字反哺频率趋近

从数字反哺的总体比例来看，数字反哺广泛存在于城乡，近九成（88.3%）的未成年人会为家长提供互联网使用上的帮助，城乡未成年人在教家长上网技能的频率上大致相似，仅有7.1%的农村未成年人和9.2%的城市未成年人从不教家长。[①]

2. 农村家庭数字素养教育与数字反哺的差距高于城市家庭

从家庭内部来看，未成年人的数字反哺明显多于家长的教育，这一点在农村更为突出。剔除"家长不上网"的选项后，对比城乡家庭的数字互哺情况，发现城乡间具有一些差异，城市家庭中孩子"经常"指导家长上网

---

① 资料来源：第11次中国未成年人互联网运用状况调查数据。

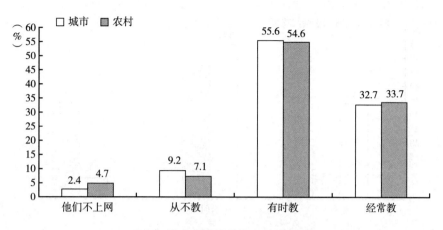

图3　城乡未成年人数字反哺情况

资料来源：第 11 次中国未成年人互联网运用状况调查数据（2022）。

的比例比"被家长教"的孩子比例高出 21 个百分点，农村家庭则高出 23.1 个百分点。[①] 这侧面体现出农村家庭内部的数字鸿沟可能大于城市家庭内部。在跨越接入鸿沟后，农村的年长世代面临着使用鸿沟的难题。相比城市，农村能获取到的互联网学习资源更有限。

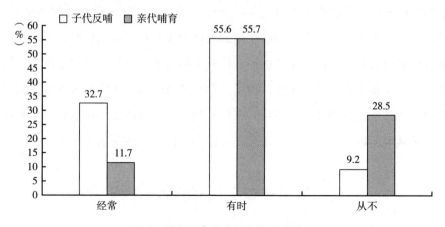

图4　城市家庭的亲子数字互哺情况

资料来源：第 11 次中国未成年人互联网运用状况调查数据（2022）。

---

① 资料来源：第 11 次中国未成年人互联网运用状况调查数据。

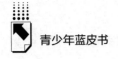

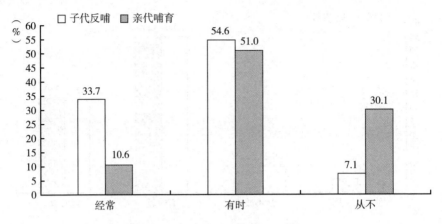

图 5　农村家庭的亲子数字互哺情况

资料来源：第 11 次中国未成年人互联网运用状况调查数据（2022）。

　　总体而言，一方面，家长在互联网技能的使用上早期会力所能及地为子代提供指导，同时，也会作为成年管理者加强网络使用时间限制，以帮助子代更好地利用互联网。另一方面，孩子也会向家长进行数字反哺，当家长请教互联网使用技能时为其提供帮助。尽管网络使用是一种新兴事物，但家长会将其嵌入传统家庭权威教育过程，通过对技术水平要求较低的时间管理、硬件接入等途径与子代交流网络使用的技能和规范等。与此同时，子代也会随着年龄增长和网络使用难度的提升而成为施教者。可见，即使是网络使用这一新事物在家庭场域的扩散，也依然存在两条轨迹：传统的亲代哺育路径与后现代的子代反向社会化路径。二者的角色随着网络使用知识难度、网络使用领域等不断变换，双方的相互交流也共同提高了数字素养水平。

二　家长与子女数字互哺的影响因素分析

　　美国学者普伦斯将年轻人称为"数字化土著"，将成年人称为"数字化移民"，来反映两代人在数字化时代信息获取上的巨大代际鸿沟。这种数字代沟因而也成为文化反哺的重要社会动因。尽管数字反哺成为近年来互联网研究领域的热点问题之一，但亲代对子代数字素养教育的客观存在也已得到数据证明。从这个角度而言，家长与子女之间存在"数字互哺"的关系。数字互哺的范围与深度和家庭结构、教养模式及学校数字素养教育水平等都存在密切联系。

（一）家庭影响

随着科学技术的发展，互联网逐渐由城市下沉到农村，深刻影响着人际交往、家庭功能与社会结构。家庭作为社会结构的微观单位，其内部的角色、行为与关系将被重新定位。年长一代接受再教育的需要一定程度上为年轻世代赋权，他们可以充当潮流的解释人，改变由长及幼知识传承的传统体系。

1. 家庭对数字互哺的影响

（1）单亲家庭相对缺乏对孩子的网络管理与教育

首先，单亲家庭对于未成年人的上网管理更为松散，孩子受到的约束力更弱，上网时间更长。有 30.6% 的单亲家庭完全没有上网规定，比双亲家庭高 10 个百分点[①]。对于缺乏自制力的未成年人来说，家长网络管理的严格程度直接影响上网时间。在上网时长方面，将未成年人每天的上网时长以两小时进行划分，两小时以下归为短时间上网，两个小时及以上归为长时间上网，可以看出单亲家庭的孩子在工作日和周末长时间上网的比例基本都高于双亲家庭。

其次，相较于双亲家庭，单亲家庭家长更少教给孩子上网的知识和技能。单亲家庭"经常"和"有时"教孩子的比例比双亲家庭低 5.97 个百分点，而"从来没有"教孩子的比例则比双亲家庭高 4.19 个百分点[②]。

家长对未成年人上网行为的管理和教育方式会受到自身时间资源的影响。双亲家庭的家长可以共同分担照顾孩子的责任，落在个人身上的教育压力更小，而单亲家庭的家长抚养未成年人的时间、精力等负担都会高于双亲家庭的家长。

---

① 资料来源：第 11 次中国未成年人互联网运用状况调查数据。
② 资料来源：第 11 次中国未成年人互联网运用状况调查数据。

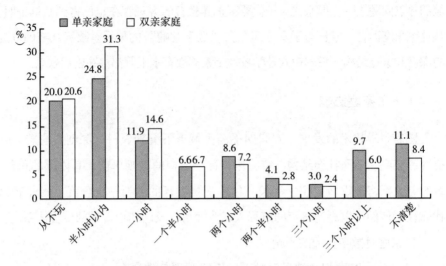

图6　不同家庭结构对未成年人工作日上网时长的影响

资料来源：第11次中国未成年人互联网运用状况调查数据。

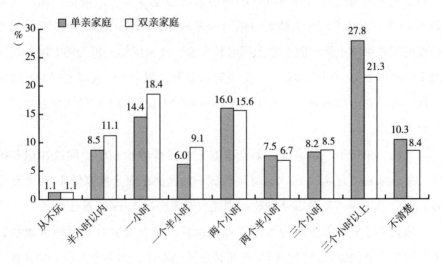

图7　不同家庭结构对未成年人周末上网时长的影响

资料来源：第11次中国未成年人互联网运用状况调查数据。

（2）隔代抚养家庭的网络管理力度相对不足

数据显示，农村儿童留守现象突出，78.1%的城市未成年人与父母居住，而只有 57.3% 的农村未成年人和父母居住，有 21.1% 与祖辈或亲戚生活，还有 21.6% 自己住校[①]。

在家长既不规定上网时间也不规定上网内容的未成年人中，和祖辈居住的占 23.7%，明显高于与父母共同居住的未成年人，而在上网时间和内容都受到约束的未成年人中，和祖辈居住的比例比与父母居住的比例低 5.4 个百分点[②]。但是，祖辈的网络管理能力总体上仅次于父母，和其他亲戚居住或自己住校的未成年人更少受到上网规定的约束。

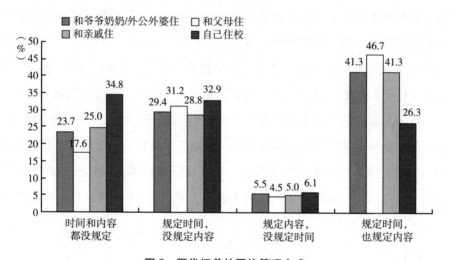

图 8　隔代抚养的网络管理方式

资料来源：第 11 次中国未成年人互联网运用状况调查数据。

由于成长环境的巨大差异和学习新生事物能力的下降，祖辈与孙代之间的数字代沟往往更大，因此隔代抚养模式下，家庭场域能为未成年人提供的网络教育极其有限。

2.家庭亲密程度的影响

在中国家庭内部，亲密程度对于数字素养教育与数字反哺具有双向影响。

---

① 资料来源：第 11 次中国未成年人互联网运用状况调查数据。
② 资料来源：第 11 次中国未成年人互联网运用状况调查数据。

首先，家长对未成年人的数字素养教育与家庭关系密不可分，家庭关系和睦一定程度上有助于数字素养教育的实施。通过对与家长感情"很好"和"较好"的未成年人的分析发现，他们中有11.3%的家长"经常会教"他们网络知识技能，有54.6%"有时会教"；而对与家长感情"不好"或"不太好"的未成年人来说，则有13%的家长"经常会教"，仅有35.8%"有时会教"，"从来没有教"的占比最高，达37%①。

同时，亲子关系可以间接影响未成年人数字反哺意愿。调查显示，与家长亲密程度不同的未成年人数字反哺情况呈现两极分化趋势，子女与家长在心理上越疏离，数字反哺情况越少发生。与家长感情"很不好"与"不太好"的未成年人中，"从不教家长网络技能"的占27.9%；相对地，仅有16.1%与家长感情"很好"与"较好"的未成年人从未有数字反哺行为②。

孩子与家长的心理亲密程度会影响他们和家长交流深层次情感的意愿，从而影响数字反哺的深度。调查显示，家庭感情越好，孩子和家长交流就越多。在现实中遇到烦恼需要倾诉时，与家长感情好的未成年人有39.0%会向家长诉说，但与家长感情不好的未成年人只有6.8%的愿意让家长知晓自

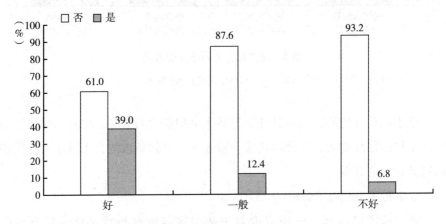

图9　孩子是否愿意向家长倾诉烦恼对亲子关系的影响

资料来源：第11次中国未成年人互联网运用状况调查数据。

---

① 资料来源：第11次中国未成年人互联网运用状况调查数据。
② 资料来源：第11次中国未成年人互联网运用状况调查数据。

己的烦心事①。良好的亲子关系可以塑造信任基础，更有助于从单纯的器物层面的技术反哺迈向观念层面的文化反哺。

（二）学校影响

1. 数字素养课程的影响

义务教育信息科技课程具有基础性、实践性和综合性，为高中阶段信息技术课程的学习奠定基础，我国义务教育阶段的信息素养课程以"反映数字时代正确育人方向、构建逻辑关联的课程结构、遴选科学原理和实践应用并重的课程内容、倡导真实性学习、强化素养导向的多元评价"为理念，不断提升未成年人的信息意识、计算思维、数字化学习与创新能力、信息社会责任②。我国数字素养课程根据"五四""六三"不同学制设定不同的学习目标，围绕数据、算法、网络、信息处理等六条逻辑主线，在日常学习与生活场景中融入教师指导，让未成年人在数字设备辅助下与同伴、师长交流解决生活中的小问题，为未成年人提供了信息科技、计算机基础入门等相关能力训练，不断培育未成年人数字素养。2016年，以"做中国好网民"为主题的小学生网络素养教育读本被部分地方教育厅审定列入课程教材③，2018年国内首套专为青少年编写的网络素养读本《青少年网络素养读本》发布，进一步推动青少年网络素养教育通俗化、生活化、体系化。调查发现，有55.9%的未成年人认为"自己学校有专门教互联网使用知识的课程"。学校数字素养教育推动了教师与学生之间的合作式学习。

2. 学生所在年级的影响

不同年级未成年人数字素养课程的难度和深度呈梯状划分，小学阶段主要以数字设备体验、数据编码探秘和小型系统模拟为主，而初中则逐渐接触互联

---

① 资料来源：第11次中国未成年人互联网运用状况调查数据。
② 《义务教育信息科技课程标准》（2022年版）。
③ 杨斌艳、罗豆豆：《2016~2021年广东省未成年人网络运用和行为特征》，载季为民、沈杰主编《中国未成年人互联网运用报告（2021）》，社会科学文献出版社，2021，第318~339页。

智能设计等更具综合性的网络技能。数据显示，在全国未成年人中，初、高中生已经具备一定的数字素养，正在成为数字反哺的主体。当被问及"是否会为家长在互联网使用方面提供帮助时"，高中生和初中生表示"经常教"的占比达到44%和34.8%，而小学生仅占17.6%。初、高中生不仅能教家长使用互联网，还能积极主动地帮助家中的老年人使用互联网。初中生中"经常教"和"有时教"爷爷奶奶/外公外婆上网的比例为43.2%和47.1%，同样的比例在高中生中能达到32.8%和57.4%[①]。与小学生相比，初、高中生在学校和生活等不同场景中使用互联网更为熟练，语言表达、独立思考、判断与辨别能力更强，在数字素养上与亲代、祖代相比优势明显，能够通过有效、准确的语言将互联网使用方法传授给亲代和祖代，并在教授技术、弥合鸿沟的过程中获得新的话语权。

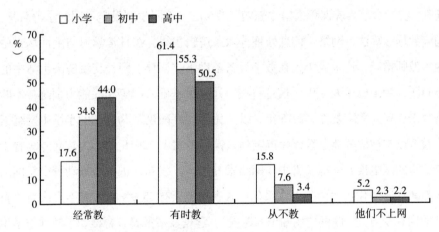

图10　不同年级未成年人教家长使用互联网意愿

三　数字素养教育与数字反哺中存在的问题

（一）数字反哺主体存在城乡数字素养鸿沟

数字素养主要包括网络技能素养、网络安全素养、网络规范素养、网络

---

① 资料来源：第11次中国未成年人互联网运用状况调查数据。

学习素养等①，主要指使用者在使用互联网时的认知、态度、价值观念和行为模式，落实到具体的操作层面则体现为解决现实问题的能力、自我管理与保护能力。

研究发现，中国长期存在的城乡二元结构对青少年网络素养能够产生深刻的影响。数据显示，在网络使用方面，有 45.2% 的城市未成年人能够使用音频、视频等进行网上创作或发布消息，而只有 38.4% 的农村未成年人能够做到，有 52.9% 的农村未成年人并不会使用社交媒体进行创作；在网络安全方面，有 10.0% 的城市未成年人表示对网络安全知识"非常了解"，而农村仅有 5.7%②。综合这两方面来看，城市未成年人比农村未成年人的网络综合素养更高。

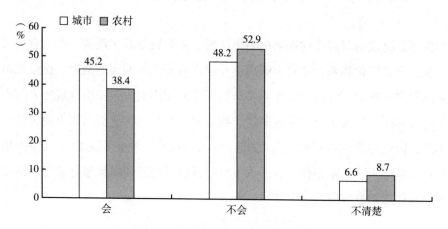

图 11　城乡未成年人网络创作情况

资料来源：第 11 次中国未成年人互联网运用状况调查数据。

（二）数字反哺并未消除城乡数字鸿沟的代际复制

城乡数字鸿沟是工业经济时代城乡二元经济结构在数字经济时代的延伸

---

① 中国社会科学院社会发展战略研究院：《中国青少年网络素养调研报告》，2020 年 12 月，https：//baijiahao. baidu. com/s？ id=1687507001222687047&wfr=spider&for=pc。

② 资料来源：第 11 次中国未成年人互联网运用状况调查数据。

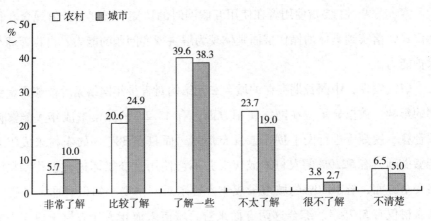

图12　城乡未成年人网络安全素养差异

资料来源：第11次中国未成年人互联网运用状况调查数据。

和发展，已成为阻碍乡村振兴的突出问题。弥合城乡数字鸿沟，在宏观上要依靠国家数字化战略，微观上则离不开家庭内部代际鸿沟的消除。比较城市家庭和农村家庭，农村未成年人本身的互联网使用能力较城市未成年人的不足已经暴露，且其亲代在情感陪伴、数字素养教育、接受能力等方面也存在不足，因此弥合农村"代沟"的难度远大于城市。城乡家庭由结构性因素导致的数字素养差距不仅不利于数字反哺开展，还易使城乡家庭数字代沟在代内和代际不断复制。

（三）留守儿童、隔代抚养家庭的代际数字素养教育值得关注

随着城市化不断发展，我国有2亿多进城务工人员在城乡间大规模流动，随之而来的留守儿童问题日益严峻。民政部数据显示，截至"十三五"末，中国农村留守儿童的数量约为643.6万①。

本次调查显示，农村未成年人与祖辈共同居住的比重高于城市未成年人，很多留守儿童正处于隔代抚养的状态，不利于提升数字素养。一方面，

---

① 《民政部："十三五"末全国农村留守儿童643.6万名　较"十三五"初降近三成》，腾讯网，2021年2月。

祖辈对于网络的认识较浅，本身是数字化时代的弱势群体，和未成年人之间存在难以逾越的数字代沟，难以对网络使用行为进行干预或指导。未成年人的上网时长、内容都无法得到约束和监督，高度依赖个体自律。另一方面，由于未成年人的自我意识增长，祖辈的训诫式教育往往失灵。也有些家庭出现"隔代亲"的现象，祖辈对孩子十分溺爱，忽视了孩子的不良上网行为可能造成的危害。因此在隔代抚养模式下，祖辈对孩子上网行为进行管理的意识、能力和效力都相对不足。

在网络时代，留守儿童由于家长本身的网络素养不足，让本来就存在的情感屏障不断加厚，阻碍了数字反哺，导致家长和未成年人间相互的知识学习、技能指导和观念交流难以产生，拉大家庭内部的代际数字鸿沟。

（四）数字素养教育亟待提质

网络素养课程向全国推广的效果有限，全国仅有 14.4% 的未成年人"正在上或上过"网络素养课程，有 33.8% 的未成年人有听过但没有上过网络素养课程，有 34.8% 的未成年人既没有听过也没有上过网络素养课程，正在上或上过网络素养课程的城乡未成年人分别仅占 16.4%、17.9%。①

四 对策与建议

家庭是社会最小的细胞。要促进数字素养教育与数字反哺的良性循环，需要充分发挥学校、社会组织、政府部门等多元主体的力量，双向提升年轻世代与年长世代的数字素养，滋养内在的数字互育动力。

（一）深入开展乡村数字振兴，提升农村亲代与子代的数字素养

相较于城市，乡村更难以整合各类优势资源以跟上数字时代的发展。中国社会科学院信息化研究中心 2021 年发布的《乡村振兴战略背景下中国乡

---

① 资料来源：第 11 次中国未成年人互联网运用状况调查数据。

村数字素养调查分析报告》显示，农村居民数字素养比城市居民低37.5%，城乡之间依然存在明显的信息逆差和"数字鸿沟"，而这制约了家庭内部的数字互育，使得城乡数字鸿沟具有代际复制的可能，因此提高农村地区的数字素养水平亟须体系化建设。

乡村数字振兴战略可以通过数字化手段来推进农村现代化，全面提升农村经济、社会和文化的发展水平，弥合既存的城乡数字鸿沟，实现城乡一体化发展。首先，完善"硬件设施"。加强农村数字化基础设施建设，继续落实农村电信网络、宽带网络、有线电视网络"三网"建设和升级，提高农村用网覆盖率，让网络以低成本的方式"飞入寻常百姓家"，缩小城乡居民在互联网可及性上的差异。其次，加强"软件建设"。出台相关政策，鼓励专业机构、互联网平台等深入农村，开发数字素养教育的课程和资源，组织开展数字化教育培训，在乡村学校、村委会等地设立数字化培训课堂，制定简单易懂的网络使用手册，对家长和未成年人进行针对性指导，便于其学习应用互联网。同时，开展立足于农村生产生活实际的数字新技术、新应用培训，让农村居民浸润在数字环境中，提升其互联网时代的参与感和获得感，从而在潜移默化中提升其数字素养。

（二）制定学校数字素养课程国家标准，提升教师数字素养

教育数字化转型是一场由科学技术发展带来的教育领域数字技术变革，具有多维度、多层次、多地域的发展特征[1]。新冠疫情暴发以来在线教育的发展进一步加速了教育数字化转型。我国的教育数字化转型不仅要依靠各学校的数字素养课程实施，还要依靠教师这一专业队伍的重要支撑。从现有数字素养课程体系来看，我国义务教育阶段主要通过"信息科技"课程，高中阶段主要通过"信息技术"课程培育未成年人数字素养，二者在课程体系与课程标准上存在一定的差异。此外，随着"互联网+"时代青少年上网

---

[1] 李敏辉、李铭、曾冰然、王超：《后疫情时代发展中国家高等教育数字化转型：内涵、困境与路径》，《北京工业大学学报》（社会科学版）2022年第1期。

需求向多样化、多层次转变，已有的信息技术与计算机课程在内容和形式上已稍显过时。从数字素养课程供给来看，全国接受过网络素养教育的未成年人比例仅为14.4%①。未成年人获得网络知识与技能的途径主要为自主学习和同伴帮助，已有网络素养课程难以满足未成年人的网络素养培育需求。就教师数字素养来看，以教师为主导的单一的讲授型课堂已不能适应数字化时代的要求，人机协同课堂教学、游戏化学习、项目式学习逐渐成为国际社会数字教育新趋势，教师由传统的知识讲授者向合作的学习者转变。对此，我国迫切需要制定全国性的数字素养课程标准，实现不同学段、不同体系的数字素养课程的沟通与衔接，提升数字素养课程在教育课程体系中的地位，推动数字素养课程在全国范围内的普及。学校要自觉落实教师数字素养规划，逐步实现数字化教学，注重提升教师利用数字技术优化、创新和变革教学活动的意识，以"5+13+33"数字素养框架为教师提升数字素养提供指导，形成对教师数字素养培育、应用与评价的闭环，加强数字化学习与研修，提升数字化教学研究与创新水平，不断提升教师数字化应用的认知度和接受度、数字化意愿、数字化意志。

（三）吸引社会组织加入家长数字素养教育体系

虽然我国已有针对义务教育阶段信息技术课程的详细标准和对教师群体数字素养培育的明确要求，但这些措施仅注重未成年人在学校中的数字素养培育，其成效和影响力较为有限。此外，家庭是未成年人实现社会化的"第一场所"，家长在引导未成年人使用互联网上的重要作用不容忽视，家长与未成年人在使用数字媒体上存在鸿沟可能引发未成年人的精神疏离，因此家长应与未成年人共同学习使用数字媒体，平等交流，而不是一味地用硬性规定干涉孩子上网。我国目前以家长为主体的数字素养教育机构较少，支持力度不足，影响力有限。对此，应注重引入社会组织的力量，充分发挥公共图书馆、行业协会、非营利组织、社区街道的作用，提供形式丰富、层次

---

① 资料来源：第11次中国未成年人互联网运用状况调查数据。

多样的家长数字素养支持服务。可尝试依托专业社工与社工服务机构开展试点，采用线上线下相结合的形式，开办家长研讨会，注重方法教授与引领，为其帮助未成年人提升数字素养提供建议。充分发挥社会组织的广泛影响力，开展针对家长群体的数字素养课程，帮助家长学习数字技能，提升家长对数字素养教育的重视程度，使其能够有效地参与到未成年人互联网使用的管理与引导中，补齐学校文化课教育之外的教育短板。

（四）加大特殊家庭未成年人数字素养教育资源投入

家庭结构和抚养模式对未成年人在互联网时代的成长具有重要影响，相比单亲家庭和隔代教育，与双亲共同居住的未成年人往往能够接受更加直接的网络行为监督以及更加全面科学的网络教育。对于留守家庭、单亲家庭、流动家庭等特殊家庭，社会应该筑牢兜底保障，提供资源倾斜，通过协同机制分担家庭内部的抚育压力，为未成年人提供更好的数字素养教育资源。

一方面，教育部门可以对特殊家庭情况进行摸排，掌握这些特殊家庭的数字素养教育基本情况，了解家长面临的具体困难。另一方面，发挥多元主体的合作优势，充分利用学校、社区、家庭教育指导机构等平台资源，打造特殊家庭儿童的网络素养课程资源包。在家长开放日、社区活动日、六一儿童节等特殊节点，进行"点对点"或"点对面"的专业指导，开展亲子互动活动。还可以通过树立模范，增强特殊家庭儿童的自信心，激发未成年人配合学习的意愿，形成正向循环和扩散效应。

结　语

在互联网时代，家庭内普遍存在两条教育路径：数字素养教育与数字反哺，这一围绕网络教育产生的互动是一场亲代与子代间的"爱的双向奔赴"。这场"奔赴"不仅受到家庭场域内数字鸿沟、情感屏障的影响，还与学校场域内数字素养课程供给和年级有关。在数字素养教育方面，城市家长在教授未成年人网络知识或技能方面略胜于农村家长，单亲家庭、隔代抚育等特殊家庭对孩子的网络管理与教育更显力不从心，和谐的家庭关系更有助于家长施教；而数字反哺方面，城乡数字反哺率趋近，农村中子代反哺明显高于亲代哺育，亲密的亲子关系更有助于孩子指导家长上网，初、高中生正在成为数字反哺的主体。家庭内的数字互育需要跨越家庭背后的城乡数字鸿沟，而这需要多元主体形成合力，才能使社会和家庭同频共振，提高全体社会成员的数字素养。

参考文献

中国互联网络信息中心（CNNIC）：第 50 次《中国互联网络发展状况统计报告》。

周裕琼、丁海琼：《中国家庭三代数字反哺现状及影响因素研究》，《国际新闻界》2020 年第 42 期。

周晓虹：《文化反哺与媒介影响的代际差异》，《江苏行政学院学报》2016 年第 2 期。

B.17

张家港市未成年人网络素养现状

左灿 蒋俏蕾[*]

摘 要: 本文研究认为,张家港市未成年人网络素养呈现这样几个特点:
网络素养整体水平高,网络知识与技能素养有所欠缺;网络沉
迷度较低,上网时长相对合理;获取信息需求高,短视频类应
用使用比例高;网络素养教育开展程度高;城乡数字鸿沟并不
明显,但存在网络素养鸿沟。针对这些特点,本研究围绕如何
提升网络知识与技能素养和网络互动素养、加强网络安全与隐
私教育、平衡城乡未成年人网络素养差异等方面提出了具体
建议。

关键词: 未成年人 网络素养 张家港

在互联网高度渗透、上网触手可及的当下,新媒体技术已经深度融入青
少年的日常生活之中,以革新的方式改变着未成年人的成长环境,成为影响
未成年人社会化的重要因素。《2021 年全国未成年人互联网使用情况研究报
告》显示,我国未成年网民规模达 1.91 亿,未成年人互联网普及率达到
96.8%,较 2020 年提升 1.9 个百分点。[①] 一方面,未成年群体已经成为我国
网络空间的重要力量,他们在网络空间参与、讨论发声、集体行动等方面的

---

* 左灿,中国社会科学院新闻与传播研究所助理研究员,中国社会科学院新闻与传播研究所传
媒调查中心秘书长,主要研究方向为文化研究、媒介与社会、网络传播;蒋俏蕾,清华大学
新闻与传播学院副教授,主要研究方向为媒介心理、信息传播技术与社会变迁、流行文化。

① 共青团中央维护青少年权益部、中国互联网络信息中心:《2021 年全国未成年人互联网使用
情况研究报告》,2022 年,https://www.cnnic.net.cn/n4/2022/1201/c116-10690.html。

能力迅速增长；另一方面，互联网对未成年人意识形态影响巨大，网络生态和网络空间的舆论环境带来未成年人信息认知的复杂化，冲击未成年人的价值观建构。在此背景下，全社会对未成年人网络素养培育的关注度日益提升。提升未成年人的网络素养，是顺应数字化、网络化、智能化发展趋势的时代要求。如何提升未成年人的网络素养，积极应对网络中的各种问题，成为各地网络文明建设中关注的重点。

本研究以江苏省张家港市的未成年人（具体指当地的小学生、初中生、高中生）为研究对象，开展系统的抽样调查，深入分析张家港市未成年人互联网使用行为和网络素养现状，以科学、全面地呈现互联网与未成年人网络行为的紧密联系和互动机制。本报告中的网络素养是指与使用互联网、社交媒体、智能手机等数字技术相关的多种能力，包括网络知识与技能素养、网络自主学习素养、网络意识与认知素养、网络互动素养、网络自我管理素养和网络安全与隐私素养六大部分。

本次调研采用线下问卷调查的方式进行。[①] 参照国内外多个青少年网络素养量表，[②] 问卷设计了涵盖 21 个题目的网络素养量表，评估网络知识与技能、网络自主学习、网络意识与认知、网络互动、网络自我管理、网络安全与隐私六个维度上的认可程度。采用 5 点计分（1＝完全不认可，2＝比较不认可，3＝一般认可，4＝比较认可，5＝非常认可），得分越高则认可程度越高。

---

① 问卷调查于 2022 年 10 月进行，由张家港市教育局、张家港市社科联协助发放问卷、回收问卷。整体问卷设计包括个人信息、网络使用、网络素养、网络沉迷、网络暴力和维权、网课学习、亲子关系、网络文明建设等部分。

② Ng, W. (2012). "Can We Teach Digital Natives Digital Literacy?" *Computers & Education*, 59 (3), 1065-1078; Porat, E., Blau, I., & Barak, A. (2018). "Measuring Digital Literacies: Junior High-school Students' Perceived Competencies versus Actual Performance". *Computers & Education*, 126, 23-36; Huang, Y., Liu, H., Wang, W., Dong, R., Tang, Y. (2021) "The Junior Students' Internet Literacy Scale: Measure Development and Validation". *Public Health* 18; 王伟军、刘辉、王玮、董柔纯：《中小学生网络素养及其评价指标体系研究》，《华中师范大学学报》（人文社会科学版）2021 年第 1 期。

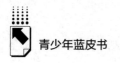
一 张家港市青少年网络素养及相关网络使用分析

通过调研，共回收问卷 3189 份，根据答题完成情况、逻辑检验等对问卷进行筛选，获取有效问卷 2815 份，问卷有效率 88.3%。① 研究发现如下。

（一）网络素养

为了检验网络素养量表的信度和效度，本报告对量表做了可靠性分析和验证性因子分析。可靠性分析结果显示，Cronbach α 系数为 0.926，说明网络素养测量的一致性很高，信度良好。验证性因子分析拟合指数显示，$\chi^2/df = 9.296$（p = 0.000），CFI = 0.954，GFI = 0.944，AGFI = 0.914，NFI = 0.948，TLI = 0.935，RMSEA = 0.060，表明模型拟合良好。因为所有指标的标准化载荷在 p<0.001 时均是显著的，并且平均提取方差值（the average variance extracted，AVE）都超过或接近 0.5 的可接受阈值，可以判别网络素养量表在本研究中表现出良好的聚合效度（Convergent Validity）。通过比较 AVE 的平方根与各个潜变量之间的相关系数，发现前者均大于后者，可以判断量表具有良好的区分效度（Discriminant Validity）。

整体而言，张家港市未成年人网络素养的均值为 3.73，处于上游位置。具体来说，张家港市未成年人网络意识与认知素养最高，为 4.37；网络自主学习素养、网络自我管理素养、网络安全与隐私素养也高于平均值，分别为 3.81、3.84、3.87；网络互动素养、网络知识与技能素养相对较低，分别为 3.41、3.07，说明张家港市未成年人的网络知识与技能素养需要提高（见表 1、图 1）。

---

① 其中，男性样本 1484 人，占比 53.3%，女性样本 1302 人，占比 46.7%，缺失值 29；小学生 1363 人，占比 49.4%；初中生 777 人，占比 28.2%，高中生 619 人，占比 22.4%，缺失值 56；市属学校 1467 人，占比 52.1%，非市属学校 1348 人，占比 47.9%；年龄范围为 7~19 岁。

表1 网络素养量表及其描述性统计

单位：%

维度	项目	不同意占比	中立占比	同意占比	题目均值		维度均值	
					均值	标准差	均值	标准差
网络知识与技能	我知道如何解决网络使用中的技术问题	46.6	21.4	32.0	2.76	1.459	3.07	1.570
	我掌握了办公类软件(Excel、Word等)的基本操作	51.3	17.6	31.0	2.65	1.504		
	我能在网上快速、准确地获取自己所需的信息	24.7	14.0	61.3	3.63	1.475		
	我会通过文字、声音、图片等在网络上表达我的观点	34.7	13.3	52.0	3.32	1.586		
	我会创造性地使用网络资源，比如搜图片做PPT	42.5	14.4	43.1	3.01	1.611		
网络自主学习	我可以借助网络信息完成学习任务	20.1	16.2	63.7	3.78	1.398	3.81	1.352
	我可以通过网络学习新知识，提升自我	17.7	17.1	65.2	3.85	1.305		
网络意识与认知	我们应该尊重世界上不同的网络文化	14.1	9.8	76.1	4.15	1.281	4.37	1.182
	我们上网的时候应该辨别有害信息	8.6	4.9	86.5	4.52	1.071		
	我知道互联网有利有弊	10.4	5.3	84.3	4.43	1.169		
	面对网络上的不同意见，我们应该理性沟通	9.9	7.7	82.4	4.37	1.168		
网络互动	我可以通过互联网结识新朋友	29.3	16.1	54.7	3.49	1.509	3.41	1.515
	我可以通过社交媒体(比如微信、QQ、抖音)展示自己	35.4	16.5	48.1	3.25	1.570		
	互联网使我能够在学习活动中更好地与朋友协作	24.1	18.5	57.3	3.61	1.429		
	我经常通过互联网从朋友那里获得帮助，例如通过微信、微博等	33.9	16.2	49.8	3.30	1.521		

续表

维度	项目	不同意占比	中立占比	同意占比	题目均值		维度均值	
					均值	标准差	均值	标准差
网络自我管理	我在网络上学习时,不会被其他无关信息吸引	20.7	16.4	62.8	3.77	1.373	3.84	1.348
	我可以控制自己的上网时长	18.1	15.1	66.8	3.88	1.323		
	我上网的时候有自己的规划	18.5	15.3	66.1	3.88	1.344		
网络安全与隐私	我会设置网络密码	32.3	10.3	57.4	3.43	1.681	3.87	1.503
	我对计算机病毒和网络信息安全基本知识有所了解	21.6	16.4	62.0	3.72	1.437		
	我上网时会注意保护个人隐私信息	9.2	4.9	85.9	4.47	1.150		

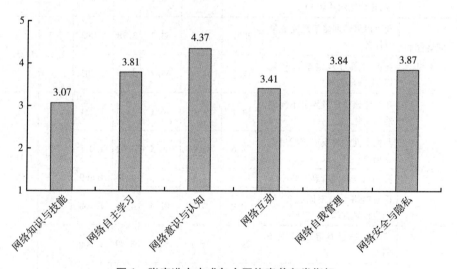

图 1 张家港市未成年人网络素养各类指标

不同年级的学生在网络知识与技能素养（$F = 507.780$，$p = 0.000$）、网络自主学习素养（$F = 36.964$，$p = 0.000$）、网络意识与认知素养（$F = 87.353$，$p = 0.000$）、网络互动素养（$F = 223.105$，$p = 0.000$）、网络自我管理素养（$F = 10.294$，$p = 0.000$）和网络安全与隐私素养（$F = 189.588$，$p = 0.000$）上差异显著。高中生在网络知识与技能素养、网络自主学习素养、网络意识与认知素养、网络互动素养、网络安全与隐私素养上领先于小学生和初中生；初中生网络自我管理素养最高；小学生网络素养普遍低于初中生和高中生，尤其是网络知识与技能素养和网络互动素养远低于平均值，均不足 3。值得注意的是，小学生、初中生的网络自我管理素养都高于高中生，高中生在网络自我管理素养方面仍有提高的空间（见图 2）。

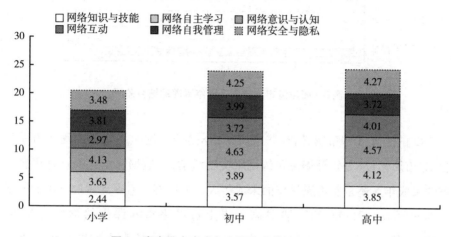

图 2　张家港市未成年人网络素养的年级差异

（二）网络素养的城乡差异

从城乡数据来看，市属学校的未成年人素养各个维度指标均高于非市属学校。就市属学校未成年人而言，网络意识与认知素养最高（4.47），之后依次为网络安全与隐私素养（4.00）、网络自主学习素养（3.90）、网络自我管理素养（3.87）、网络互动素养（3.48）、网络知识与技能素养（3.25）。非市属学校的未成年人同样是网络意识与认知素养最高（4.26），之后依次为网络自我管理素养（3.81）、网络安全与隐私素养（3.74）、网络自主学习素养（3.71）、网络互动素养（3.34）、网络知识与技能素养（2.88）（见图 3）。

为了进一步细化网络素养的城乡差异，本报告引入了线性回归中对网络素养具有显著影响的两个变量——网络素养课程和班级网络文明活动，构建

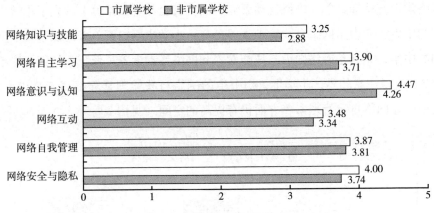

图3　张家港市未成年人网络素养的城乡差异

了2×2的矩阵（即市属学校/非市属学校×是否上过网络素养课程或市属学校/非市属学校×是否开展过班级网络文明活动）。数据显示，不管是市属学校的未成年人还是非市属学校的未成年人，上过网络素养课程的学生的网络素养水平（4.01，3.72）明显高于未上过网络素养课程的学生（3.78，3.58）。就上过网络素养课程的学生来说，市属学校学生的网络素养水平（4.01）也高于非市属学校的学生（3.72）。值得注意的是，就读于市属学校但未上过网络素养课程的学生网络素养水平（3.78），高于非市属学校上过网络素养课程的学生（3.72）（尽管在网络素养的子维度上有所差别），造成这种差异的原因可能是城市未成年人父母教育水平更高，能够从更多元的渠道学习到互联网知识，从而提高自己的网络素养（见表2）。

表2　城乡差异和网络素养课程对网络素养的影响

指标	市属学校×上过网络素养课程	市属学校×未上过网络素养课程	非市属学校×上过网络素养课程	非市属学校×未上过网络素养课程
网络素养(总)	4.01	3.78	3.72	3.58
网络知识与技能素养	3.40	3.21	2.89	2.88
网络自主学习素养	4.15	3.83	3.79	3.69

续表

指标	市属学校× 上过网络 素养课程	市属学校× 未上过网络 素养课程	非市属学校× 上过网络 素养课程	非市属学校× 未上过网络 素养课程
网络意识与认知素养	4.58	4.43	4.32	4.24
网络互动素养	3.63	3.44	3.33	3.35
网络自我管理素养	4.09	3.82	4.05	3.69
网络安全与隐私素养	4.20	3.94	3.96	3.64

在城乡差异和班级网络文明活动对网络素养的影响方面，出现了相似的结果。无论是市属学校的未成年人还是非市属学校的未成年人，开展过班级网络文明活动的未成年人网络素养水平（3.87，3.69）明显高于未开展过班级网络文明活动的未成年人（3.68，3.36）。就开展过班级网络文明活动的学生来说，市属学校未成年人的网络素养水平（3.87）高于非市属学校的未成年人（3.69）。值得注意的是，就读于非市属学校且开展过班级网络文明活动的未成年人的网络素养水平（3.69）已经略微超过就读于市属学校但未开展过班级网络文明活动的未成年人（3.68），这说明班级网络文明活动能有效缩小张家港市青少年网络素养水平的城乡差异（见表3）。

表3　城乡差异和班级网络文明活动对网络素养的影响

指标	市属学校× 开展过班级 网络文明活动	市属学校× 未开展过班级 网络文明活动	非市属学校× 开展过班级 网络文明活动	非市属学校× 未开展过班级 网络文明活动
网络素养(总)	3.87	3.68	3.69	3.36
网络知识与技能素养	3.29	3.09	2.93	2.71
网络自主学习素养	3.95	3.71	3.77	3.49
网络意识与认知素养	4.53	4.24	4.36	3.86
网络互动素养	3.49	3.45	3.38	3.17
网络自我管理素养	3.91	3.74	3.92	3.40
网络安全与隐私素养	4.04	3.83	3.80	3.56

（三）网络使用

1. 上网设备：手机使用比例最高，智能设备使用比例高于全国水平

参照中国社会科学院新闻与传播研究所第 11 次中国未成年人互联网运用状况调查数据，[①] 张家港市未成年人上网设备的使用与全国相似，最主要的上网设备为手机，占比 74.9%，其次为 iPad/平板电脑和电脑，比例分别为 47.9% 和 36.3%。较为突出的是，当地未成年人使用智能手表（14.0%）、机器人（15.9%）等智能设备的比例要远高于全国水平（6.2%，5.5%）。其中，高中生使用手机和电脑的比例远高于初中生和小学生，分别为 90.2% 和 51.4%，小学生使用 iPad/平板电脑、机器人和智能手表的比例远超平均水平，分别为 57.7%、21.7% 和 22.9%（见图 4、图 5）。

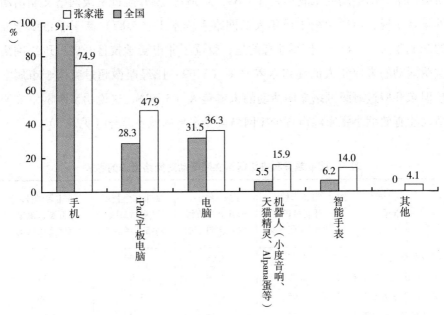

图 4　张家港市未成年人上网设备使用情况

---

① 方勇、季为民、沈杰主编《中国未成年人互联网运用报告（2022）》，社会科学文献出版社，2022。

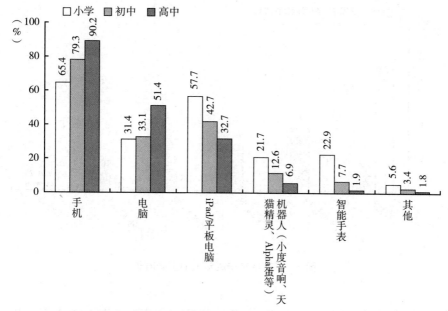

图5　张家港市未成年人使用上网设备的年级差异

2. 上网时长: 周中上网时间短, 周末/节假日上网时间偏长

张家港市未成年人周中和周末/节假日的日均上网时长各有特点, 大多数学生周中上网时间短而集中, 周末/节假日普遍上网时间偏长。平时不上网的学生比例高达 65.9%, 即使上网, 也主要集中在一个小时以内, 比例为 24.0%。在周末/节假日, 多数学生则上网时长在 2 小时以内, 其中 37.5%的学生上网在一小时以内, 26.7%的学生上网时长在 1 小时至 2 小时, 周末完全不上网的比例为 9.4% (见图6)。

其中, 高中生长时间上网的比例整体高于初中生和小学生。周末上网时长在 3 小时以上的高中生比例达 27.1%, 小学生和初中生该比例则分别为 2.4%和 10%; 平时上网 3 小时以上的高中生比例为 3.7%, 小学生和初中生则均为 0.4%。

3. 网络功能使用: 获取信息排第一, 年级差异明显

在网络功能使用上, 张家港市未成年人使用互联网获取信息 (M = 3.40) 的频率最高, 在线学习 (M = 3.38)、休闲娱乐 (M = 3.25) 紧随其

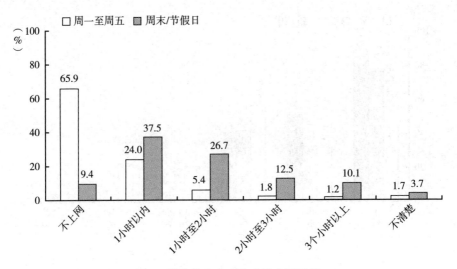

图6 张家港市未成年人的上网时长

后，使用互联网互动社交（M = 2.79）的频率不高，理财购物频率（M = 1.71）最低。从性别角度看，张家港市青少年差异并不大。女生在线学习（$M_男$ = 3.26，$M_女$ = 3.53）、理财购物（$M_男$ = 1.65，$M_女$ = 1.78）的频率高于男生，男生休闲娱乐（$M_男$ = 3.36，$M_女$ = 3.12）、互动社交（$M_男$ = 2.86，$M_女$ = 2.72）的频率高于女生，获取信息的频率男女则几乎相当（$M_男$ = 3.39，$M_女$ = 3.42）（见图7、图8）。

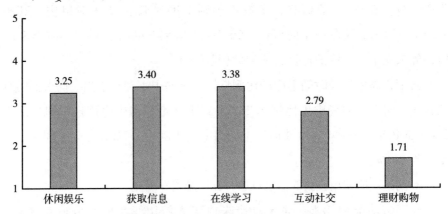

图7 张家港市未成年人的网络功能使用

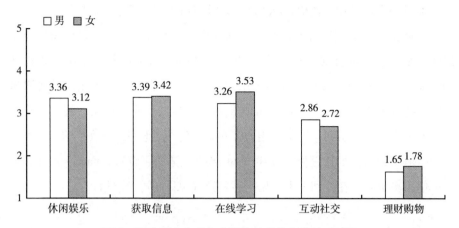

图8 张家港市未成年人网络功能使用的性别差异

在年级差异方面，张家港市小学生、初中生、高中生在线学习（$M_小$ = 3.42，$M_初$ = 3.34，$M_高$ = 3.35）的频率差别很小，小学生在线学习的频率略高于初中生和高中生，而在休闲娱乐（$M_小$ = 2.78，$M_初$ = 3.47，$M_高$ = 4.00）、获取信息（$M_小$ = 3.02，$M_初$ = 3.64，$M_高$ = 3.91）、互动社交（$M_小$ = 2.08，$M_初$ = 3.16，$M_高$ = 3.82）、理财购物（$M_小$ = 1.28，$M_初$ = 1.72，$M_高$ = 2.59）方面，均清晰呈现高中生>初中生>小学生的趋势（见图9）。

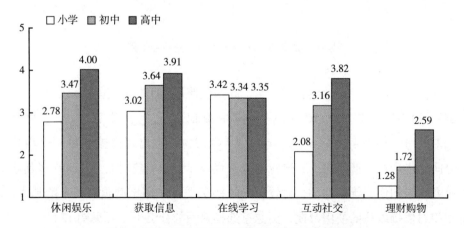

图9 张家港市未成年人网络功能使用的年级差异

4. 社交平台使用：微信、QQ是张家港市青少年的"不二选择"

在社交平台的使用方面，微信（39.0%）、QQ（38.5%）是张家港市未成年人最常使用的社交平台，占比均接近40%，远超钉钉（4.6%）、微博（1.4%）、Facebook/Twitter（0.9%）。在选择"其他"的学生中，选择哔哩哔哩和抖音的比例较高，反映了当地未成年人对二次元文化及短视频平台的大量使用。在性别层面，男生使用QQ（42.4%）的比例高于女生（34.1%），使用微信（34.4）的比例低于女生（44.0%）。微博、钉钉、Facebook/Twitter总体使用率不高，在性别上也未见明显差异（见图10、图11）。

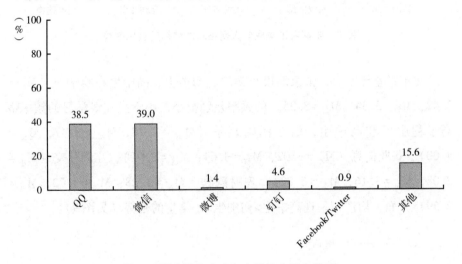

图10 张家港市未成年人的社交平台使用

在年级层面，小学生、初中生、高中生使用QQ的比例呈递增趋势，分别为24.0%、42.6%、65.8%，而使用微信的比例在张家港市小学生（52.9%）、初中生（38.7%）、高中生（8.3%）中出现递减趋势。递增趋势同样出现在微博使用上，递减趋势也表现在钉钉的使用上。这与许多其他研究结果相似，年龄越小，对较新兴的社交平台使用比例越高，年龄越大，则相对依赖以往的使用习惯，更愿意选择熟悉的社交平台（见图12）。

5. 网络应用：短视频类应用的使用比例最高

张家港市未成年人使用短视频类网络应用的比例最高，接近60%，使用搜

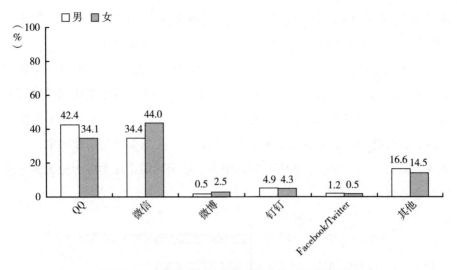

图 11　张家港市未成年人社交平台使用的性别差异

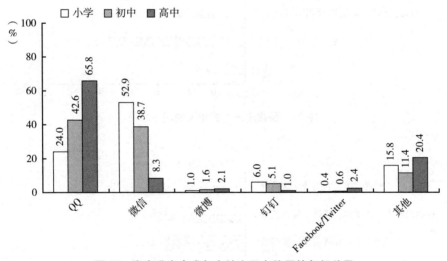

图 12　张家港市未成年人社交平台使用的年级差异

索类网络应用的比例次之，为47.1%，使用视频网站类、新闻类应用的未成年人占比也在30%上下，使用网络论坛类应用的占比较低，仅为20.3%（见图13）。

网络应用的性别差异整体并不显著，尤其是在新闻类应用使用方面很接近，但男生使用短视频类（61.5%）、视频网站类（36.4%）应用的比例略

高于女生（56.3%，27.9%），女生使用搜索类（48.2%）、网络论坛类（27.3%）应用的比例高于男生（46.1%，14.3%）（见图14）。

在年级差异上，张家港市中学生（含初中生、高中生）使用短视频类应用的比例明显高于小学生。在视频网站类、新闻类、搜索类应用的使用方面，高中生、初中生和小学生各有侧重，视频网站类的使用中，高中生比例最高，新闻类应用的使用中，初中生比例最高，搜索类应用的使用中，小学生比例最高。从小学生、初中生到高中生，使用网络论坛类应用的比例呈现递增趋势（见图15）。

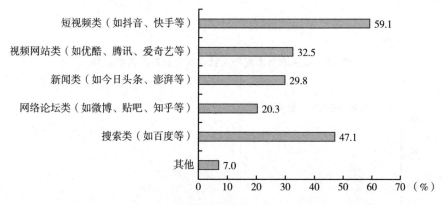

图13　张家港市未成年人的网络应用

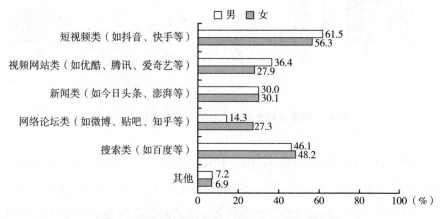

图14　张家港市未成年人网络应用的性别差异

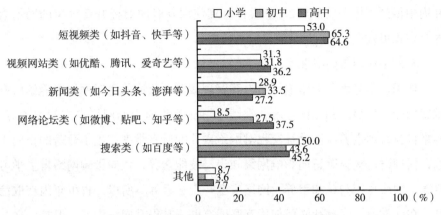

图 15　张家港市未成年人网络应用的年级差异

（四）网络素养的影响因素

为进一步解读张家港市未成年人的网络素养特征，本报告结合未成年人的网络使用特点，通过线性回归分析来检验张家港市未成年人网络素养的相关影响因素。

1. 性别与年级

结果显示，性别只与网络知识与技能素养呈显著的正向关系，即男生拥有更高的网络知识与技能素养，在其他方面与女生没有显著差异，而年级与网络素养的全部维度均呈显著的正向关系，即年级越高，网络素养水平越高。

2. 时长与网络使用

在互联网使用方面，周中使用时长显著负向影响网络知识与技能素养、网络自主学习素养、网络意识与认知素养，这意味着张家港市青少年周中使用互联网的时间越长，网络知识与技能素养、网络自主学习素养、网络意识与认知素养越低；而周末/节假日使用时长显著正向影响网络自主学习素养、网络意识与认知素养、网络互动素养、网络安全与隐私素养，负向影响网络自我管理素养，即周末或节假日使用互联网在一定程度上会提升网络自主学习素养、网络意识与认知素养、网络互动素养、网络安全与隐私素养，而降低网络自我管理素养。也就是说，"互联网使用时长削弱青少年网络素养"

333

在周中得到了体现，而周末/节假日合理使用互联网对提升青少年的网络素养存在积极效应。

3.网络应用与网络素养

休闲娱乐显著负向影响网络自我管理素养，获取信息对网络素养的所有维度均能产生显著的正向影响，在线学习显著正向影响网络自主学习素养、网络自我管理素养，互动社交也对网络素养的所有维度产生了显著的正向影响，而理财购物显著正向影响网络知识与技能素养，负向影响网络自主学习素养、网络意识与认知素养、网络安全与隐私素养。所以，青少年因获取信息、在线学习、互动社交而使用互联网有助于其提升网络素养。但是，在互联网影响网络素养方面不能一概而论，需要关注具体的使用情景和使用动机。

4.青少年模式与亲子关系

青少年模式对张家港市青少年网络素养的提升表现出积极作用，数据显示，青少年模式对网络素养的所有维度产生了显著的正向影响。亲子冲突显著负向影响网络自我管理素养，即亲子冲突会降低青少年的网络自我管理素养。

5.网络素养与网络文明

网络素养课程正向影响青少年网络素养的所有维度，只是在网络认知与意识素养、网络自我管理素养方面不显著。班级网络文明活动也正向影响青少年网络素养的所有维度，只是在网络互动素养、网络安全与隐私素养方面不显著。可以说，强化学校的网络素养教育极有必要。

这些发现佐证了青少年模式、亲子关系、网络素养课程、班级网络文明活动对提升青少年网络素养的积极作用，以及学校教育与家庭教育的良好结合对提升青少年网络素养的重要性。

二 张家港市未成年人网络素养特征及问题

结合调研数据，本报告对张家港市未成年人网络使用和网络素养进行了详细的分析。基于上述分析，我们可以看出，张家港市未成年人的网络素养呈现如下特征和问题。

（一）网络素养整体水平高，网络知识与技能素养有所欠缺

根据数据分析，张家港市未成年人的网络素养水平整体相对较高，在 5 分制的量表内，均值为 3.73，其中，网络意识与认知素养最高，为 4.37，也是唯一在 4 分以上的，其他均在 3~4 分，网络知识与技能素养最低，为 3.07。张家港当地较为重视未成年人网络素养教育，网络素养水平相对较高，但从数据来看，仍有极大的提升空间，尤其是网络知识与技能素养这个维度。这与调研样本中小学生比例高也有一定关系，尽管触网年龄较早，小学生掌握的网络知识与技能还是有限，影响了整体的网络知识与技能的得分。

（二）网络沉迷度较低，上网时长相对合理

网络沉迷是未成年人网络使用中经常存在的问题，也是地方调研中经常需要回应的问题。从本次调研的多项数据可以看出，张家港市未成年人上网时间的自我管理较好，六成以上的青少年平时不上网，多数上网时间控制在每天 2 个小时以内，即使周末/节假日，上网时间在 3 个小时以上的比例也并不高。网络沉迷量表的各项指标也显示，张家港市未成年人网络沉迷度较低，平均值为 1.716。可以说，张家港市未成年人整体的上网时长相对合理，网络沉迷问题没那么突出。这与当地多数未成年人家长对上网时间或上网内容有所规定存在一定关系。

（三）获取信息需求高，短视频类应用使用比例高

新时代的青少年被称为"数字原住民"，他们自出生就生活在网络媒介的影响下，对网络功能的各项接触和使用起步较早。从调研数据来看，张家港市未成年人在对互联网各项功能的使用中，获取信息这一功能的使用频率最高，其次为在线学习、休闲娱乐，表明了未成年人较强的求知欲和对外部世界的好奇心。但在具体的网络应用中，一方面，短视频类应用的使用比例

最高，可以看出，短视频这种媒介形式对青少年有巨大的吸引力；另一方面，搜索类应用的使用比例排在第二位，这印证了张家港市未成年人对信息获取的高需求。未成年人强烈的好奇心可以导向学习的收获，也容易误入眼花缭乱的网络世界，尤其是短视频平台内容质量参差不齐，需要家长和学校的关注和引导。

（四）网络素养课程及活动效果明显，开展程度仍待提高

张家港市对青少年网络素养较为重视，已经组织开展多项网络素养相关活动。线性回归分析显示，网络素养课程和班级的网络文明活动都正向影响青少年的网络素养水平，也就是说，上过网络素养课程和参加过班级网络文明活动的青少年，网络素养的多项指标都相对更高。在张家港市，27.6%的青少年正在上或上过网络素养课程，尽管高于全国平均水平（14.4%）[①]，但所占比例仍非常有限。此外，79.7%的青少年所在班级开展过网络文明相关活动，这也是当地青少年网络素养相对较高的重要影响因素。如果要进一步提升当地青少年的网络素养，网络素养课程和网络文明活动都是必不可少的。

（五）城乡数字鸿沟并不明显，但存在城乡网络素养鸿沟

张家港市经济发展水平高，常年位居全国经济百强县前三，城乡一体化水平较高，城乡青少年的网络使用各有特色，网络发展进程中人们担忧的数字鸿沟在张家港市体现得并不明显。张家港市城乡青少年的基础网络使用存在很多共性，无论是网络基础设施层面，还是具体网络应用的使用层面，调研数据都没有显示明显的城乡差异，如张家港市城乡青少年都更多使用手机和 iPad/平板电脑，都较多使用短视频类应用和搜索类应用等。

但在网络素养层面，张家港市城市青少年的网络素养水平明显高于乡镇

[①] 方勇、季为民、沈杰主编《中国未成年人互联网运用报告（2022）》，社会科学文献出版社，2022。

青少年。市属学校青少年享有更多的社会资源，对网络的使用更为频繁，掌握的网络技能、对网络的认知也都更成熟，网络素养各项指标的表现都优于非市属学校的青少年。在数据分析中，还可以看到，网络素养课程的开设和班级网络文明活动的开展，缩小了城乡的网络素养差距。要实现城乡青少年的协调发展，这一网络素养水平的差异值得重视，相应的网络素养教育也亟须进一步推广。

三　对策建议

（一）学校与家长合力，着力提升网络知识与技能素养和网络互动素养

网络知识与技能素养和网络互动素养都是未成年人网络使用中极为重要的能力。一方面，随着新技术的发展，对未成年人而言，借助网络进行学习的需求也越来越强，掌握更多的知识与技能才能够应对网络使用中的各种问题，更好地利用网络而非受制于网络。另一方面，如何通过网络获得帮助，如何辨别网络上的陌生人，以及如何进行积极向上的网络社交，也是未成年人面临的一个难题。但从调研来看，张家港市未成年人的网络知识与技能素养和网络互动素养得分相对较低，仍有较大的提升空间。在未来网络素养教育中，应有针对性地提升这两项素养。

一方面，继续发挥张家港市网络素养课程和班级网络文明活动的作用，强化有关网络知识与技能、网络互动能力的教育。学校是未成年人网络素养教育的主要渠道，应发挥核心作用，根据调研的实际情况，对网络素养的相关课程内容进行调整完善，分年龄段设置不同教育内容。另一方面，家庭教育是未成年人成长过程中的重中之重，要发挥家庭教育在未成年人网络素养教育中的基础作用。完善家庭与学校的互动机制，有意识地让家长对孩子的网络交友等互动给予引导和帮助，对其网络基本技能给予指导。

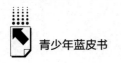

（二）发挥社会力量，继续加强网络安全与隐私教育

张家港市的网络素养教育对网络安全与隐私较为重视，取得了较好的成绩。从调研来看，张家港市未成年人的网络安全与隐私素养得分并不低，表现较好。但当下网络环境日益复杂，尤其是受到大量未成年人关注的网络短视频内容繁杂，存在各种安全问题和社交隐患，因此，网络安全与隐私仍应是网络素养教育的重点。

一方面，在地方工作中，可以结合网络文明建设，强化全社会对网络安全和隐私的重视。比如依托当地"张闻明"网络文明素养实践教育基地等线上线下阵地，利用道德模范、身边好人、张家港好网民等典型宣传，设置专题专栏，广泛宣传有关网络安全与隐私的知识。另一方面，学校教育之外，充分利用张家港青少年社会实践基地、文化馆、少年宫等未成年人活动场所，拓展活动形式，为青少年网络短视频的使用提供指导，帮助其辨别网络风险。

（三）教育与网信联动，缩小城乡未成年人网络素养差异

当前未成年人网络素养的城乡差异普遍存在，张家港市并非孤例。但通过数据分析可以看出，网络素养教育课程和相关的班级活动是有助于缩小这一差异的。

张家港市较早就推行城乡一体化建设，城乡差异已经较小，从数据也可以看出，城乡未成年人在网络设备的拥有以及网络的基本使用上差异并不大，但受制于家庭及学校教育等因素，仍存在城乡未成年人之间的网络素养差异。要改变这一点，一方面，需要发挥网信部门的统筹力量，制定具体的"青少年网络素养行动计划""青少年网络素养教育实施细则""青少年网络文明公约"等，用政策统筹全市青少年网络素养工作，对乡镇网络素养建设给予支持。另一方面，需要教育部门的资源倾斜，通过线上教育、专家讲座、师资支持等方式有意识扶持乡镇学校的网络素养教育。

参考文献

McClure, C. R.（1994）."Network Literacy: A Role for Libraries?". *Information Technology & Libraries*, 13（2）, 115–125.

Leung, L.（2010）. "Effects of Internet Connectedness and Information Literacy on Quality of Life". *Social Indicators Research*, 98（2）, 273–290.

Livingstone, S.（2010）. "Engaging with Media—a Matter of Literacy?". *Communication Culture & Critique*, 1（1）, 51–62.

卜卫：《论媒介教育的意义、内容和方法》，《现代传播》1997 年第 1 期。

贝静红：《大学生网络素养的实证研究》，《中国青年研究》2006 年第 2 期。

陈代波：《关于网络暴力概念的辨析》，《湖北社会科学》2013 年第 6 期。

陈华明、杨旭明：《信息时代青少年的网络素养教育》，《新闻界》2004 年第 4 期。

方勇、季为民、沈杰主编《中国未成年人互联网运用报告（2022）》，社会科学文献出版社，2022。

江根源：《青少年网络暴力：一种网络社区与个体生活环境的互动建构行为》，《新闻大学》2012 年第 1 期。

蒋宏大：《大学生网络媒介素养现状及对策研究》，《中国成人教育》2007 年第 10 期。

B.18
未成年人网民影像素养现状

曾昕 赵琰 徐捷*

摘 要： 随着"5G时代"的到来，"以影像为中心"的传播模式逐渐普及，探索并建立数字影像教育完整体系，应成为推动数字教育深化发展的重要力量。当下，影像素养存在评估体系不健全、时间滞后、落地困难等问题。建议教育部门出台相关政策，前置媒介素养课程，对未成年人影像素养形成科学的评价体系，由试点逐步推广、形成标准化发展模式；强化媒介传播与中国文化的链接意识和对中国故事的发掘、表达能力，让年轻传播力量助力中国故事走向世界。

关键词： 未成年人 影像素养 媒介素养课程

中国式现代化道路创造着人类文明新形态；经济与技术的进步、艺术文化的不断发展为我国文艺创作提供了丰富的生活源泉和鲜活的中国经验。2021年我国未成年网民人数达1.91亿人，较2018年增长约2000万人；未成年人网络普及率为96.8%；在网络依赖方面，工作日日均上网时长超过2小时的未成年网民占8.7%，节假日日均上网时长超过5小时的未成年网民占9.9%，较2020年数据均有下降；主观感受上，约42%的未成年网民觉

---

* 曾昕，中国社会科学院新闻与传播研究所助理研究员，主要研究方向为青少年与新媒体、网络文化；赵琰，更亮数字科技有限公司董事长；徐捷，更亮数字科技有限公司首席内容官。

得自己对互联网没有依赖心理,较 2020 年提升 3.3%。[1] 随着"5G 时代"的到来,"以影像为中心"的传播模式逐渐普及。在新语境、新变革下,探索并建立青少年数字影像教育完整体系,应成为推动数字教育深化发展、助力国际传播人才建设的重要力量。当下,青少年媒介素养依然存在教育滞后、机制束缚等问题。

一 未成年人影像运用时长与影像教育的基本现状

(一)未成年人影像内容获取现状

1. 未成年人的网络视频影像获取频率:看视频频率高,视频平台成为主流媒体外获取重大信息的主要渠道

未成年人看视频频率总体上较高,调查数据显示,有 16.79% 的表示经常观看短视频,有 29.65% 的表示有时观看短视频,75% 以上的未成年人在日常生活中会观看短视频,其中 20% 的未成年人是短视频平台的忠实用户。尽管传统媒体、官方媒体依然是未成年人获取社会重大信息的主要渠道,但影响力紧随其后的就是平台类视频媒体。有接近半数(48.7%)未成年人通过短视频、视频平台获取社会重大事件信息,平台内容质量会对其思想观念产生潜移默化的影响,其影响力甚至超过了其他一些官方媒体和日常人际传播(见图 1)。

2. 未成年人影像观看时长:观看短视频已经成为未成年人位列前五的上网活动

视频在未成年人中的传播力较强,且未成年人接触各种视频信息的场景也无所不在,不仅有传统媒体、各种视频网站,还有各种视频类 App,而未成年人经常使用的平台,如 B 站、小红书等,都充斥着大量的视频类内容。

---

[1] 共青团中央维护青少年权益部、中国互联网络信息中心(CNNIC)联合发布的《2021 年全国未成年人互联网使用情况研究报告》,https://t. m. youth. cn/transfer/index/url/news. youth. cn/gn/202211/t20221130_ 14165457. htm。

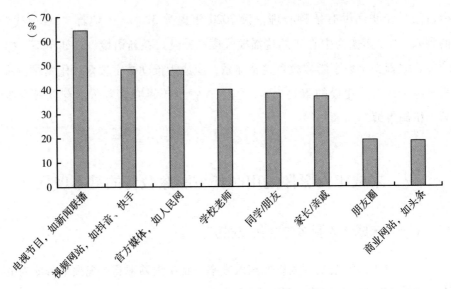

图1　未成年网民获取社会重大信息渠道

资料来源：共青团中央维护青少年权益部、中国互联网络信息中心（CNNIC）联合发布的《2021年全国未成年人互联网使用情况研究报告》。

调查显示，观看短视频已经成为未成年人位列第五的上网活动，有接近半数（2021年为47.6%）未成年人经常观看短视频；比看小说、看资讯等过去属于主要上网活动的行为多出一倍（见图2）。

未成年人观看短视频普遍时间较长，甚至超时。即使在学习日，小学生观看短视频超过1小时的比例也超过了8%，初中生大于1小时的比例超过了15%，高中生则更多，接近两成。节假日和周末，小学生观看短视频大于1小时的比例超过了13%，初中生超过了26%，高中超过了34%。可见，未成年人影像观看时长并没有伴随年龄成长和课业加重减少，反而有递增的趋势。

3. 未成年人影像观看主要内容：偏重休闲娱乐内容，搞笑类和游戏类视频广受喜爱

统计显示，未成年人最喜爱搞笑类视频，观看各种短视频的比例近六成（58.5%）。其次是动漫游戏类、知识教育类、日常生活类；也有少数未成

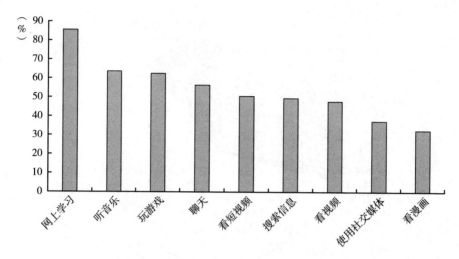

图2 未成年网民上网经常从事的各类活动比例

资料来源：共青团中央维护青少年权益部、中国互联网络信息中心（CNNIC）联合发布的《2021年全国未成年人互联网使用情况研究报告》。

年人喜欢美食类、萌宠类、才艺类、明星类短视频。未成年人首选的短视频是热门视频，比例为53.8%；其次是观看自己关注的主播，比例为47.4%；也有很多未成年人愿意直接被算法裹挟，推送什么就看什么。

（二）未成年人影像素养教育现状观察

对应未成年人影像素养构成体系来看，当前未成年人接受影像素养教育的三大主要渠道为学校、家庭、社会环境。

1. 学校教育：影像教育多属于主课附属或社团课

小学、初中阶段，仅有部分学校尝试在语文课教学中引入"影视赏析"的试点化教学，通过优秀影视作品鉴赏提升学生的审美力，希望对语文课程的学习有所助力；"双减"后部分学校会以兴趣社团课的形式引入"影视鉴赏"主题的内容；高中阶段，部分重视学生素质教育的学校会以兴趣社团的形式，开设带有实操性质的摄影实践课程。

2. 家庭教育：大量未成年人对视频平台的认知来自家长

家庭是未成年人上网的主要场所，家长对未成年人上网的管理和引导方式

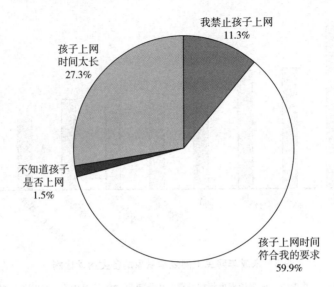

图 3　家长对孩子上网时长的主观感受

资料来源：共青团中央维护青少年权益部、中国互联网络信息中心（CNNIC）联合发布的《2021 年全国未成年人互联网使用情况研究报告》。

直接影响未成年人上网行为和习惯。同时，家长自身对于影像内容的选择和评价，潜移默化中影响着未成年人上网的内容取向。有相当数量未成年人对于抖音、小红书等短视频平台的认知是来源于家长；有 31.9% 的未成年网民使用过家长的账号玩游戏。从调研结果可以看出，接近六成（59.9%）家长对孩子上网时间比较满意，有接近三成家长认为孩子上网时间过长，但总体上，该比例比 2020 年有所下降，从一定程度上反映出家长对孩子上网时长逐渐放宽要求，或意识到孩子上网可以从事学习、查阅资料、正常社交等有助于学习生活的行为。但仍有 11.3% 的家长处理方式相对简单粗暴，直接禁止孩子上网。

3. 社会环境影响：对影像素养的总体了解较为局限

对面向未成年人提供素质教育的社会化机构的调查结果显示：系统性的影像素养类课程非常稀缺；最为热门的课程为与升学率、中考高考加分有关的学科。无论是相关素质教培机构，还是适龄人群家长，对于影像素养的认知和了解较为局限，对于培养未成年人影像素养的必要性缺乏认识。

（三）未成年人影像素养基本特征

未成年人影像素养能力由影像审美力、甄别力、技能力与自制力构成。

1.影像审美力

影像审美力指受众（用户）判断影像作品内容主题、制作水准、艺术品位、价值导向的能力。与文学鉴赏审美力类似，影像审美力的形成和升级，建立在大量观赏多样化影像作品，尤其是优秀经典作品的基础上；同时，需要专业意见通过分析、拆解、评价等方式引领受众逐渐掌握影像审美的方法，形成个人鉴赏标准。在未成年人影像审美力培养方面，可以参考文学素养培养的方向，由素材样本、导师指点协同引领，逐步形成个人化标准及喜好。

2.影像甄别力

影像甄别力，指受众（用户）从自身需求出发，主动搜寻、鉴别影像内容的能力。当下互联网影像内容浩如烟海、日更惊人，在海量内容中准确搜寻对自身有价值的影像作品，并主动规避无效甚至不良信息的诱惑干扰，是判断网络人群影像素养的重要指标。尤其是对于未成年网民而言，在有限的上网时间内，主动高效获取优质内容养分、避免被动干扰或沉迷可能，是提升未成年网民影像甄别力的重点。

3.影像技能力

影像技能力，是指受众（用户）掌握影像作品生产流程的基本技能，并将其熟练运用于日常生活及社交活动中，使影像能力成为表达自我、资讯交互、链接社会的应用工具。未成年网民观察世界的视角和价值观构成有别于成人，如果能够通过影像技能，输出一些未成年人独有的影像内容，不仅有助于成人更好地理解、引导未成年群体成长，同时也可为未成年人将来快速适应时代、融入社会提供有益的奠基和演练。

4.影像应用自制力及防范意识

调查显示，尽管未成年人看视频频繁，但在使用过程中风险意识淡薄，有21.2%的未成年人由于炫耀财富、家庭背景等导致个人信息暴露。近年

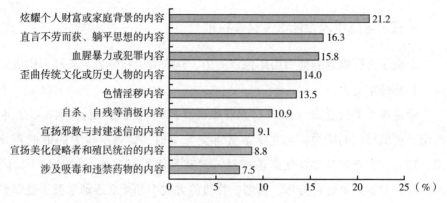

图4 未成年网民遭遇网络负面信息情况

资料来源：共青团中央维护青少年权益部、中国互联网络信息中心（CNNIC）联合发布的《2021年全国未成年人互联网使用情况研究报告》。

来，随着国家对未成年人网络环境健康的重视，影像平台的未成年人模式、对于低俗不良影像内容的打击和删除一定程度上让未成年人群的网络环境得以明显优化，同时相关渠道的定向教育宣传，使未成年人自身的防范意识也有所加强。但同时，网络安全方面也出现一些新的风险隐患，通过博取流量获利的不良影像内容仍以多样化的形式层出不穷，甚至链接网络诈骗、个人信息泄露等网络安全陷阱。因此，在未成年人影像素养体系中，自制力、风险防范意识和应对能力是相当重要的构成部分。

二 未成年人影像素养的理论框架、现实问题与原因分析

（一）未成年人影响素养的理论框架

20世纪90年代，互联网发展背景下，网络素养的概念应运而生。彼时，主要是从知识、技能两方面强调人们获得并利用网络信息的能力。而后随着实践认知逐渐提升，从网络理论知识、网络操作能力、网络交往能力三个方面，进一步补充拓展了网络素养的基本内涵，人与人之间的网络交往被纳入了网络素养的范围。

随着 5G 时代的到来，互联网与社会空间进一步融合，创造了数字化生产方式，创造了新型社会空间，网络素养表现为面向网络不同功能的数字素养，关注、参与、使用和创造媒介的能力成为其中重要的部分；"互联网精神""平台意识"等层面的素养被逐步纳入网络素养。

2018 年 12 月，教育部、中央宣传部联合印发《关于加强中小学影视教育的指导意见》，指出"优秀的影片可以激励青少年学习英雄人物、先进人物和美好事物，在学习生活中养成好的思想品德追求"。传统影像素养指代受众对于影像作品，诸如电影、电视剧的鉴赏与评估能力；伴随社交媒体的普及，短视频日益日常化，受众成为创作主体，影像素养不仅需要在影像形态上有所扩充，更重要的是需要提升创作能力。

本文所着重论述的影像素养，是网络素养的构成和显性指标，核心要素包括影像审美力和影像技能。影像审美力，指通过让公众接近、了解、欣赏人类影像史上的优秀作品来培养公众的影像素养，提升其影像品位及欣赏趣味，形成择优雅、弃低俗的准确艺术鉴别力。影像技能是指在影像时代了解并掌握影像作品生产流程的基本技能，并将其熟练运用于日常生活及社交活动，使影像能力成为表达自我、资讯交互、链接社会的应用工具。

当代未成年人作为互联网的原住民，从小就能够接触到各种上网设备和网络信息，并习得各种网络技能。未成年人利用网络进行相关娱乐活动的能力较强，三成以上的未成年人都可以熟练地使用网络搜寻音乐、电视剧、电影、游戏等；由于他们最初就已经进入一个比较成熟的网络环境，其技能学习主要是在操作、应用和娱乐方面。未成年人正处于人生的成长期，成熟、独立的价值观念尚未形成，对于影像内容的鉴别力以及对低劣影像作品的抵制力还相对薄弱，在巨量网络资讯和运用内容中很容易受到不良有害信息内容的影响和侵蚀。

因此，未成年人群影像素养的培育和提升需要得到高度重视；了解、研究未成年人影像素养的现状，分析其中存在的问题，探讨解决、提升的方法，对于践行国家文教发展战略、提升社会综合网络素养水平、形成国家文

化自信等方面都具有重要的参考价值。

党的二十大报告提出推进文化自信自强、铸就社会主义文化新辉煌。无论是践行社会主义核心价值观，还是增强中华文明传播力影响力、讲好中国故事，影像都是直观重要的传播载体。提升全民包括未成年人的影像素养，是未来构建中国话语和叙事体系的重要支撑。影像审美力和影像技能一体两面，在全民习惯于影像资讯交流的时代，高级的影像鉴赏需要呼唤更多优质的影像作品；而年轻一代网络人群，包括未成年人群高超的影像技能可为更丰富的原创优质影像作品的诞生提供更多可能。两者螺旋上升的良性发展，能够为文化市场、影像行业的繁荣提供更多的"作品+人才"。

（二）当下未成年人提升媒介素养和影像素养的现实问题

1. 微观层面：缺乏系统性认知和实操实践

就未成年人个体而言，由于尚处在学校—家庭两点一线为主的日常生活中，关注类别、内容集中而狭窄，缺乏对多样化素材的认知。主要时间精力被用于学习，对其他层面的信息敏感度不足。尽管接触内容相对丰富，但没有系统的认知，往往"随性而至"，很容易被算法裹挟。对于影像内容，尽管日常接触很多，但停留在感官识别和情绪反馈阶段，通常用于日常娱乐，在媒介接触的层面，以随机点状接触为主，接收碎片化内容多，缺乏系统化体系化学习逻辑；缺乏鉴赏手段和引导，反思与批判意识不足。

此外，在实践层面，停留在"看"的层面居多，缺乏实操技能学习和练习空间，导致过度沉迷网综等新媒体内容；尽管有些未成年人也积极在网络中发布信息，但质量参差不齐，只限于小范围熟人社交；甚至存在安全意识不足、造成个人或家庭隐私暴露等问题。

2. 中观层面：当代青少年媒介素养教育普遍滞后，未形成普遍需求

青少年是国家未来的骨干群体，但其媒介素养作为社交能力的核心素养未得到重视。影像技能并非单纯投射在专业层面；伴随社交媒体的迅速发

展,任何普通用户都可以用影像的方法进行自我表达,在不同平台展示个体特长,加入不同圈层文化,拓展社交能力。比如 B 站、小红书平台上,大量年轻人通过视频叙事表达自我世界观、价值观,媒介素养已经成为一项重要的社会化技能和普遍性需求。

然而,目前媒介素养教育在青少年教育中相对滞后。2022 年青少年蓝皮书显示,当代青少年"触网"年龄低幼化趋势明显,接近九成未成年人 6 岁前就开始用手机、平板电脑接触网络;其中接近四成"触网"年龄在三岁左右。但学校教学中,媒介素养教育最早从小学中年级开始,大部分学校甚至没有相关的媒介素养课程,导致未成年人的媒介素养教育远远滞后于媒介使用年龄。

3. 宏观层面:媒介素养教育的发展面临学校、家庭、社会多方挑战

青少年教育是学校、社会、家庭三方合力作用的结果。体制方面,国家到地方的各级教育部门对青少年媒介素养教育普遍缺乏清晰的制度设计和政策指引。国家虽然高度关注网络对青少年的负面影响,但相较于道德教育、传统文化教育等常规教育规划,媒介素养教育在教育体制中始终没有得到足够重视。

学校层面,在应试教育主导的大环境下,青少年媒介素养教育在现有中小学课程体系中难有立身之处。学校课程设置紧扣升学率,考什么教什么,媒介素养教育便往往受到现有教育体系的冷待。即便有机会作为独立课程进入中小学,实践中依然会产生诸多问题,包括师资建设、课程研发、教学考核评估体系建构等,这些条件的完善都需要有长期的积累过程,现有师资队伍应付基础学科教学已是费力,再开展媒介素养教育分身乏术,短期内要全面落地存在困难。

家庭层面,家长往往重视在中考、高考中能够加分的项目,对于青少年的媒介素养、影像能力并不重视,甚至可能认为孩子花费时间制作视频是"不务正业",导致未能对孩子的媒介素养发展提供足够的支持和引导。

此外,在社会层面,社会化专业机构尚无法提供定向培养支撑,视频平台等内容提供端尚未形成专属内容垂直领域。

三　促进未成年人影像素养提升的有关建议

（一）重视提升未成年人影像素养

1. 宏观认知：讲好中国故事需要未成年人影像素养的支撑

未成年人的视角和表达、未成年人用影像描绘的故事，在当前各类主流平台渠道的影像内容中属于稀缺内容；但其影像作品具备强大的普世价值共情性，较为容易营造同频交流的沉浸场景氛围。因此，提前布局、重视未成年人群影像素养的提升，进而培养群体中有潜力的影像制作者并重视优质影像内容的开发和生产，会在国家文化传播战略中发挥特别的价值和作用。

2. 中观认知：影像审美能力和影像技能是数智社会必备的普适技能

每一次伴随时代的发展、科技的进步，社会人群的认知边界和社交模式都会相应延展；而主流的社交应用技能也会随之刷新与之相符的需求。回溯我国在每一个高速发展的时代，此类通用性应用技能成为社会人群达成共识的必备能力，从外语能力到互联网技能，均是如此。"读屏时代"的到来预示着影视艺术已然获得如同"摄影机自来水笔"一样的表达主体性。而今伴随 5G 时代的到来，数智化社会近在眼前；而影像内容作为这一时代的标志性特征，正全面渗入人们的日常生活场景。未成年人群体，作为接驳数智时代的主力军，掌握必需的影像审美力和影像技能，并将其熟练运用于日常的学习、工作、生活中，会在不久的将来成为常态。

3. 微观认知：未成年人素质教育和技能教育的新赛道

"双减"以来，国家教育战略的重要方向是在"义务教育+高考"的传统应试教育人才选拔制度之外，重点布局推进素质教育和技能教育的改革。从多样化兴趣社团课进入校园，到高职技能院校的大力整合，再到"能力优于学历"的社会人才需求倒逼院校对专业应用能力的重视，可以预见未来人才培养的模式逐渐向"学历、能力、履历并重"的方向倾斜。这样的状况也在逐渐改变更多家庭和学校的教育观念，支持孩子在中小学阶段做多样化尝试、觉醒个人能力天赋正在成为越来越多中国家长和老师的选择。

影像教育，作为素质教育和应用技能教育的"跨界"类型，是教改探索的全新赛道。影像教育的目标，不仅是为国家储备优秀的专业影像人才，也希望在更大的技术层面能够全面提升未来一代的综合影像素养，使其具备基础的影像审美和影像能力。无论未成年人将来选择何种成长路径，影像素养都将以其强大的附着力和表现力，赋能于未成年人未来精彩的人生之路。

（二）构建未成年人媒介素养影像教育体系

1. 前置青少年媒介素养教育，挖掘新一代影像人才

当下，"双减"后素质教育的环境，让青少年在课余有多项其他选择，如社团课、夏令/冬令营，或者主题活动等。可以通过选修、课外素质教育等形式，把媒介素养教育前置，让中小学生的触网年龄与影像素质教育年龄适配。启动影像化作文、影像化日记等作业模式，引导青少年了解优质影像的内涵与价值观，在提高其审美能力的同时，增进个体的影像创作与交流能力。

此外，注重发现新一代的影像人才，对青少年常用的媒体平台个体优质博主进行扶持，对代表优秀中华文化、获得境内外高赞的青少年影像作品进行奖励，激励更多年轻人参与影像叙事、用日常社交媒体讲好中国故事。

2. 形成系统化评价体系，促进影像素养标准化发展

伴随媒体不断发展变迁，媒介素养教育的内容和边界始终在学界探讨之中，尚未形成统一的标准；影像素养作为媒介素养在当代的核心内容，一直缺乏被普遍认可的标准化、普适性评估方法。媒介素养相关研究机构应与时俱进，研发影视素养评估体系，推动青少年编导评测体系的建立。如类似音乐、编程等前期实验过的素质教育测评标准，将媒介素养影像教育分级，规定每一级包含哪些需要掌握的技能、具有哪些测评指标等。

如果缺乏评估体系和具体数据的支撑，各项评价无法具体量化，将导致难以准确判断教学效果和学生影像素养水平。因此，教育部门在推广媒介素养、影像教育的同时，需要提炼一个可复制的模式，由试点向全国逐渐推

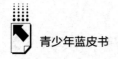

广，这是全面推进青少年影像素养教育的重要方法。

3. 优化教育模式，强化影像教育与中国文化的链接

影像具有强大的附着力，可适用多种内容表达，是一个强表现力的传播载体，可以与大量国家战略宣传、文化发展传播相互关联贴合。青少年媒介素养教育可以被整合进中国文化传播之中，譬如，可以结合媒介素养与价值观教育，在学校主题教育及青少年参与的乡村振兴、家乡建设等活动中，鼓励青少年运用影像来参与表达。

在教育落地层面，在内容上，打造符合未成年人兴趣点和理解力的专属体系化、标准化教材；研发集知识传授、作品鉴赏、实操训练于一体的教学方法；师资方面，需要优化师资定位，让影像素养辅助学校日常教学，如让影像化写作、影像化教学进入教师评价系统，保障师资来源、能力学习、系统培训。在推广层面，将校内社团课程、机构专项培训、假日主题营、课外实践活动灵活结合；结合影像素养特点，营造连续、沉浸式的学习体验；同步能力培养和作品产出，通过作品推广、持续活跃破圈提升未成年人影像认知能力；重视试点样本，整合优化可复制推广的标准化培养体系。

在国际传播层面，无论是海外留学的学子还是华侨家眷，每一个在国内或国外的青少年都可以成为中国故事对外传播的有力讲述者。呈现中国的优秀文化与崭新面貌，需要具备全球话题视野。若青少年掌握传播中国故事的影像能力、具有经常传播中华文化的意识、具备发掘与传播我国文化的独特视角和眼光，则可把中国的美食、美景、文化、生活方式以影像形式发布传播，在日常小故事甚至"吃喝玩乐"中拉近与外国友人的距离，让民间传播力量为外宣锦上添花，助力中国故事不断走向世界。

（三）提升未成年人影像素养的协同保障

1. 家庭层面的陪伴和示范：避免硬性规定，推进亲子共同学习

目前，影像内容不仅是未成年人媒体接触的重要组成，也是日常生活信息接触与个人表达不可或缺的部分。所谓"堵"不如"疏"，家长要在日常生活中给予孩子探索影像一定的支持和帮助，避免硬性规定孩子"不许上

网"，或认为孩子发视频是"不务正业"；要帮助孩子培养正确的影像审美观和价值观，鼓励他们通过不同方式进行正确的媒介表达，使孩子从小养成影像学习和影像鉴赏的自我管理能力和习惯。

同时，家长们应该努力成为"学习型"的家长，不仅要学"软件"，也要学"硬件"，身体力行影像领域的陪伴式学习。影像教育有着很强的交互协作特点，家长可以和孩子共同学习实践，这既是帮助孩子提升学习兴趣，也是非常难得的亲子陪伴。

2. 学校层面的鼓励和引导：完善课程设置，技能培养与价值观共进

学校需将影像素养作为未成年人必须培养的基本能力来看待，不仅在信息技能上加强培养，还要注重在精神意识、价值观层面树立学生的基础素养。同时，在相关课程设置、师资储备等方面，校方应更为主动地和社会力量寻求合作，开辟影像教育相关的培养空间，鼓励学生体验参与影像教育的相关活动，提升相关素养和能力。

3. 管理层面的规范和推广：发展影像教育多重模式

教育主管部门从宏观上应重视和引导未成年人影像素养培育的必要性，将影像素养纳入素质教育改革的整体规划方案，并传达到下属学校的具体教育目标和计划中；形成"主管部门认可、基层学校支撑、专业机构赋能"的驱动模式；在合适的时机通过未成年人影像创作赛事、未成年人影像作品展等全国性的活动，鼓励更多对影像有兴趣的未成年人主动参与；对具备天赋、表现突出的个人及作品予以适当奖励和表彰，并作为典型案例示范推广，逐步引导形成重视影像素养培育的教育氛围。

4. 平台层面的开发和支撑：以有益内容引领，加强技术保护屏障

对于当前主流的音视频和直播平台，要加快智能检测系统的建设，建立起有效的网络信息内容生态治理机制，并进一步增强社会责任感，继续健全平台未成年人保护制度。同时，推动面向未成年人的专属平台开发，投入研发一些真正以未成年人群为主体、以提升未成年人素养技能为诉求的垂类平台，以适龄社群交互为运营纽带，以专项有益内容为屏障，以自驱兴趣为导引，让未成年人群体在接触网络、增长知识技能的同时，将有限的精力投放

到有益平台上来。

此外，还应该继续优化加强构筑技术保护屏障，例如不断完善"未成年人防沉迷系统"，有效调节监管未成年人上网的使用时段、时长、功能，以及筛除不良有害内容；支持网络运营商通过建立多重防火墙机制等手段，有效加强对未成年人上网环境的监管；积极关注互联网技术革新和互联网应用的最新成果及进展，与国际未成年人网络环境研究组织积极交流、借鉴成果，使当代未成年人影像素养标准与国际先进水平保持同步接轨。

参考文献

程志、黄钟军：《媒介变革与范式转型——中小学影视教育的生成机制研究》，《教育学术月刊》2022 年第 9 期。

方勇、季为民、沈杰主编《中国未成年人互联网运用报告（2022）》，社会科学文献出版社，2022。

侯晓辉：《后疫情时代青少年媒介素养教育的机遇和挑战》，《青年记者》2020 年第 23 期。

李德刚、何玉：《新媒介素养：参与式文化背景下媒介素养教育的转向》，《中国广播电视学刊》2007 年第 12 期。

田丰：《2018~2022 年未成年人短视频使用报告》，载田丰等主编《中国未成年人数字生活与网络保护研究报告（2021~2022）》，社会科学文献出版社，2022。

孙宏艳、李佳悦：《未成年人短视频使用特点及其保护》，载唐维红主编《中国移动互联网发展报告（2020）》，社会科学文献出版社，2020。

喻国明、赵睿：《网络素养：概念演进、基本内涵及养成的操作性逻辑——试论习总书记关于"培育中国好网民"的理论基础》，《新闻战线》2017 年第 3 期。

B.19
广东构建"家校社企"协同育人的
未成年人网络素养教育体系

张海波　杨晓红*

摘　要： 近年来，广东省深入贯彻落实习近平总书记关于"培育中国好网民"的重要批示精神，高度重视青少年网络素养教育，依托广州市少年宫建设的网络素养教育和网络生态治理基地，深入开展研究和实践活动，全面推动网络安全和媒介素养教育入校园、入家庭、入社区，以网络素养教育地方课程为基础，课程教材+师资培养+社会参与，构建起在党政领导下，学校、家庭、企业和社会各方协同育人的未成年人网络素养教育体系。

关键词： 家校社企　协同育人　未成年人　网络生态治理

一　前言

近年来，随着互联网和手机终端的发展，以及儿童触网低龄化，成瘾性网络游戏、邪恶动漫、不良小说、互联网赌博等不断出现，造成一些中小学生和幼儿沉迷网络、行为失范、价值观混乱，严重影响中小学生和幼儿的身心健康和学习进步，甚至出现人身伤亡和违法犯罪等恶性事件。广大中小学生在参与网络线上课堂时，一些学生因缺乏自律意识和教师、家长的监管，

---

* 张海波，中国青少年宫协会媒介与教育工委会常务副主任；杨晓红，广州市未成年人网络生态治理基地执行主任。

出现沉迷网络游戏的现象,甚至网络诈骗、不良信息侵害等事件也时有发生,网络安全问题成为引发各级教育部门、学校、家庭高度关注的社会问题。

做好预防中小学生、幼儿沉迷网络的教育引导工作,全面提升学生的网络素养,维护中小学生、幼儿的身心健康和生命安全,全面建立青少年网络安全的长效机制,进一步督促学校、家长、企业和社会各界共同承担起对孩子的监管职责,引导广大少年儿童正确认识网络、合理运用网络,大力营造安全、文明、和谐的网络环境,通过普及网络素养教育提升未成年网民素质,成为刻不容缓的时代任务。

近年来,广州市和广东省网信部门依托广州市少年宫,联合行业力量,建设基地,搭建工作体系,构建起在党政领导下,学校、家庭、企业和社会各方协同育人的未成年人网络素养教育体系。2012 年,广州市网信办和团市委等单位在广州市少年宫建立了广州市青少年网络安全及媒介素养教育研究基地。2022 年,在研究基地的基础上,按照中共广州市委网络安全和信息化委员会办公室统筹协调广州市网络信息内容生态治理和相关监督管理的工作部署要求,发挥青少年宫作为未成年人思想道德教育阵地作用,联合行业协会等专业力量,建设广州市未成年人网络生态治理基地,构建广州市未成年人网络生态治理工作新格局,打造网络素养教育的"广州模式"。

二 发展实践与现状

一是推动科研和教材开发,实现网络安全和媒介素养教育首次进入地方课程。如何推动网络安全像交通安全、消防安全一样成为学校安全教育的必修内容,网络素养像艺术素养、文学素养那样成为网络时代广大少年儿童必备的基本素养?科研和教材作为教育工作的基石,成为前提条件。

2012~2015 年,基地成立了课题组,联合高校科研单位,立足少年宫,面向学校、家庭广泛开展调查研究、课程和教材开发实验;2012 年至今,课题组持续在全国 50 多个城市和乡镇,开展全国范围的儿童上网行为和网络素养状况的调研，目前已收集超过 30 万份的问卷和访谈资料；2016 年底，课题组主编的以"做中国好网民"为主题的《媒介素养》小学生读本，经广东省教育厅审定被列入省地方课程教材，成为国内首本进入我国基础教育课程体系的本领域专题教材。此外，在核心教材的基础上，还开发了同时面对学生、家长和教师的完整的教辅和读本体系。

2019 年 3 月 19 日，由广东省网信办、广东省教育厅、广东省总工会、团省委、广东省妇联等单位联合印发的《2019 年争做中国好网民工程工作方案》中，专门将"开展少年儿童网络素养教育进校园、进家庭活动，推进网络素养教材修订、数字化应用和教师全员轮训及家庭教育工作，把网络素养教育纳入中小学课程体系和教师信息能力提升工程培训体系，切实提升师生和家长的网络素养水平"纳入其中，明确了网络素养教育作为公共教育课程在广东省范围内大力推广普及的实施路径和方法。

2019 年，在《媒介素养》地方课程教材使用的基础上，按照"好网民工程"的最新精神和工作要求，结合近年来网络科技的发展动态，修订并将其更名为《网络素养》，并于 2019 年 12 月正式通过广东省中小学教材审定委员会的复核。2020 年以来，以地方课程教材为基础，研发面向中学小学幼儿园各年龄段、针对家长学生和教师不同群体使用的教材读本 20 多本，并开发了网络素养的数字化教材、音频产品、短视频和游戏化教育产品。

二是广泛开展中小学教师的网络安全和媒介素养教育师资培训。只有让中小学一线教师学习和掌握网络素养教育的理念和方法，才能真正推动网络素养教育入课程、进课堂。2017 年以来，为全面推动全国首套进入地方课程的《媒介素养》专题教材的使用，广州市少年宫媒介素养教育团队和广州市教师远程培训中心开始联合制作面向中小学教师的在线教育课程，率先在国内开展中小学教师的网络素养网络培训。

该在线课程以地方课程教材为依据，结合国内外最新的媒介素养教育理念、中央网信办和全国少工委"从小争做中国好网民"的指示精神，全面介绍了当代我国少年儿童网络素养状况和数字化成长规律，以及中小学教师应该掌握的网络素养教育的理念和方法，围绕"教师的互联网思维、走进媒介世界、网络安全、网络健康、网络文明与法治"等内容，从教师分享、专家点评和学员反馈等多个环节，对一线教师在中小学深入开展网络素养教育课程、提升学生媒介素养，提供详细示范和指引。目前，该课程已在广东、江西、河南、广西、山东等地中小学教师信息技术应用能力提升工程、"国培计划"——示范性网络研修与校本研修整合项目，以及当地中小学教师全员培训中使用，并纳入中小学教师的继续教育学分，好评率达97.4%。参与学习的教师纷纷表示，系统地学习完课程后，发现该课程对引导学生理性地看待互联网、防止网络深迷、全面提升学生的网络素养有很好的指导作用，可操作性强。2019年以来，已经有2万多名教师参加了该培训。

配合地方课程推广，广东省有关教育主管部门和教研单位还积极推动各种形式的公开课、示范课及教师研修工作。在2019年3月25日第24个全国中小学生安全教育日，广东省教育厅举办中小学校园（幼儿园）网络安全教育示范观摩课，当天全省21万个班级的老师和学生同时在线收看了安全日主题教育活动的示范课，收到良好效果。

为了推动地方课程重点基地学校的教师开展教研活动，2019年至今，团队和广州市教师远程培训中心面向广州市重点学校和幼儿园的骨干教师专门开展了广州市中小学教师继续教育网—知汇空间"小学生网络媒介素养主题教育工作坊"和"幼儿网络安全教育工作坊"。研修采用线上学习和线下研讨相结合，突出了参与式教学方式的创新运用，并且以研修的基地学校带动本区域学校，为在学校广大一线教师中普及媒介素养教育的理念和方法，起到了很好的科研引领和示范推动作用，目前工作坊还在持续开展活动。

从2019年开始，广东省教育厅面向全省学校开展了网络安全培训的"百千万"三年行动计划。活动以网络研修和教师工作坊为主要形式，将线上学习和线下集中培训相结合，面向全省21个地市，分三批培训3000名安全教育管理者和30000名骨干教师。通过培训推动校本、园本课程和主题教育活动的普及和深化，提升学校、家庭的网络安全教育指导能力，探索形成校园网络安全和网络素养教育的长效机制。目前，活动已覆盖全省 2 万余所中小学、幼儿园，有超过 1000 万人次的学生参与了活动。

三是关注乡村留守儿童群体的网络安全。乡村留守儿童缺乏关爱和引导，更易沉迷网络，并受到不良信息等侵害，是容易被忽视的群体和网络素养教育工作的难点。近年来，基地和广州青少年发展基金会、腾讯公益等带动公益机构开展了"e 成长"乡村小学网络素养支教活动。该活动以"城乡儿童手拉手，约定齐做好网民"为主题，招募培训儿童小讲师组成支教小组，到乡村学校传播分享网络安全和素养知识。跟随前往的专业志愿导师还会为乡村小学的教师和家长开展讲座和培训。

目前"e 成长"小讲师支教活动已经在上百所小学建立了学校小讲师分队，对口各自的手拉手学校开展支教活动，并且开始陆续在支教的乡村小学培养"乡村小讲师"计划。这些乡村学校的网络素养小讲师，利用学校的第二课堂、安全教育课、少先队活动课、国旗下的讲话等时间，在学校给本校的学生进行网络安全知识的宣讲，让网络素养知识扎根在乡村学校。目前，各支教小分队已到广东清远、韶关、湛江、恩平，以及贵州、四川、广西等多地进行了数十场支教活动，这些活动的受益乡村儿童达 10 多万人次。

四是面向广东家长和亲子家庭，开展人偶剧等家庭网络素养教育活动。网络沉迷等是现代家长育儿的热点话题，牵动千家万户的心。为了让广大父母及时了解网络素养的基本理念和方法，近年来，广东开展了以"约定"为主题的亲子网络素养教育活动。"拉钩钩、来约定；好网民，齐来做。"该活动以唱约定歌、讲约定故事、作约定证书、听约定五步法讲座等人们喜闻乐见的活动为载体，通过孩子与父母拉钩钩、相互约定上网的时间和行为，让孩子提高自觉性、家长做好榜样，小手拉大手，一起安全、健康、文明地上网用网。目前该活动已在广东全省走进了 1000 多个幼儿园、中小学和社区，上百万名家长和孩子们亲手制作了约定证书。

幼儿时期是孩子养成良好行为习惯的关键期，针对儿童触网的低龄化趋

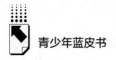

势，为吸引低幼儿童及家长接受网络素养教育，近年来，基地还联合专业儿童演艺和教育单位开展了我国首部大型儿童网络安全教育多媒体人偶剧《Hello！多多之网络保卫战》的巡演活动。该剧融合"情景再现、金句提示、榜样示范、亲子互动"的现代教育手法以及裸眼 3D 的科幻视觉效果，启发引导孩子们正确认识网络世界，合理控制上网时间，学习网络素养知识和技能。目前该剧已在广东省各地，以及北京、天津等地上演，受到孩子们的追捧。

五是推动儿童主动发声，贡献儿童参与网络清朗空间建设的"中国方案"。广东地处改革开放前沿，少年儿童网民活跃，国际交流频繁，粤港澳大湾区的建设需要面向国际化的未来建设者。为推动儿童作为网络小主人参与网络清朗空间建设，近年来，基地还积极参与组织开展"网络素养教育大家谈""儿童互联网大会"系列活动。会议邀请来自全省和全国各地少年儿童代表，围绕"网络议题"开展调研和发布报告，来自政府、企业和学校等各方"大人观察员"，就儿童提出的倡议进行回应，形成政府、企业和社会各界网上和网下的同心圆。

近年来，这些参加"儿童互联网大会"的小代表们还代表中国少年儿童参加了 YIGF 联合国青年网络管治论坛等国际交流活动，向世界发出中国孩子的声音，贡献展示儿童参与网络治理的"中国方案"。

六是联动网络科技企业开展网络素养教育活动，形成网络生态治理多方联动的格局。网络科技企业特别是平台企业是网络信息传播的重要媒介，也是未成年人网络生态治理中重要的参与方。近年来，在网信部门的指导下，以互联网企业党建工作和企业社会责任力为统领，依据广东省网络素养的课程体系，教材编写团队联合教科研单位与腾讯、抖音、网易、荔枝、趣丸、喜马拉雅、广东新华乐育等科技企业开发编制了面向学生、家长的网络素养教育小视频、小游戏、有声书、数字平板课和家庭网络素养教育指导手册等。这些丰富多彩、生动活泼的教育资源，配合全省开展的网络素养教育进校园进家庭活动，深受广大少年儿童、家长和教师们欢迎，收到了很好的教育效果。

三 主要经验与反思

经过多年的实践和研究，我们探索出的课程教材+师资培养+家庭参与，家庭、学校、企业和社会"四位一体"的青少年网络素养教育体系，在学校、家庭、社区中开花结果，在全社会形成了普及推广全民网络素养教育的浓厚氛围，为构建清朗网络空间奠定了扎实的群众基础。

一是建立了全省青少年网络素养教育基地，组建科研团队，汇聚了以教师、家长和学生为代表的网络素养教育推广普及力量。

二是构建了覆盖中小幼各学段、学生家长教师各群体的网络素养教育的课程教材体系，通过"双进"（进校园、进家庭）行动，形成网络素养教育的长效机制。

三是打造了一批群众喜闻乐见的网络文化产品，有效带动网络科技企业参与清朗网络空间建设，汇聚网上正能量。

四是以青少年网络素养教育为基础，小手拉大手，带动家庭、企业、社会参与未成年人网络生态治理，推动了全民网络素养教育的普及。

基地承接广州及广东省青少年网络素养教育成效显著，多次受到中央网信办、团中央、全国文明办等单位的肯定和好评，涌现出中国青年好网民、国家网络安全宣传周活动先进个人，及在中国好网民优秀故事及作品展示活动中获得"感人故事"等荣誉的先进个人和团队。中央电视台焦点访谈、新闻频道、人民网、新华社等媒体都进行了报道。

四 未来方向及对策建议

随着网络科技的发展，网络安全和网络素养教育日益重要。开展青少年网络素养教育作为"抓网民素质根本"的基础性和战略性工作，随着网络文明工作的推进，还需要不断深入开展。

一是强化教育基地建设，以课程为基础研制网络素养教育指南和网络素养指标体系，不断加大师资培训力度。进一步发挥教育基地的枢纽作用，不断汇聚教育科研专业力量，在网络素养地方课程教材的基础上，面向教育工作者推出教育指南，通过科研工作建立符合我国青少年上网、用网特点和规律的网络素养指标体系，提升教育专业化水平，以广东省网络素养地方课程为基础，依托专业学会科研力量，面向全国推广。以网络素养"双进"行动为抓手，不断加强一线教师的培训工作，做到网络素养教育进课堂、有教材、定课时、会教研，探索形成校园网络安全和网络素养教育的长效机制；建立起一批示范区、校（园），发挥典型的示范引领作用。

二是与时俱进，发挥教育单位和网络科技企业的联合力量，打造充满正能量、群众喜闻乐见的网络文化产品，构建多方共治的未成年人网络生态格局。要进一步发挥网络文化产品的功能，主动占领精神文化阵地，加大网络安全教育人偶剧的巡演力度，不断改进完善，利用短视频、游戏平台，开发受青少年和家庭欢迎的具有教育功能的网络素养教育产品。进一步充分整合各方资源，在党政主导下，发挥家校社企协同育人的成效，构建各方参与未成年人网络生态治理的格局。

三是全面关注乡村孩子的网络安全，让网络素养教育助力乡村振兴。继续加大乡村青少年和家庭网络素养教育的力度，不断深化"e成长"小讲师志愿服务，让更多青少年从小践行公益服务，让更多的乡村孩子和家庭接受网络素养教育，让网络素养教育成为数字赋能乡村振兴工作的重要内容。

四是主动发声，服务于青少年文化交流，让青少年在网络治理中讲好中国故事。粤港澳大湾区地处改革开放前沿，也是网络意识形态斗争的前沿，要引导广大青少年主动发声，占领网络空间阵地，积极参与国际青少年互联网治理交流，讲好中国故事。

目前，广州未成年人网络生态基地与广东省财经大学、广东省计算机信息网络安全协会等共同建设粤港澳大湾区未成年人网络生态治理研究中心，在广州市第三少年宫打造面向粤港澳大湾区的儿童媒介素养教育研究中心等项目，全面为数字时代的湾区青少年健康成长服务。

附　录　未成年人与互联网发展大事记（2022年度）

季　琳*

2022年1月1日　《中华人民共和国家庭教育促进法》正式施行，这是我国首次就家庭教育进行专门立法，中国父母进入"依法带娃"时代，该法明确未成年人的父母或者其他监护人负责实施家庭教育，国家和社会为家庭教育提供指导、支持和服务，提出未成年人的父母或者其他监护人应当合理安排未成年人学习、休息、娱乐和体育锻炼的时间，避免加重未成年人学习负担，预防未成年人沉迷网络。

2022年2月　中央宣传部版权管理局、中央宣传部印刷发行局、中央宣传部反非法反违禁局、公安部食品药品犯罪侦查局、教育部教材局、文化和旅游部文化市场综合执法监督局联合启动"青少年版权保护季"行动，严厉整治教材教辅、少儿图书等领域侵权盗版乱象，重点打击盗版盗印、非法销售、网络传播侵权盗版思想政治理论课教材教辅、畅销儿童绘本等违法犯罪行为，为青少年健康成长营造良好的版权环境。

2022年3月14日　国家互联网信息办公室就《未成年人网络保护条例（征求意见稿）》再次公开征求意见，包括①严禁以侵害未成年人身心健康的方式干预未成年人网络沉迷，并且明确平台责任义务；②网信办要求完善网络游戏实名制规定，建立预防未成年人沉迷网络游戏的游戏规则；③禁止对未成年人实施网络欺凌行为，保障未成年人及其监护人行使

---

* 季琳，中国少年儿童发展服务中心媒介与教育中心主任。

通知权利等。

2022 年 3 月 共青团中央维护青少年权益部联合有关方面精心制作 18 集《团团微课：青少年网络素养公开课》，分为大学生版、中学生版、小学生版，聚焦青少年成长过程中会遇到的各类网络话题，帮助青少年正确认识网络、有效利用网络，让网络成为青少年学习、生活的好帮手。

2022 年 3 月 31 日 教育部办公厅印发《2022 年全国综合防控儿童青少年近视重点工作计划》，强调要加强中小学生作业、手机、睡眠管理监测，针对群众反映的学生作业负担过重、手机过度使用、睡眠不足等问题，督促及时核查办理、落实整改；指导各地各校落实教育部办公厅、中央宣传部办公厅等六部门《关于进一步加强预防中小学生沉迷网络游戏管理工作的通知》等文件要求，切实做好预防中小学生沉迷网络教育引导工作，强化学生爱眼、护眼意识。

2022 年 4 月 21 日 国务院新闻办公室发布《新时代的中国青年》白皮书。这是新中国历史上第一部专门关于青年的白皮书，客观呈现了党的十八大以来中国青年发展事业取得的巨大成就，勾勒了新时代中国青年的主流群像。该白皮书指出，2020 年底，中国 6~18 岁未成年网民达 1.8 亿人，未成年人互联网普及率达 94.9%。

2022 年 5 月 7 日 中央文明办、文化和旅游部、国家广播电视总局、国家互联网信息办公室等四部门发布《关于规范网络直播打赏 加强未成年人保护的意见》，明确禁止未成年人参与直播打赏。针对部分平台主体责任缺失、主播水平参差不齐和打赏失范等现象，该意见要求网站平台应当坚持最有利于未成年人的原则，健全完善未成年人保护机制，严格落实实名制要求，禁止为未成年人提供现金充值、"礼物"购买、在线支付等各类打赏服务。

2022 年 5 月 24 日 最高人民法院、最高人民检察院、公安部、司法部会签下发了《关于未成年人犯罪记录封存的实施办法》，该办法是基于严格落实未成年人犯罪记录封存制度和新修订的未成年人保护法关于未成年人隐私和信息保护的规定，切实解决实践中未成年人犯罪记录和相关记录管理不当导致信息泄露、影响失足未成年人重新回归社会等问题，贯彻对违法犯罪未成年人教育、感化、挽救的方针，加强对未成年人的特殊、优先保护，坚持最有利于未成年人原则而制定实施。

2022年5月25日　最高人民检察院召开主题为"携手落实'两法'，共护祖国未来"的新闻发布会，宣布全国检察机关"保护少年的你·新时代检察宣传周"于5月26日至6月1日举办，系列活动包括：举行贯彻落实未成年人保护"两法"一周年座谈会；召开全国检察机关未成年人检察业务统一集中办理工作推进会；向社会发布《未成年人检察工作白皮书（2021）》；《未成年人保护法律全书》正式出版宣推活动；"法治进校园"精品网课展示活动，以及发布《关于未成年人犯罪记录封存的实施办法》侵害未成年人案件强制报告追责典型案例等。

2022年5月26日　北京互联网法院召开"首互未来"未成年人网络司法保护新闻发布会，介绍了该院2021年5月挂牌成立全国首个互联网少年法庭以来，集中审理涉未成年人网络纠纷，未成年人网络司法保护工作进入新阶段的相关情况，向社会通报自建院以来涉未成年人网络纠纷审理情况，发布8个典型案例，包括：舆论监督过程中应注意保护未成年人人格权、向未成年人提供付费阅读服务因内容违背公序良俗而无效、家长在处理子女校园纠纷时不应侵害未成年人的合法权益、未成年人网购大额商品未经追认购买行为不生效、未成年人在网络中谩骂他人构成名誉权侵权、网络平台对于侵害未成年人权益的行为应采取有效措施、推动直播平台完善未成年人保护机制、搭建全国首个线上家庭教育平台开展家庭教育指导，针对家长、相关市场主体、学校、相关职能部门提出强化未成年人保护的建议。

2022年6月1日　最高人民检察院发布《未成年人检察工作白皮书（2021）》。这是最高检第三次发布未成年人检察工作白皮书，首次对涉未成年人"四大检察"业务数据进行深度分析研判。主要包括六方面内容：未成年人检察办案数据分析、遵循司法规律加强双向保护、统筹"四大检察"深化全面综合司法保护、加强部门协作主动融入"五大保护"、注重犯

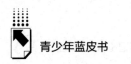

罪预防提升法治宣传教育效果、坚持质效并重促进专业化规范化建设，全面展示了未成年人检察工作在过去一年取得的新成效。

2022年6月1日 在新修订的"两法"施行一周年之际，共青团中央维护青少年权益部推出特别报道，集中梳理共青团开展思想引领、政策倡导、关爱服务、权益维护等新时代未成年人保护工作的做法成效，邀请立法机关、全国人大代表、专家学者、中长期青年发展规划专家委员会委员等，从各自角度就新"两法"施行一年来的情况进行简要点评，对共青团立足工作职责，持续推动新"两法"贯彻落实、积极参与新的未保机制建设提出意见建议。

2022年6月6日 国务院未成年人保护工作领导小组办公室印发《未成年人文身治理工作办法》，就加强未成年人文身治理提出系列工作举措，提出任何企业、组织或个人不得刊登、播放、张贴或者散发含有诱导未成年人文身、危害未成年人身心健康内容的广告；不得在学校、幼儿园播放、张贴或者散发文身商业广告；图书、报刊、电子出版物等不得含有诱导未成年人文身的内容；强调宣传、网信、广播电视主管部门应当加强未成年人文身危害宣传和舆论监督。

2022年6月 文化和旅游部进一步加强新修订的《中华人民共和国未成年人保护法》贯彻实施工作，在全国范围内部署开展了文化市场执法领域保护未成年人合法权益专项行动，组织各地文化和旅游行政部门、文化市场综合执法队伍，加强对文化市场经营场所、营业性演出活动的执法检查，以违规接纳未成年人、未设置未成年人禁入或限入提示、未核实身份信息、组织未成年人进行危害其身心健康的表演等为重点，严查娱乐场所、互联网上网服务营业场所等经营场所和营业性演出活动，集中查处损害未成年人合法权益的违法违规行为，通报了互联网上网服务营业场所疫情期间擅自经营且违规接纳未成年人案、游艺娱乐场所设置的电子游戏设备在国家法定节假日外向未成年人提供案等部分典型指导案例。

2022年6月20日 由全国人大社会建设委员会、中国宋庆龄基金会、中国关心下一代工作委员会、中央网信办网络综合治理局、共青团中央宣传部指导，中国网络社会组织联合会、中国宋庆龄基金会办公室举办"2022未成年人网络保护研讨会"。会议以"踔厉奋发谱新篇　E 路护苗向未来"为主题，推动落实《中华人民共和国未成年人保护法》等法律法规，建设未成年人友好型的网络空间，保障未成年人合法权益，引导未成年人树立和践行社会主义核心价值观，促进未成年人身心健康发展。"2022 人工智能为儿童"典型案例展播同时启动。

2022 年 7 月 18 日　中央网信办、国务院未保办（民政部）、教育部、共青团中央、全国妇联联合启动"清朗·2022 年暑期未成年人网络环境整治"专项行动。专项行动为期两个月，聚焦未成年人使用频率高的短视频、直播、社交、学习类 App、网络游戏、电商、儿童智能设备等平台，集中解决人民群众反映强烈的涉未成年人十个方面的问题。

2022 年 8 月 9 日　国家网信办曝光一批涉未成年人电信网络诈骗典型案例。此批案例是针对暑假期间未成年人上网时间增多的情况，国家网信办会同公安部，深入清理网上涉诈有害信息，精准提示潜在受骗群众，从严从重打击不法分子，维护未成年人财产安全和身心健康的案件。有的不法分子以加入"明星粉丝群"为诱饵，声称完成任务可领取礼品或明星签名，诱导未成年人进行转账或刷单，有的宣称免费赠送游戏装备，再通过"激活费、认证费、验证费"骗取未成年人钱财，严重危害未成年人身心健康。2022 年以来，已处置涉未成年人电信网络诈骗案件 1.2 万余起。国家网信办要求网站平台积极履行信息内容管理主体责任，在处置涉诈有害信息、整治电信网络诈骗方面发挥作用，社交类平台、短视频平台要落实信息内容管理要求，持续排查处置涉诈信息、群圈、账号，建立完善账号监测预警机制，及时发现和处置异常账号，落实账号实名登记制度，建立完善涉诈举报机制，及时处置和反馈网民涉诈举报，对现有应用、业务、技术进行安全评估，对不符合要求的进行整改。对相关企业未履行风险控制责任致使群众受骗的，有关部门将依法追究责任。希望社会各界共同努力，积极引导未成年人，提高防范电信网络诈骗意识，不给犯罪分子可乘之机。

  2022 年 11 月 22 日 中国社会科学院新闻与传播研究所、中国社会科学院大学新闻传播学院、社会科学文献出版社共同发布《中国未成年人互联网运用报告（2022）》。调查显示未成年人近半年内的上网率达 99.9%，显著高于全国互联网普及率（73%）。该书重点对中国未成年人网络行为、网络社交、网络素养、网络文化等最新情况做了专题研究，对未成年人短视频使用、网络模仿、职业选择、数字反哺、饭圈文化等诸多热点话题进行了研究。

  2022 年 11 月 22 日 中国音数协游戏工委、中国游戏产业研究院联合伽马数据共同发布《2022 中国游戏产业未成年人保护进展报告》。报告根据对多个家庭的访谈以及数千份问卷的统计结果，对未成年人超时游戏等焦点问题进行分析，同时通过与各界专家进行访谈与交流，对游戏企业进行深入调研，从多个维度反映 2022 年中国游戏产业未成年人保护现状。

  2022 年 11 月 30 日 共青团中央维护青少年权益部、中国互联网络信息中心（CNNIC）、中国青少年新媒体协会联合举办"网络保护·益路同行"主题研讨会暨《2021 年全国未成年人互联网使用情况研究报告》发布会。会议向社会发布 2021 年全国未成年人互联网使用情况研究成果，全国人大代表、全国政协委员、相关职能部门、专家学者、行业协会、公益机构、中小学生、家长以及媒体代表，围绕"未成年网民画像与行为洞察"和"新时代未成年人网络保护发展与展望"等话题进行深入交流。参会各方发起"网络保护·益路同行"宣言，并向社会各界发出倡议，呼吁携手同行、积极作为，为未成年人打造一片绿色、清朗、安全、健康的网络环境。

  2022 年 12 月 5 日 中国社会科学院新闻与传播研究所对社会和公众开放使用"中国未成年人互联网运用调查数据库"。该数据库由中国社科院新闻与传播研究所、中国社会科学院舆情调查实验室规划设计，是集数据采集、整理、分析、发布、下载等功能于一体的综合性数据管理系统，存储了 2006 年以来"中国未成年人互联网运用状况调查"历次调研的数据和部分统计分析结果，是对中国未成年人互联网运用状况最完整持续的跟踪和记录，也是观察和探测中国网络社会变迁的重要数据基础。该数据库的开放使用，将进一步加强中国社科院新闻与传播研究所与各机构各部门科研力量的联合，不断丰富和完善数据，发挥新闻所思想库和智库的功能，共同加强哲学社会科学研究一流学科建设，以及中国特色新闻传播学自主知识体系的建设。

Abstract

Internet use among minors is a major topic for the development of minors and for the building of a strong cyber power. It is also a basic issue of concern to the whole society. This book is an important result of the Internet Use by Minors in China Survey, a sub-project of the China Minor WangMai Project. The survey was launched in 2006, and as of March 2022, a total of 11 national sample surveys have been completed. Based on data from the 11th survey and analysis by experts and scholars, this book reports on the latest state of Internet use among Chinese minors, including protection, regulation, and policy governance, and reports on minors' Internet literacy and participation.

Currently, the Internet penetrates people's lives in all aspects. It is profoundly changing the way society operates, it is also affecting the formation of an individual's value system. Social life is increasingly dependent on the Internet. Facing endless new products and a complex and changing online environment, the questions of how to build a society that is good for minors and nurture high-quality digital citizens are of great theoretical and practical significance. This book combines the latest research and focuses on the latest state of Chinese minors' online behavior, internet literacy, online interaction and online culture. It vertically compares survey data from previous years and focuses on changes in minors' Internet usage before and after the pandemic. It analyzes changes in teachers' and parents' perceptions and attitudes toward minors' Internet use from two perspectives. It also makes an in-depth research on the current state of Internet literacy among minors in Zhangjiagang.

This study has several findings. (1) Among minors, Internet penetration is almost saturated. First time internet use has an obvious tendency to be at younger ages, with urban minors accessing the Internet at an earlier age than their rural counterparts, cell phones being the main device. (2) Minors use the internet mainly for entertainment and learning. Short videos are most popular among minors. (3) Minors' "digital tentacles" have extended, and they generally have basic scientific literacy. (4) The career aspirations of minor Internet users are concentrated. There are gender differences and cognitive solidification in career choices. (5) Internet literacy of minors shows urban-rural differences. Career planning reflects a gap between rural and urban users. (6) Minors are gradually shifting their platform from QQ to WeChat. Their willingness to present themselves has decreased. Their online participation is not yet deep. (7) Minors use the Internet to maintain peer and intergenerational ties, showing characteristics of digital "mutual feeding". (8) Internet buzzwords are widely used by minors, the phenomenon of online imitation is prominent. Pop culture consumption is social, stratified, and based on circles. (9) Minors are more integrated into digital life. The pandemic accelerated the displacement of minors to the online world, which made their use significantly more frequent. (10) Minors' communications are becoming more cloud-based. They pay more attention to social issues and participate in these issues.

The main problems this research identified in minors' Internet use are: (1) There is still an urban-rural information gap in minors' Internet use, with obvious differences between regions. (2) Risk awareness among minors is generally insufficient. Internet literacy education cannot meet the demands of real-world use by minors. (3) Some minors continue to be addicted to the Internet, which affects their physical and mental health and value formation. (4) Parents and teachers tend to be more open-minded about minors' Internet use, but more cooperation is needed to protect and guide minors. (5) Policies related to minors' Internet use are somewhat misplaced. Existing regulations are not satisfactory.

This book offers several policy recommendations: (1) Focus on regional information differences, promote the circulation of educational resources, and bridge the digital divide between urban and rural areas. (2) Respect the subjectivity of minor Internet users as members of society. Help them protect themselves online. (3) Promote the improvement of Internet literacy of all people

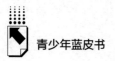
青少年蓝皮书

through improvements in institutions and development of culture. Build a society that's friendly to minors' internet use. （4）Improve technical protection of minors' internet use （5）Be sensitive to the changes of the times and further innovate and improve policies and regulations.

Keywords：Minors；Internet Use；Internet Participation；Internet Literacy；Internet Protection；Internet Culture

Contents

I General Report

Abstract: This report analyzes survey data on minors' internet use in China in 2022 and presents the basic state of Internet use by minors in China. The report points out that there are problems in minors' internet use, including urban-rural disparities, insufficient Internet literacy, persistent Internet addiction, lack of cooperation in supervision, and unsatisfactory regulatory effects. There is a long way to go to build a minor-friendly cyberspace. The report recommends that policies should promote the circulation of regional educational resources and respect the subject status of minors online. At the same time, it should improve the Internet literacy of everyone, strengthen technical protection, and further innovate and improve regulation. Many parties should work together to build a friendly cyberspace that is beneficial to the healthy development of minors.

Keywords: Minors; Internet Use; Internet Literacy; Internet Protection; Minor-friendly Internet

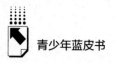

II　Sub Reports

Abstract：Based on data from the 11 surveys of Internet use by Minors in China from 2006 to 2022, this paper finds that the current breadth and depth of minors' Internet use has further expanded, and minors' attitudes toward Internet use have become more diverse and rational, while the social attitudes toward minors' Internet use have become more inclusive. However, given various complex and serious risks online, minors' digital literacy is still far from sufficient. It is necessary to improve policies and regulations, raise awareness for minors' Internet use and digital literacy, and make joint efforts to protect minors online.

Keywords：Minors; Internet Usage Attitude; Digital Literacy

Abstract：This study finds that minors build positive digital identities through social media platforms and make good use of multiple ways to communicate digitally. However, minors' "digital quotient (DQ)" needs to be improved, entertainment needs crowd out other needs, among other problems. This study proposes countermeasures and suggestions at the government, family, school, and individual levels to help minors use social media platforms in a healthy and safe way and improve their DQ.

Keywords：Minors; Social Media Platform Usage; Media Literacy; Digital Intelligence Quotient

B.4   A Before-and-After Covid−19 Comparison of Minors'

Internet Usage   *Liu Jiaqi* / 069

Abstract: The outbreak of the Covid−19 pandemic has accelerated the "digital displacement" of people's lives. The use of internet by minors has also changed. This study compares data from the Internet Use by Minors in China Surveys before and after the pandemic. It identifies differences in minors' Internet use in four dimensions: digital lives, online cognition and online culture, online socialization and social participation, and family education and parent-child communication. It offers insight into the hidden worries and changes behind them. This study recommends improving anti-addiction regulations, family education on Internet literacy, sports, and psychological resilience to protect minors online.

Keywords: COVID−19; Minors; Internet Use; Post−Traumatic Growth

B.5   Parents' Changing Attitudes toward Minors' Internet Use

Ji Weimin，Li Muyun and Liu Hengyi / 087

Abstract: This paper analyzes parents' attitudes toward Internet use among minors and identifies problems in parental guidance. It is based on data from Internet Use by Minors in China Survey from 2006 to 2022, combined with in-depth interviews with minors and their parents from January to February 2023. The study found that parents' attitudes toward minors' Internet use have become more enlightened in recent years. They are more concerned about the adverse physical effects of Internet use on minors. Arguments within the family over Internet use have tended to increase. The study recommends assigning online guardianship responsibilities to specific guardians; establishing family education resource sharing centers; integrating third-party collaboration to strengthen family education; and forming a synergy of parenting through home-school collaboration.

Keywords: Minors; Parents; Internet Use

Abstract：This report analyzes changes in teachers' perceptions and attitudes toward Internet use by minors. The study is based on data from the 2007，2014，and 2022 Internet Use by Minors in China Surveys and the 2021 survey on Internet Use among Chinese Minors by the Central Committee of the Communist Youth League. The study found that teachers' overall attitude toward minors' Internet use tends to be more open. Their understanding of the impact of the Internet on minors' learning and life is clearer. In addition，there are problems such as a lack of supervision by teachers over minors' Internet use. This study suggests that teachers should give adequate humanistic care to students. It also recommends paying more attention to minors' physical and mental health，and teach them to plan online learning time and arrange more offline learning. It argues for a strengthened online education to cultivate high-quality digital citizens.

Keywords：Minors；Teachers；Internet；Attitude Change

Ⅲ　Hot Spot Reports

Abstract：Online buzzwords are a concentration of social mentality. According surveys，about 70% of the minors use online buzzwords in their lives. By analyzing changes of Internet buzzwords in the past five years，we found that by using such buzzwords，minors build their identities and entertain themselves. They also rebel against the social reality of involution and inequality. In the face of potential negative effects of Internet buzzwords，this paper suggests a dialectical view. On the one hand，it is necessary to give teenagers more space to use language and transform Internet buzzwords into effective tools for cultural dissemination while giving positive guidance to their values. On the other hand, we should also be alert to the influence of negative emotions on teenagers' psychology and behavior.

Keywords: Internet Buzzwords; Youth Internet Culture; Popular Culture

Abstract: This report analyzes data of the 11th Internet Use by Minors in China Survey and finds that most minor Internet users aspire to become future teachers. Gender, urban-rural differences, academic performance, parental relationship all have impact on their career aspirations. The study found that there are several problems with minors' career aspirations, including concentration of choices, large gender gap, a singular career evaluation system, stereotypical career perceptions, and large urban-rural disparity. This report argues that five aspects, including media publicity, reshaping career evaluation standards, strengthening urban-rural information communication, and improving minors' personal development, should be used to help minors form career ideals that are in line with the needs of the times and their own development.

Keywords: Minor Internet Users; Career Aspirations; Employment Choice

Abstract: This study analyzes online social interaction of minors based on data from previous Internet Use by Minors in China Surveys. The results show that objects of minors' online socialization are mainly people they know in real

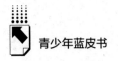
life. Their awareness of self-protection in online social interaction is increasing. The continuity of interaction with new online friends is poor. The survey also found that minors' online social interaction also has problems such as poor initiative, insufficient depth, and insufficient interaction. Based on this, the study suggests that minors' initiative in online socialization should be brought into play to expand the breadth and depth of online socialization. This can promote the healthy development of minors' Internet social interaction in the future.

Keywords: Internet; Minors; Online Social Interaction; Social Change

B.10 Internet Use and Pop Culture Consumption among

Minors   *Zeng Xin* / 182

Abstract: In the contemporary consumption of online culture by minors, the young force has become a part that cannot be ignored. It is important to clarify how cultural consumption in cyberspace shapes minors' attitudes and behaviors, and then to anticipate the risks and design preventative measures. The study concluded that current problems of minors' online cultural consumption mainly include being over-driven by online commercial culture, insufficient guidance, early-consumption and over-consumption in search of new experience and differentiation. This study suggests that schools should carry out consumption education, and give financial education jointly with families; and employ mass media and community institutions to offer positive social guidance.

Keywords: Minors; Popular Culture; Cultural Consumption; Consumption Guidance

Ⅳ   Protection and Governance

Abstract: Based on data from the 2022 Internet Use by Minors in China Survey, this paper investigates minors' online risk perceptions and behaviors. The analysis found that potential risks of Internet dependence among minors is high, online protection awareness needs to be strengthened, and risk perception and positive expectation in online interaction coexist. Minors' online risk perceptions and behavioral presentations were related to multiple factors, including safety knowledge, academic performance, family relationships, accommodation patterns, and geography. To improve their safety literacy, several policy recommendations are discussed.

Keywords: Internet; Minors; Risk Perception

Abstract: Technology governance is an important tool for international Internet governance, and "youth mode" is a useful exploration in technological governance by China. Since 2019, the Cyberspace Administration has instructed short video platforms to pilot a "youth anti-addiction system". Many platforms have since released youth mode. Youth mode mostly relies on technical development and protection by platforms. Some foreign Internet companies are also developing and exploring such protection models for minors, and their technical governance methods are worth learning from. This report provides a comprehensive overview and analysis of the application of youth mode in China. It identifies

problems and challenges in its application. The report proposes targeted measures based on international experience and China's local conditions.

Keywords: Internet Protection for Minors; Youth Model; Technology Protection

B.13 The State of Personal Information Protection for

Minors Online   *Wang Ying* / 239

Abstract: Information and data are important resources in the digital age. How to balance the use and protection of personal information is an important issue, especially for minors. In recent years, the protection of minors' personal information in China has entered a strong regulatory mode. Legislation, judiciary, administrative agencies, and Internet platforms have made concerted efforts. Legal protection is systematized, special governance actions are normalized, and the judicial protection model is innovative. At the same time, the risk of personal information infringement in new applications and platforms such as short videos, children's smart products and online learning is still widespread. In this regard, this paper proposes countermeasures from multiple perspectives.

Keywords: Minors; Personal Information Protection; Personal Information Infringement

B.14 Governance and Protection of Minors' Internet Use

Ye Jun, *Lei Zijing* / 252

Abstract: This report analyzes national laws, regulations, and policies for protecting minors online from four aspects: short video, online live streaming, online addiction, and online social networking. This study sorts out the current shortcomings in platform governance: First, the implementation of policies and regulations is insufficient, and the supervision mechanism needs to be improved. Second, the main responsibility of the platform is passive, and new technology increases the difficulty of governance. Third, subjects involved are more diverse, and collaborations between subjects needs to be strengthened. The report puts forward several policy recommendations.

Keywords: Minors; Network Protection; Platform Governance

V Internet Literacy

B.15 Internet Use and Scientific Literacy among Minors

Du Zhitao, Zhang Xinqiao / 275

Abstract: In the context of a new round of scientific and technological revolution, minors' scientific literacy in China face many challenges. They include a low overall level, an imbalanced development structure, and divides between urban and rural areas. Internet use has become an important factor affecting minors' technological literacy. Minors' Internet literacy, Internet content preference, and Internet dependence are closely related to their scientific literacy. This paper argues that, in response to these problems, we should promote the combination of information education and science education and explore a system that cultivates scientific literacy with the synergy of government, industry, academia, and research. At the same time, we should further improve rural minors' ability to use the internet thus improving the overall level of scientific literacy of minors in China.

Keywords: Minors; Internet Use; Scientific Literacy

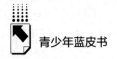

B.16　The Current State of Digital Mutual Feeding between

Minors and Parents

Wang Shidi，Liu Yilin and Dang Shengcui / 299

Abstract：According to data from the 2022 Internet Use by Minors in China Survey，this study found that digital mutual feeding，where parents and children teach each other digital skills，is becoming more common. The level of digital mutual feeding is influenced by factors such as family structure and school education. At the same time，the digital literacy gap between urban and rural minors still exists. Digital feeding has not eliminated the intergenerational replication of the urban-rural digital divide. National digital literacy education standards need to be improved urgently. This paper also discusses policy recommendations.

Keywords：Digital Interfeeding；Digital Counterfeeding；Urban-rural Disparity；Digital Divide

B.17　The Current State of Internet Literacy of Minors in

Zhangjiagang City　　　　*Zuo Can，Jiang Qiaolei / 318*

Abstract：Minors' Internet literacy in Zhangjiagang has several characteristics. The overall level of literacy is high，but knowledge and skills are lacking. Internet addiction is low，and time spent online is relatively reasonable. Demand for information is high，and the proportion of short video applications is high. The degree of Internet literacy education is high；the digital divide between urban and rural areas is not obvious，but there is an Internet literacy divide. This paper puts forward policy recommendations based on these characteristics，trying to answer several questions centering on internet literacy.

Keywords：Minors；Internet Literacy；Zhangjiagang

Contents ⬑⟩

Abstract: With the arrival of the "5G era", "image-centered" communication has gradually become popular. Exploring and establishing a complete system of digital image education should become an important force in driving digital education. This study suggests that education authorities should introduce new policies, front-load media literacy courses, form a scientific evaluation system for minors' image literacy, and gradually promote and form a standardized development model with trials. At the same time, we should raise the awareness of linking media communication with Chinese culture in order to discover and express Chinese stories. In this way, young communication forces can help Chinese stories go global.

Keywords: Minors; Image Literacy; Media Literacy Course

Abstract: In recent years, Guangdong Province has thoroughly implemented the important instructions of General Secretary Xi Jinping and attached great importance to the education of Internet literacy. Relying on internet literacy education and the Base for Internet Ecology Governance in Guangzhou Children's Palace, Guangdong has carried out in-depth research and practical activities to comprehensively promote online safety and media literacy education in campuses, families, and communities. Based on the local curriculum for internet literacy education, Guangdong's approach combines curriculum materials, teacher training, and social participation. Under the leadership of the Party and the

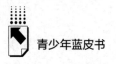
government, Guangdong has built up an Internet literacy education system for minors, combining the power of families, enterprises, and society.

Keywords: Home School Community and Enterprise; Collaborative Education; Minors; Network Ecological Governance

Appendix: Major Chronological Events in the Development of the Internet for Minors in China (2022)

Ji Lin / 363

社会科学文献出版社

皮 书

智库成果出版与传播平台

❖ 皮书定义 ❖

皮书是对中国与世界发展状况和热点问题进行年度监测，以专业的角度、专家的视野和实证研究方法，针对某一领域或区域现状与发展态势展开分析和预测，具备前沿性、原创性、实证性、连续性、时效性等特点的公开出版物，由一系列权威研究报告组成。

❖ 皮书作者 ❖

皮书系列报告作者以国内外一流研究机构、知名高校等重点智库的研究人员为主，多为相关领域一流专家学者，他们的观点代表了当下学界对中国与世界的现实和未来最高水平的解读与分析。截至2022年底，皮书研创机构逾千家，报告作者累计超过10万人。

❖ 皮书荣誉 ❖

皮书作为中国社会科学院基础理论研究与应用对策研究融合发展的代表性成果，不仅是哲学社会科学工作者服务中国特色社会主义现代化建设的重要成果，更是助力中国特色新型智库建设、构建中国特色哲学社会科学"三大体系"的重要平台。皮书系列先后被列入"十二五""十三五""十四五"时期国家重点出版物出版专项规划项目；2013~2023年，重点皮书列入中国社会科学院国家哲学社会科学创新工程项目。

皮书网

（网址：www.pishu.cn）

发布皮书研创资讯，传播皮书精彩内容
引领皮书出版潮流，打造皮书服务平台

栏目设置

◆ **关于皮书**

何谓皮书、皮书分类、皮书大事记、
皮书荣誉、皮书出版第一人、皮书编辑部

◆ **最新资讯**

通知公告、新闻动态、媒体聚焦、
网站专题、视频直播、下载专区

◆ **皮书研创**

皮书规范、皮书选题、皮书出版、
皮书研究、研创团队

◆ **皮书评奖评价**

指标体系、皮书评价、皮书评奖

◆ **皮书研究院理事会**

理事会章程、理事单位、个人理事、高级
研究员、理事会秘书处、入会指南

所获荣誉

◆ 2008 年、2011 年、2014 年，皮书网均
在全国新闻出版业网站荣誉评选中获得
"最具商业价值网站"称号；
◆ 2012 年，获得"出版业网站百强"称号。

网库合一

2014年，皮书网与皮书数据库端口合
一，实现资源共享，搭建智库成果融合创
新平台。

皮书网

"皮书说"
微信公众号

皮书微博

权威报告·连续出版·独家资源

皮书数据库
ANNUAL REPORT(YEARBOOK)
DATABASE

分析解读当下中国发展变迁的高端智库平台

所获荣誉

- 2020年，入选全国新闻出版深度融合发展创新案例
- 2019年，入选国家新闻出版署数字出版精品遴选推荐计划
- 2016年，入选"十三五"国家重点电子出版物出版规划骨干工程
- 2013年，荣获"中国出版政府奖·网络出版物奖"提名奖
- 连续多年荣获中国数字出版博览会"数字出版·优秀品牌"奖

皮书数据库   "社科数托邦"
微信公众号

成为用户

登录网址www.pishu.com.cn访问皮书数据库网站或下载皮书数据库APP，通过手机号码验证或邮箱验证即可成为皮书数据库用户。

用户福利

- 已注册用户购书后可免费获赠100元皮书数据库充值卡。刮开充值卡涂层获取充值密码，登录并进入"会员中心"—"在线充值"—"充值卡充值"，充值成功即可购买和查看数据库内容。
- 用户福利最终解释权归社会科学文献出版社所有。

数据库服务热线：400-008-6695
数据库服务QQ：2475522410
数据库服务邮箱：database@ssap.cn
图书销售热线：010-59367070/7028
图书服务QQ：1265056568
图书服务邮箱：duzhe@ssap.cn

社会科学文献出版社 皮书系列
SOCIAL SCIENCES ACADEMIC PRESS (CHINA)

卡号：526493176635
密码：

S 基本子库
UB DATABASE

中国社会发展数据库（下设 12 个专题子库）

紧扣人口、政治、外交、法律、教育、医疗卫生、资源环境等 12 个社会发展领域的前沿和热点，全面整合专业著作、智库报告、学术资讯、调研数据等类型资源，帮助用户追踪中国社会发展动态、研究社会发展战略与政策、了解社会热点问题、分析社会发展趋势。

中国经济发展数据库（下设 12 专题子库）

内容涵盖宏观经济、产业经济、工业经济、农业经济、财政金融、房地产经济、城市经济、商业贸易等 12 个重点经济领域，为把握经济运行态势、洞察经济发展规律、研判经济发展趋势、进行经济调控决策提供参考和依据。

中国行业发展数据库（下设 17 个专题子库）

以中国国民经济行业分类为依据，覆盖金融业、旅游业、交通运输业、能源矿产业、制造业等 100 多个行业，跟踪分析国民经济相关行业市场运行状况和政策导向，汇集行业发展前沿资讯，为投资、从业及各种经济决策提供理论支撑和实践指导。

中国区域发展数据库（下设 4 个专题子库）

对中国特定区域内的经济、社会、文化等领域现状与发展情况进行深度分析和预测，涉及省级行政区、城市群、城市、农村等不同维度，研究层级至县及县以下行政区，为学者研究地方经济社会宏观态势、经验模式、发展案例提供支撑，为地方政府决策提供参考。

中国文化传媒数据库（下设 18 个专题子库）

内容覆盖文化产业、新闻传播、电影娱乐、文学艺术、群众文化、图书情报等 18 个重点研究领域，聚焦文化传媒领域发展前沿、热点话题、行业实践，服务用户的教学科研、文化投资、企业规划等需要。

世界经济与国际关系数据库（下设 6 个专题子库）

整合世界经济、国际政治、世界文化与科技、全球性问题、国际组织与国际法、区域研究 6 大领域研究成果，对世界经济形势、国际形势进行连续性深度分析，对年度热点问题进行专题解读，为研判全球发展趋势提供事实和数据支持。

法律声明